월인천강지곡

훈민정음으로 불경을 노래하다

All rights reserved.
All the contents in this book are protected by copyright law.
Unlawful use and copy of these are strictly prohibited.
Any of questions regarding above matter, need to contact 나녹那碌.

이 책에 수록된 모든 콘텐츠는 저작권법에 의해 보호받는 저작물이므로
무단전재와 무단복제를 금합니다.
나녹那碌 (nanoky@naver.com)으로 문의하기 바랍니다.

월인천강지곡 훈민정음으로 불교를 노래하다

펴낸 곳 | 나녹那碌
펴낸이 | 형난옥
지은이 | 박해진
편집 | 김보미
디자인 | 김용아
초판 1쇄 발행 | 2021년 11월 19일
초판 2쇄 발행 | 2024년 8월 5일
등록일 | 제 300-2009-69호 2009. 06. 12
주소 | 서울시 종로구 평창 21길 60번지
전화 | 02- 395- 1598 팩스 | 02- 391- 1598

ISBN 979-11-91406-06-1 93810

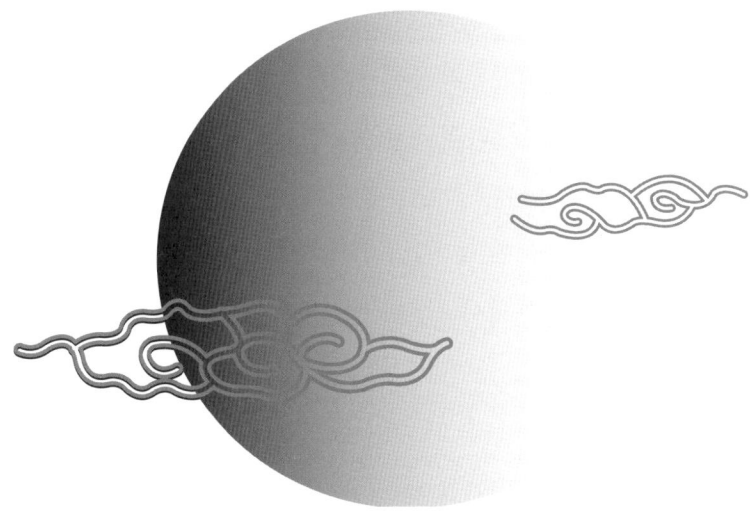

월인천강지곡
훈민정음으로 불경을 노래하다

지은이 | 박해진

나녹
那碌

서문

훈민정음으로 새로운 세상을 열고, 노래하다

훈민정음은 '평등'의 실천이다. 세종은 1447년(세종 29) 부처의 전 생애를 운문韻文으로 노래한 583편의 『월인천강지곡月印千江之曲』(상·중·하 3권)과 소설의 구조로 엮은 『석보상절釋譜詳節』(전 24권)을 펴냈다. 훈민정음으로 새로운 세상을 열 수 있다는 생각과 쓰임새의 본보기를 한 곳으로 모아 실험하고 확증해서 '앎'과 '모름'의 벽을 허문 혁명의 불꽃이었다.

『월인천강지곡』과 『석보상절』은 세종이 꿈꾼 '훈민정음 대장경 프로젝트'의 시작이었다. 세조는 1459년(세조 5) 세종의 유훈을 받들어 미완의 불경인 두 책을 대폭 수정, 보완해 『월인석보』(전 25권)로 마무리했다. 신미와 수미 등 10명의 고승대덕과 김수온이 편찬사업에 참여했다.

『월인천강지곡』(전 3권)은 총 583곡(1,164행)이다. 지금까지 남아 전하는 노래는 『월인천강지곡(상권)』 194곡, 『월인천강지곡(중권)』 낙장 2곡, 『월인석보』 20권(권3·5·6·16·24는 전하지 않음)의 302.5곡까지 498.5곡을 확인할 수 있다.

세종은 훈민정음을 창제하기 10년 전인 1433년(세종 15) 1월 1일, 박연(朴堧, 1378~1458)에게 한 마디로 일렀다.

"법을 만드는 일과 창제創制는 예로부터 실천하기 어렵다. 때로 임금이 하고자 하는 일을 신하가 저지하고, 신하가 하고자 하는 일을 임금이 듣지 않는다. 임금과 신하가 모두 하고자 해도 시운時運이 불리할 경우도 있다. 지금은 나의 뜻이 먼저 정해졌고, 국가에 큰 일이 없으니 마땅히 마음을 다해 이룩하라."

1443년(세종 25) 12월 30일, '소리를 보고, 듣고, 쓰고, 읽는 새로운 문자'인 '훈민정음'을 창제한 사실을 알렸다. 봐야 들을 수 있고, 들어야 쓸 수 있다. 최적의 인재를 찾아 배치하고 3년의 보완을 거쳐 1446년(세종 28) 9월, 세계의 어떤 문자와도 비교될 수 없고, 스스로 완벽한 『훈민정음』 해례본을 만들어 세상 밖으로 내보냈다.

훈민정음은 수 천 년 동안 강건하고 폭넓게 축적되어 내려온 한문과 한자의 권위를 뒤엎은 '문자 혁명'이었다. '서로 통하게 하라'는 지상의 명령이고, 문자를 통해 시간과 생각, 권력과 부를 한 손아귀에 틀어쥐려는 이들에 대한 엄중한 경고였다. 새로 만든 문자의 나라에 공자와 부처의 울타리도, 위와 아래를 가르는 차별의 벽도 자리할 수 없다는 제왕의 선언이었다.

"왕은 쌀 한 톨 만든 일 없다. 이 땅의 농부들이 처음부터 끝까지 일궈냈다. 왕의 농사와 백성의 농사는 같은 듯 다르다. '왕이 만들었다'고 밝혀야 평등의 세상은 열리고 넓어진다. 나라의 평화는 현장을 이끌고 가는 일꾼들의 조합이다. 벌거숭이 왕에서 옷을 입고 밖으로 나설 수 있다. 만드는 것과 만들어진 것은 천양지차다. '제制'는 왕의 것이지만, 또 다른 '제製'는 뜻을 함께 하는 이들의 것이다. 만들고 난 뒤 확인하고, 확인한 다음에는 의심하지 말라. 훈민정음의 확산이 전부다."

1446년(세종 28) 3월 24일, 세종은 평생을 함께 한 아내 소헌왕후를 저세상으로 보냈다. 그믐달 같은 슬픔을 견디며 수양·안평대군, 신미·김수온과 함께 『석보상절』의 고랑을 만들고, 『월인천강지곡』의 노래를 심었다. 세종의 총괄 기획으로 만든 달의 노래는 '스스로 깨달은 이〔自覺〕'의 노래다. 깨달으면 나도 부처, 너도 부처다.

해가 뜨고, 지고 그 빈자리에 달이 뜨고, 또 진다. 밝음과 어둠은 하늘과 땅과 사람 속에서 한 순간도 빈틈이 없다. 빈 곳이 없는 문자가 훈민정음이다. 빠른 물살로 정곡을 찌르고 들어간다. 삿된 생각이 치고 들어올 공간은 없다. 불을 끄는 물길이고, 물을 덥히는 불길이다. 눈이 일정하면 마음이 일정하다. 마음이 일정하면 몸이 일정하다. 이 땅에 숨쉬고, 웃고, 뒹구는 이들이 즐겁게 노래 부를 때 손과 발이 올라가고 내려가듯 입에서 나오는 소리가 문자가 되고, 그 문자를 보고 쓰는 날이 이어지면 태평성대다. 노래 부르라. 노래는 죽음을 극복하는 마지막 약이다. 죽음 곁에서 마시는 달고, 쓴 물이다.

단순한 듯 다양한 소리의 변주를 세종과 수양대군은 감별하고 있었다. 신미, 김수온과 함께 『석보상절』에 골라 넣어 언해한 경전의 핵심을 노래로 엮어나갔다. 뜻하는 바가 있으면 목소리는 저 밑에서 치고 올라와 머리끝까지 감고 돈다. 배꼽의 힘이고, 머리의 비움이다. 할 말은 말을 잊고, 말은 노래로, 목을 타고 조여 든다. 두 마디는 한 마디로 앞과 뒤를 고른다. 잔 이야기가 노랫말 속에 들어갈 까닭이 없다. 마치고, 이어지는 걸 설명하면 노래는 노래 밖으로 간다. 노래는 첫 마디, 두 마디, 세 마디 겉과 속을 가리지 않고 넘나든다. 노래가 스스로 주인이 된다. 주인은 분명하다. 노래는 압축이고, 바꿈이다. 당기고, 푸는 힘은 밀리지 않아야 강하다. 『석보상절』·『월인천강지곡』은 우리나라 최초의 훈민정음 경전으로 정연한 문장의 표기법을 확정했다.

'앎'과 '모름'의 벽을 허물다　　세종은 고양이가 쥐를 잡듯, 닭이 알을 품듯 함허당이 쓴 『금강경오가해설의』를 읽고 '달이 즈믄 가람에 비춰옴〔月印千江〕'을 이 땅의 모든 이들과 함께 나누려 했다. 함허당은 이 책에서 "있는 듯, 없는 듯. 듯을 버리는 순간, 듣는다. 죽음을 갉아대듯, 삶을 꾸린다. 늙은 쥐는 관만 긁어대고, 어린 쥐는 아직 자라지도 않은 나무를 바라본다. 오지도 않은 죽음을, 가지도 않은 삶을 안고 산다."고 강조했다. 경복궁 취향정醉香亭의 연꽃 만나고 가는 달빛은 고왔다. 세종은 신미와 김수온이 풀고 조이며 써서 올린 부처의 '마음'과 평생의 '일'에 대한 노래를 읽었다. 하나의 구절이나 서너 글자만으로도 천연스레 노랫말을 이루었다. 우주가 있어온 이래 다시 들을 수 없는 기가 막힌 노래였다. 스스로 그러하듯 책 제목을 『금강경』에서 당겨와 『월인천강지곡』으로 정했다. 짧은 노래 두 편을 앞과 뒤에 각각 한 줄과 두 줄로 넣어 훈민정음이라는 새로운 문자가 결코 낯설지 않고, 가깝고, 쉬운 것임을 본으로 보여주었다. 세종은 『석가보釋迦譜』의 "만 리 먼 곳이라도 몸소 가서 구하려고 실천한다면, 가령 천 년 동안 감추어 있던 것이라도 막힘 없이 마주할 수 있을 것이다.〔萬里雖邈, 有若躬踐, 千載誠隱, 無隔對面〕"는 서문을 그대로 활용했다. 하고자 하고, 전하고자 하는 말과 문자가 그대로 악보를 타고 목소리를 따라 흘렀다.

'국정의 방향을 새롭고 확실하게 세우는 일'과 '백성과 더불어 즐기는 음악'을 만드는 일은 쉽지 않다. 문자와 음악은 삶의 현장에서 옆길로 새지 않게 바로잡아 주는 잣대다. 세종은 『월인천강지곡』을 오른쪽, 『용비어천가』를 왼쪽에 배치했다. 사헌부·사간원 등에서 '하지 말라'와 '아니 된다'고 줄기차게 반대했지만, 왕권으로 일축했다.

『월인천강지곡』은 제목부터 미묘하다. 583곡의 노래는 흥미로운 사건을 따라 과거와 미래를 대비하며 흐른다. 성聖과 속俗, 긍정과 부정을 넘나들며 부처의 전 생애를 다룬다. 지역을 벗어난 문자, 흐르는 문자가 훈민정음이다. 가두지 않는, 가둘 수 없는 소리의 틀을 만들고, 해체한다. 간단명료하게 오르고, 내린다. 자유자재, 종횡무진이다.

길을 만드는 일이 가장 큰 보시다. 훈민정음은 길이다. 그 길 위에서 가고, 머물고, 앉고, 눕는다. 바다는 물을 잊었고, 달은 오고가며 스몄다. 달은 'ㅇ'이다. 밝음과 어둠의 구멍이고, 소리의 극한이다. 젖고, 마르며 시간과 공간의 안과 밖을 뚫고 나온다. 연꽃은 세상에 튄 흙탕물과 썩은 냄새를 잡아당겨 색을 지우고 온 몸을 열어 뜨고 지는 달을 안는다. 『월인천강지곡』의 노래는 더러운 곳, 깨끗한 곳을 가리지 않고 울려 퍼졌다. 부드러운 물방울이 달빛을 받으며 흘렀다. 훈민정음도 물방울이 되어 이 땅의 사람들 속으로 스며들었다.

신미·김수온, 훈민정음 창제와 보급의 주역   「월인천강지곡」의 지은이에 대한 선행 연구는 ▲ 세종 어제御製(정병욱, 허웅, 안병희, 조홍욱, 김기종, 김종우 등) ▲ 김수온 편찬(박병채) ▲ 신미를 비롯한 불교 중흥을 바라는 승려 계층(사재동)의 세 갈래로 나뉜다. 문헌 기록을 바라보는 관점의 차이에서 비롯된 일이다. 박해진은 ▲ 세종의 총괄 기획과 서문·결사에 대신한 제1·2, 제582·583의 노랫말을 쓰고, 혜각존자 신미와 그의 동생 김수온이 함께 찬술하고, 수양대군이 총괄 협력·주관한 것으로 추정했다. 『월인천강지곡』의 훈민정음 활자는 『석보상절』과 김수온의 『사리영응기』를 박을 때 쓴 활자와 같다.

세종과 수양대군, 신미와 김수온의 만남은 훈민정음 창제와 보급의 큰 복이었다. 세종은 훈민정음 창제를 기획하고, 적임자를 찾아 배치하고, 실천에 옮긴 이 땅의 유일한 제왕이었다. 수양대군(세조)은 창제 초기부터 세종을 보필하며 전 과정을 주관했다. 신미는 세종의 뜻을 정확하게 읽고, 대장경으로 이어져 온 동아시아 문자의 핵심을 훈민정음으로 당겨와 활용한 학승學僧이고, 선승禪僧이었다. 문장이 웅건하고 필력이 높아 당시에 따를 자가 없었다. 세종의 훈민정음 사업에 신미의 불교·철학·언어학을 넘나드는 혜안과 지혜는 금상첨화였다. 김수온도 명문장가로 명나라에까지 이름을 떨쳤다. 이들의 손을 통해 훈민정음으로 만든 불교경전이 이루어졌다. 전대미문의 일이었다.

훈민정음 창제 과정의 숨은 비밀은 『월인천강지곡』의 전모를 살필 때 풀린다. 583곡의 노래 속에는 역사서에 기록되지 않은 훈민정음의 창제 동기와 목적, 보급을 위한 실험과 교육 정책, 편찬에 참여한 인물과 역할, 세계 문자의 활용 방법, 한자 기득권을 놓지 않으려는 중신들의 집요한 반대와 방관 등이 수레바퀴살처럼 맞물려 돌아가고 있다.

『월인천강지곡』의 악보가 남았다면 힘차고 밝은 '깨달음의 노래'를 지금, 이 자리에서 생생하게 들을 수 있을 것이다. '기록'의 나라에서 흩어진 노래를 한 자리에 모아 다시 읽고 새긴다. 물은 흘러도 바다에 있고, 달은 져도 하늘을 떠나지 않는다.

오늘의 달이 일천 강에 어린다. 세존의 말씀도 어린다.

"게으른 마음을 갖지 말라. 나는 게으르지 않음으로 정각正覺을 이루었다."(『석보상절』 권23)

— 2021년 10월, 불광동 월인당月印堂에서 두 손 모아 박해진 씀

차례

서문 훈민정음으로 새로운 세상을 열고, 노래하다 4

1장
'새로 지은 불경'과 소헌왕후의 국상
– 『월인천강지곡』·『석보상절』 편찬 관련 『세종실록』 기사

수양·안평대군, 어머니 소헌왕후를 위한 금니 사경 /14
거짓말만 늘어놓는 부처 /17
세종, "사경의 비용은 내가 도왔다" /19
조정에 있어도 전혀 부족하지 않은 신미 /21
세종, "대자암을 불태워 버려?" /22
세종, "이미 불교를 좋아하는 임금이다" /25
"나만 홀로 부처를 받들고 있다" /27
정창손, "집안이 도륙되는 한이 있어도…" /28
언문으로 죄를 묻다 /30
대자암 극락전의 전경회 /30

2장
훈민정음 3대서, 『석보상절』·『월인천강지곡』·『용비어천가』

김수온의 『석가보』 증수와 『월인천강지곡』 /32
'불충불효의 죄'를 지은 자식, 신미·김수온 /35
수양대군의 『석보상절』 서문과 「팔상도」 /36
최초의 '훈민정음 금속활자' /41
권제·정인지·안지, 『용비어천가』 찬술 /43
최항·박팽년 등 『용비어천가』 보완 /46
시의 『용비어천가』, 노래의 『월인천강지곡』 /51

3장
『월인천강지곡』 속의 불경

　　『금강경』에서 월인천강지곡의 제목을 당겨오다　/58
　　세종, 선시禪詩에 매료되다　/65
　　월인천강지곡과 『아미타경』　/67
　　월인천강지곡과 『묘법연화경』　/69
　　월인천강지곡과 『과거현재인과경』　/72
　　월인천강지곡과 공명조共命鳥　/74
　　월인천강지곡과 『안락국태자경』　/75
　　월인천강지곡과 『약사경』·『지장보살본원경』　/79
　　월인천강지곡과 『목련구모담』　/82
　　월인천강지곡과 세존의 열반　/82
　　월인천강지곡과 『석가여래십지수행기』　/86
　　월인천강지곡과 『석가여래행적송』　/88

4장
경복궁 내불당 불사와 세종의 승하

　　파격의 불사, 경복궁 내불당　/92
　　성균관 유생, "신미의 목을 베라"　/94
　　불서 번역에 힘쓴 김수온　/94
　　내불당 낙성식에 쓴 9악장의 「찬불가」　/95
　　신미·김수온의 찬불가와 『월인천강지곡』　/99
　　내불당 경찬회와 음성공양　/102
　　수양대군, 부처의 가르침 설파　/104
　　세종, "속리산 복천사를 원찰로 삼으라"　/96
　　세종, 병환 중에 침전에서 신미의 법문을 듣다　/107
　　안평대군이 펴낸 함허당의 『현정론』　/108
　　'해동요순, 세종' 승하　/112
　　세종을 위한 사경과 대자암 극락전 증축　/113

　　　　수양대군을 제거하려는 은밀한 움직임 /117

5장
세종의 유훈으로 내린 신미의 법호, '혜각존자'

　　　　세종이 유훈으로 내린 신미의 법호, '혜각존자' /120
　　　　박팽년의 상소에서 증명된 신미의 성균관 시절 /124
　　　　혜각존자 신미의 법호 반대 상소 · 상언 일람 /130

6장
훈민정음 불경의 완성, 『월인석보』 속의 『월인천강지곡』

　　　　세조가 쓴 『월인석보』 서문 /134
　　　　『월인석보』의 편집과 판각 /140
　　　　정인지, 『월인석보』 편찬 반대 /142
　　　　매월당이 쓴 『월인천강지곡』 · 『석보상절』의 편찬 내력 /150
　　　　세조, 월인천강지곡을 들으며 울다 /153
　　　　서거정, 월인천강지곡을 읽다 /156

7장
효령대군과 부안 실상사 삼존불 속의 『월인천강지곡』 상권

　　　　『월인천강지곡』과 부안 실상사 불사 /160
　　　　동학농민들의 실상사 삼존불 파괴 /160
　　　　『월인천강지곡』(상권) /161

『월인천강지곡』 원문과 풀이 165

참고문헌 312

1

'새로 지은 불경'과 소헌왕후의 국상

– 『월인천강지곡』・『석보상절』 편찬 관련 『세종실록』 기사

『세종실록』에는 「월인천강지곡」 관련 기사가 단 한 줄도 없다. 훈민정음 창제가 국가의 주요 사업이었다면 있을 수 없는 일이다. '새로 지은 불경佛經'의 관련 기록을 종합해 보면 1446년(세종 28) 3월 24일 소헌왕후 심씨(昭憲王后 沈氏, 1395~1446)가 52세로 승하하고 이틀 뒤인 3월 26일부터 12월까지 경기도 고양高揚의 대자암大慈庵에서 불경을 옮겨쓰고『월인천강지곡』·『석보상절』찬술에 참여한 신미(信眉, 1403~1480)와 김수온(金守溫, 1409~1481), 왕실의 수양대군 이유(李瑈, 1417~1468)·안평대군 이용(李瑢, 1418~1453)과 신료들과의 치열한 다툼이 드러난다. 겉으로는 불사를 벌이는 것에 대한 저지였지만, 안으로는 한문을 권력 유지의 수단으로 쓰고 있던 정부 신료들의 훈민정음 보급과 활용에 대한 불만과 불안이 깔려 있다.

수양·안평대군, 어머니 소헌왕후를 위한 금니 사경　1446년(세종 28) 3월 26일, 세종은 승정원에 소헌왕후의 명복을 빌기 위해 금니〔金泥 : 금분金粉〕로 불경을 옮겨쓰는 일을 수양대군에게 명했다고 밝혔다. 세종은 『맹자』의 「등문공장구滕文公章句」한 구절을 당겨와 신료들과 드잡이했다. 불사를 벌일 때마다 들고 나온 이단의 논리를 또 다른 논리로 받아쳤다.

"맹자가 '묵가墨家에서는 상사喪事를 박薄하게 치르는 것으로써 도리로 삼는데도 그 어버이는 후하게 장사지낸다.'고 했다. 신하는 마땅히 바르게 아뢰어야 한다. 거짓은 받아들일 수 없다. 세상 사람이 집안에서는 신을 섬기고 절에서는 부처를 받들면서도 다른 사람의 눈치를 보며 신불을 그르다고 반대하

백악산 자락의 경복궁. 소헌왕후는 꽃피는 봄날, 궁궐이 싫다며 수양대군의 집으로 가 임종을 맞았다.

고 있다. 나는 이를 좋게 보지 않는다. 예전에 태종을 모신 연회 자리에 변계량(卞季良, 1369~1430)도 참석했다. 태종께서 '경은 어찌 고기를 먹지 않는가.'라고 물었다. 변계량은 얼굴빛이 변하며 끝내 사실대로 아뢰지 않았다. '경이 이미 나한테 제사지내는 걸 알고 있다.'며 고기를 먹으라고 권했다. 변계량이 불교를 믿는 걸 모두 알고 있는 데 숨기고 알리지 않은 것은 남의 비난을 두려워해서다. 정자程子와 주자朱子는 대학자로서 불교를 강력하게 배척했다. 지금 불교가 이단임을 알고 배척하기를 이들과 같이 한 자들과 선비들의 의견에 따라 미워하며 좋아하지 않는 자들과, 심히 좋아하면서도 남만 책망하는 자들이 분명 있을 것이다. 나는 자기는 좋아하면서 남만 책망하는 자들을 몹시 미워한다."

조정의 신료들이 불교를 이단으로 몰아붙일 때 푸줏간의 칼 쓰듯 인용한 책이 『논어』, 『맹자』였다. 세종도 『맹자』의 한 구절을 당겨와 신료들의 겉과 속이 다른 민낯을 후려치고 있다.

"왕후가 세상을 떠났다. 아이들이 불경을 만들겠다고 해서 이를 허락하고 정부에 의논했을 때 모두 좋다고 했다. 몇 년 동안 해마다 흉년이 들어 백성이 궁핍하게 살고 있다. 이를 생각해 공금에는 손을 대지 말라고 일렀다. 아이들의 저축과 본궁에서 모아 놓은 것을 쓰려고 한다. 세자는 책임이 무거우니 이미 대군에게 이 일을 맡겼다. 간사를 뽑아 일을 맡겨야 한다. 내가 듣자니 정효강이 어떤가. 불교를 믿고 학문에 재주가 있다고 들었다."
좌승지〔정3품〕 황수신 등이 아뢰었다.
"왕후께서 병환 중일 때 내전에서 공들여 기도하므로 미안하게 여겼지만 사정이 급해 아뢰지 못했습니다. 부처가 영험이 있다면 반드시 감통할 터인데 지금 거짓만 더하게 되니 믿지 못하겠습니다. 위에서 좋아하면 반드시 아래에서 본받아 따르게 될 것입니다. 만들지 마소서."
"경들은 사경을 그르게 여긴다. 어버이를 위해 불사를 한 자가 없단 말인가."
세종이 승지들을 추궁했다. 우부승지 이사철, 좌승지 황수신, 좌부승지 박이창, 동부승지 이순지 등이 물러서지 않고 아뢰었다.
"사경은 왕후께 털끝만큼도 도움이 되지 않습니다. 그만두소서."
세종이 대꾸했다.
"경들은 모두 의리에 밝지만, 나는 그런 걸 알지 못한다. 너희들과 잘못 의논했다. 대성대省과 집현전 관원을 당장 불러오라."
사간〔종3품〕 변효경과 집의〔정5품〕 정창손, 교리〔정5품〕 하위지가 들어왔다. 세종이 말했다.
"고려 말기에 불교가 성행했으나 조선에 이르러 점차 쇠퇴했다. 나는 각 절의 노비를 거둬들이고 논밭을 몰수했다. 궁중에서의 송경회와 안거회도 없애 큰 폐단을 거의 정리했다. 원경왕후의 상을 당했을 때 세 번 법회를 열었다. 부왕께서 내게 대자암으로 가라고 명했지만 마침 일이 있어 가지 못했다. 내가 간 것과 진배없다. 아이들이 어머니를 위해 불경을 만들겠다고 한다. 잘못된

건 알지만 부득이 허락했다. 그리 알라."
정창손이 아뢰었다.
"전하께서 어찌 그리 말씀하십니까. 최근의 일만 가지고 살펴보더라도 잘못된 것임을 알 수 있습니다. 신은 오히려 시주한 물건을 가져오려고 하는데 다시 불경을 만들 필요가 있겠습니까. 모후〔원경왕후〕의 상중에 태종께서 법회를 명했으니 마지못해 한 일이지만 지금은 전하께서 마음먹기에 달려 있습니다. 옳지 않음을 알면서 왜 하려고 하십니까. 전하께서는 큰 폐단을 몇 가지 없앴지만 흥천사를 다시 고쳐 짓고 경찬회를 연 이후에 불교를 신봉하는 자들이 많아졌습니다. 지금 또 불경을 만든다면 폐단은 이루 말할 수 없을 것입니다."
하위지도 거들었다. 세종이 말머리를 잘랐다.
"태종 때 폐사된 절을 많이 고쳤고, 나도 고치기만 했을 뿐 새로 짓지는 않았다. 흥천사는 태조께서 창건한 절이므로 무너지게 둘 수 없어 수리하고, 경찬회도 열었다. 당나라 태종의 황후가 붕어했을 때 태자가 모후를 위해 절을 짓겠다고 한 적이 있다. 지금은 어찌 그렇게 하지 못하는가."
정창손과 하위지가 거듭 아뢰었지만 세종은 듣지 않았다. 변효경은 애써 임금의 시선을 외면하듯 말없이 마룻장만 보고 있었다.

거짓말만 늘어놓는 부처 세종은 훈민정음을 창제하기 전까지 태종의 불교억압 정책을 유지했지만 하루아침에 없애지는 않았다. 의정부와 집현전 관료들은 장문의 상소를 통해 세종을 물고 늘어졌다. 논조는 늘 날이 서 있었고, 내용은 줄곧 대동소이했다. 세종은 "백성이 딱하다. 중도 나의 백성이다. 굶어 죽게 내버려 둘 수 없다."고 맞불을 놓았다.
3월 28일, 사헌부와 사간원에서 집현전 학사를 앞세워 세종을 압박했다. 불교가 국정의 첫머리에 둔 유학의 밭과 논을 뺏을 수 없다는 시위였다.

"[…] 불교의 해독은 전하께서 옳고 그름을 환하게 알고 계시니 어찌 신들이 말을 더 보태겠습니까. 불경을 만드는 것은 애통하고, 절박한 심정에서 나왔습니다. 오늘 만들면 내일 반드시 경을 펼쳐 읽는 법석이 이어지게 됩니다. 불사는 한때의 일이지만 불경은 만세에 전해집니다. 만약 한 권의 불경을 만들면 사방에서 보고 들은 사람이 따라 해서 불교가 다시 흥하게 될 것입니다. 소헌왕후의 병을 낫게 하려고 정근기도를 궁궐에서 두 번이나 올렸지만 아무 소용이 없었습니다. 이 일로 볼 때 불교는 영험이 없고, 거짓말만 늘어놓고 있음을 확인할 수 있습니다. 명을 거두소서."

세종은 공들여 육성해 온 집현전 학사들이 반기를 들고 나서는 꼴이 못마땅했다. 정치에 참여하지 말라고 선을 그었지만 죽음 앞에 널판을 깔아놓고 덤벼들었다.

"역사에 통달한 경들이 불교를 배척하니 현명하다. 하지만 나는 사리도 모르고 불교를 믿으니 정말 무지하다. 번거롭게 요청해도 똑똑한 신하의 말이 무지한 임금에게 들리지 않고, 무지한 임금의 말이 신하의 귀에 들어갈 리 만무하다. 내가 근년에 병이 많아 궁궐에 앉아 죽을 날만 기다리고 있다. 경들은 나를 모신 지 오래되어 내가 불교를 믿는지, 안 믿는지 알 것이다. 경들이 고집을 부려 면대를 청해도 만나지 않겠다. 말로 변명하지 않을 것이고, 글을 올려도 볼 여력이 없다. 다시 청하지 말라."

세종은 '불교를 믿는 정말 무지한 임금'이라며 척불과 배불의 논리를 잠재웠다. 사헌부, 사간원의 청도 듣지 않고 사경을 단행했다. 글씨에 뛰어난 집현전 수찬(정6품) 이영서(李永瑞, ?~1450), 돈녕부 주부(종6품) 강희안 등에게 명하여 성녕대군의 집에서 불경을 금니로 쓰게 했다. 인순부 소윤(정4품) 정효강이 주관하게 했다.

4월 3일, 세종은 승정원과 조지소에서 관리하고 있던 표전지[表箋紙 : 왕에게 보고 문서를 올릴 때 쓰던 종이] 등을 궐내로 들여왔다. 금니 사경에 쓸 최고급 종이를 모아 안평대군에게 보내기 위해서였다.

세종, "사경의 비용은 내가 도왔다" 5월 18일, 세종은 왕비의 추천 불사에 쓸 두어 권의 경이 이미 만들어졌고, 비용 일부를 도와주었다고 승정원에 밝혔다.

"대군들이 모후를 위해 불경을 만드는 데 모자라는 비용은 내가 도와주었다. 처음에 집현전에서는 모두 내가 이 경을 만든다고 생각했던 모양이다. 하지만 실상은 내가 하지 않았음을 몰라서다. 두어 권의 경이 이미 만들어졌으니, 대자암으로 옮겨 왕후의 명복을 빌고자 한다. 만일 소문(疏文 : 죽은 이의 죄와 복을 아뢰는 글)과 제문祭文을 내가 지으면 이름과 실상이 달라지고, 대군이 지으면 초상初喪에 제사하지 않는 예에 어긋남이 있다."

대자암은 세종의 막내 동생 성녕대군 이종(誠寧大君 李褈, 1405~1418)이 열네 살에 홍역을 앓다가 죽었을 때 태종이 아들의 넋을 달래기 위해 짓고, 왕실에서 관리하던 절이었다. 세종은 1421년(세종 3) 초가을, 함허당 득통(涵虛堂 得通, 1376~1433)의 주관 아래 성녕대군과 어머니 원경왕후 민씨(元敬王后 閔氏, 1365~1420)를 위한 불사佛事를 대자암에서 올릴 때 개성에서 내려와 참석했다. 불교를 절벽 끝으로 내밀고 있던 태종은 왕실의 평안을 위한 불사는 묵인했다.

성녕대군의 양자로 입양된 안평대군은 대자암의 모든 불사를 주관하고 있었다. 대군들이 성녕대군의 집을 오가며 사경의 일을 감독했다. 『법화경』·『아미타경』·『범망경』·『대승기신론』·『지장경』·『지장참법』의 사경을 마무리했다.

세종의 동서이고, 소헌왕후의 제부인 대사헌(종2품) 강석덕(姜碩德, 1395~1459)이 경전의 끝에 붙이는 글(跋尾)을 썼다. 왕후의 넋이 불경의 행간을 나룻배 삼아 고통의 바다를 무사히 건너가라고 빌었다.

대웅씨[부처]가 자비와 희사喜捨로 미혹한 중생들이 머리를 깎고 중이 되게 하고, 복전福田과 이익의 설이 있기에 인인仁人과 효자 등 그 지극한 은혜 갚기를 도모하는 자는 귀의하지 않을 수 없다. 그 말이 삼장三藏(불경의 경장·율장·논장)에 실려 있는 것이 넓고, 크지만 버려두고 돌보지 않아 능히 주변을 엿볼 수 없어 반드시 도움과 이익이 되는 간절한 말씀을 옮겨 써서 돌려본다. 이로 연유하여 깊은 어둠(幽冥) 속에서의 왕래를 인도하려 하니, 어찌 진실로 그러하리오. 우리 소헌왕후께서는 타고난 성덕이 중미重美를 온전히 갖추셨다. 만세를 누리심이 마땅하나 갑자기 돌아가셨다. 대군들이 울부짖어 사모하고, 몹시 고통스러워하고 스스로 슬픔을 견디지 못한 채 "능히 효도를 다하지 못했다. 명복을 비는 일마저 없앤다면 어버이의 하늘같이 넓고 커서 다함이 없는 은혜를 장차 어찌 갚으리오." 하며 죄를 무릅쓰고 굳이 청했다. 임금이 허락하셨다. 이에 대장경 중에서 가장 귀하고, 빼어난 것을 모았다.

『묘법연화경』은 만법萬法이 신묘하여 마음을 밝게 한다. 『아미타경』은 마음을 편하게 하고, '몸을 편히 기를 곳'으로 돌아가게 이끌고, 오래오래 극락을 누리도록 한다.「보문품普門品」은 기機와 정情이 은밀히 합이 맞아 사람과 법이 다 같이 미묘하다. 『범망경梵網經』은 중생이 계율을 받아 지니면 곧 불지佛地에 들어간다. 『기신론』은 대신승大信乘을 갖추고 불종佛種을 끊지 않는다. 『지장경』은 고취苦趣를 구원하여 뽑는 것과 자비참법慈悲懺法으로 허물을 뉘우치게 한다.

티끌과 때를 뺀다는 것을 모두 다 명백히 드러내고 금니와 단사丹砂를 사용, 빼어난 해서체로 써서 여러 보배로 장식했다. 책머리에 변상變相을 씌워 보는 자가 반복해서 외우고 읽는 것을 기다리지 않고도 숙연히 공경하고, 사모하는 마음이 극진하게 될 것이다. 어찌 이렇게 지극할 수 있는가.

슬프다, "마음이 곧 부처다."는 말이 있다. 우리 왕후께서 어질고 성스러우니 곧장 여래의 대광명장大光明藏으로 들어가셨을 것이다. 진실로 이미 의심할 것이 없는 일이다. 어느 겨를에 천발薦拔하리오. 효자의 마음에 비록 한 티끌, 한 터럭만큼이라도 진실로 어버이를 이롭게 하는 일이라면 극진해야 한다. 하물며 이 경經은 실로 고해를 건너는 자비의 배가 되고, 어두운 길을 밝히는 횃불이 되어 왔다. 간절하게 법보를 이루어 복리를 무궁하게 받을 것이다. 지극한 효도에 대한 감응을 어찌 쉽게 헤아릴 수 있겠는가.

안평대군과 더불어 명필로 이름난 강희안(姜希顔, 1418~1464)이 아버지의 글을 받아 옮겨 썼다.

조정에 있어도 전혀 부족하지 않은 신미   5월 27일, 신미는 세종의 부름을 받고 속리산 복천사福泉寺에서 대자암으로 올라와 법회를 주관하고 있었다. 수양·안평대군은 신미를 모시고 소헌왕후를 위한 불사에 대해 자문을 받고 있었다. 신료들은 세종이 대군들과 함께 불경을 옮겨쓰는 일을 하는 줄로만 알았지, 훈민정음으로 불경을 언해할 준비를 하고 있는 것은 모르고 있었다.

승려들을 크게 모아 대자암에서 경을 읽었다(轉經 : 讀經). 세종의 명을 받고 집현전 수찬 이영서, 돈녕부 주부 강희안이 한 달 넘게 성녕대군의 집에서 금니와 단사로 사경했다. 수양·안평대군이 오가며 감독, 수십 일 만에 완성했다. 이때에 이르러 모든 대군과 여러 군이 참여해서 큰 법석을 열었다. 전경회(傳經會)에 모인 승려가 2,000명이 넘었다. 법회는 7일 동안 이어졌고, 비용이 적지 않게 들었다. 안평대군 부인의 종형으로 왕실과 연관된 불사에 지극정성으로 참여, 세종의 눈에 들기를 바라던 인순부 소윤(정4품) 정효강이 안팎으로 발이 닳도록 뛰어다녔다. 그는 성질이 기울어지고 교묘하고 샀되었다. 겉으로 맑고 깨끗한 척 행동하지만, 속으로 탐욕을 품고 있었다. 항상 간승(奸僧) 신미를 찬양하며, "우리 화상은 조정에 모셔도 전혀 부족한 점이 없다."고 했다.

효령대군 이보(孝寧大君 李補, 1396~1486)는 지공(指空, 1289~1363), 나옹(懶翁, 1320~1376), 무학(無學, 1327~1405), 함허당, 신미로 이어지는 선맥(禪脈)의 깊이와 교학(敎學)의 넓이를 알고 있었다. 세종은 신미를 만나 불교를 통해 흐르는 세계 문자의 핵심 사상을 훈민정음 창제와 보급에 활용하고 있었다.

세종, "대자암을 불태워 버려?" 10월 4일, 대자암 불사의 파장은 조정 전체로 번져 나갔다. 세종과 우참찬(정2품) 정갑손(鄭甲孫, 1396~1451)이 논쟁을 벌였다. 세종의 입에서 "대자암을 불태우란 말이냐."는 말이 나올 정도로 극렬했다. 옆에서 수양대군이 추이를 지켜보고 있었다.

정갑손이 조정의 의논을 모아서 대자암 불사의 정지를 청했다.

"불교의 허망함을 성상께서 환하게 보고 계십니다. 지난 번 중궁께서 아플 때 불사를 궁중에서 베풀어 금은으로 불경을 쓰고, 등롱까지 금은과 주옥으로 꾸몄습니다. 대자암에서 전경회를 열려고 할 때 중궁을 위한 불사는 절박한 심정에서 행한 일이므로 말하지 못했습니다. 이번 불사는 멈추는 것이 좋겠습니다."

신미를 조정에 모셔도 전혀 부족하지 않다고 말한 기사. 『세종실록』 1446년(세종 28) 5월 27일. ⓒ 국사편찬위원회

세종이 말했다.

"궁중에서의 정근은 예로부터 있었지 내가 시작하지 않았다. 태종께서 성녕대군의 쾌차를 위해 사경하고 등롱을 만들 때 황금 2정을 썼다. 그때 주옥을 구워 만드는 방법을 몰라서 등롱도 금으로 만들었다. 지금은 구워 만든 주옥을 쓰고, 사경에만 금을 쓸 뿐이다. 하지만 얼마 되겠느냐. 대군들이 어머니의 명복을 빌기 위해 하는 일이므로 하라고 했다. 나의 허물이니 어쩔 수 없다."

정갑손이 거듭 아뢰었다.

"지금 전하께서 부처를 믿으시니 백성은 '임금께서도 이같이 하는데……'라며 다투어 본받아 널리 퍼지게 되면 막을 수 없습니다. 비록 대군들이 한 일

이지만 나라 사람은 모두 주상께서 지시했다고 여깁니다."
세종이 수양대군에게 명해 정갑손을 힐책했다.
"임금이 할 수 없다는 것을 적적賊이라 이른다. 당초 사경에 나섰을 때 세 번 불사를 올릴 예정이었다. 일이 거의 마무리 단계다. 지금 옳지 않다고 말하고 있다. 어찌 아비곡종阿比曲從의 작태가 이 지경에 이르렀는가. 지금 경의 혼자 생각인가, 여러 사람의 의논을 대신 전하는 것인가."
"여러 사람과 의논한 것입니다."
"처음에는 찬성하고 물러가서 뒷말을 한다. 비록 소신小臣일지라도 하지 않을 터인 데 어찌 대신이 할 일인가. 이미 만들어 둔 등롱 등의 물건을 장차 불살라 버려야 그만 두겠는가. 진정 이를 바라고 있느냐."
"이미 만들어진 물건을 깨버릴 수 없다면 부처 앞에 이를 둘 것이고, 주옥이 아까워 버릴 수 없다면 등롱은 부수고 주옥만 취해도 됩니다. 다만 불사르고, 불사르지 않는 것은 전하의 처분에 달려있습니다. 오로지 신은 불사의 정지를 바랄 뿐입니다."
"지금 등롱을 불태우면 마땅히 불경과 대자암도 불태우고, 그곳의 중들도 모두 속인으로 만든 뒤에야 가능하다. 어떻게 처리하겠느냐."
"불경은 이미 만들었고, 대자암은 조종께서 세웠는데 어찌 갑자기 불태우겠습니까. 중의 환속과 불법의 흥하고 망하는 것도 운수가 있으니 갑자기 바꿀 수 없습니다."
"등롱을 불상 앞에 달아 놓고, 불경도 없애지 않고 불사만 정지시키면 체면이 서겠느냐."
"계획된 불사라도 신료들의 바람에 따라 멈추면 좋은 일입니다."
"불경과 등롱은 없애지 않고 불사만 멈추라고……. 한 자를 굽혀 여덟 자를 곧게 하는 꼴이다."
"진실로 한 자를 굽혀 여덟 자를 곧게 하자는 뜻이 아닙니다. 전하께서 불경과 등롱을 부수려고 하지 않기에 뜻을 받들어 차마 배척하지 못하고 이같이 말했을 뿐입니다. 만약 사경과 등롱의 사용을 찬성하고 불사가 잘못되었으므로 멈춰달라고 아뢰었다면 상교가 진실로 옳습니다."

"대군들에게 어머니를 위해 불경을 만들라는 의향을 보였더니 대신이 모두 옳다고 해서 추진했다. 임금과 은밀하게 의논해 놓고 물러가서 서로 비난하며 모른 체하고, 나에게 허물을 돌리는 것은 대신의 도리가 아니다. 나는 불교를 좋아하는 임금이다〔好佛之君〕. 너희들이 모두 버리고 이를 잊었지만 이단異端의 일〔佛事〕을 빌미로 허물을 삼지는 않겠다."

세종, "이미 불교를 좋아하는 임금이다" 세종은 "내가 이미 불교를 좋아하는 임금이다."고 대놓고 말했다. 이 말은 반드시 불사를 일으키겠다는 임금과 이단〔불교〕에 쇠말뚝을 박아버리겠다는 조정 신료들의 오기싸움으로 번졌다. 10월 5일, 71세의 우의정 하연(河演, 1376~1453)은 세종이 작정하고 나선 것을 알고 '불경佛經'을 쓰고 읽는 불사는 해마다 흉년이 들어 안 된다는 쪽에 힘을 실었고, 우찬성〔종1품〕 김종서(金宗瑞, 1383~1453)는 세종의 뜻에 따랐다.

의정부에서 불사의 정지를 거듭 청한 뒤 전날의 실언이 잘못되었음을 시인했다. 세종이 말했다.
"임금과 신하 사이는 원수元首와 팔다리와 같으므로 반드시 서로 도와야 한다. 내가 틀린 일을 벌이면 대신이 간함은 당연한 일이다. 무엇을 꺼려서 따르지 않겠느냐. 이미 쓴 경문經文은 헛되게 버릴 수 없다. 펼쳐보지 않는다면 어디에 쓸 것인가. 사경을 명한 지도 벌써 6, 7개월이 지났다. 옳지 않다고 여긴다면 미리 막아서 그치게 하고, 일이 이미 끝난 뒤에 그치라고 아뢰는 것은

경기도 고양시에 있는 성녕대군의 묘. 태종이 막내아들을 위해 묘의 남쪽에 지은 대자암은 임진왜란 때 폐허가 되었고, 그 터에 소헌세자의 아들인 여러 군君들이 무덤을 썼다.

앞뒤가 맞지 않다. 헛된 일이라면 왜 관련자를 문책하고 만들어 둔 불경을 불태워 영원히 뿌리 뽑으라고 청하지 않았느냐."

우의정 하연은 결정을 내리지 못하고 한참 동안 말없이 있다가 말했다.

"처음에 전하께서 신에게 왕비를 위해 불경을 만드는 것이 어떠한가를 물어서 옳지 못하다고 했습니다. 세자와 여러 대군이 사경의 일을 물었을 때도 옳지 않다고 했습니다. 하지만 이미 불경이 완성되었는 데 어찌 보지 않겠습니까. 해마다 실농失農해서 국가의 경비가 넉넉하지 않습니다. 불사를 크게 베풀 수는 없지만 잠시 설치하는 것은 괜찮을 것 같습니다."

우찬성 김종서는 세종의 결정에 따르겠다고 말했다.

"신은 작위가 높고 성은이 지극히 중하오니 무슨 바람이 있겠습니까. 감히 말을 떠벌려 명예를 구할 수는 없습니다. 노신을 전하의 좌우에 있게 하시니 눈으로 의롭지 못한 일을 보고 가만히 있을 수 없어 예감을 번거롭게 하고 있습니다. 참작하시기 바랍니다."

좌참찬〔정2품〕 정분은 하연의 의논과 같았다. 정갑손이 말했다.
"신은 이미 앞서 다 말씀드렸습니다. 무슨 말을 더 하겠습니까."
"내가 3, 40명의 중을 모으라고 했다. 극히 간략한 편이다. 하지 않으면 그만이지만, 한다면 어찌 인원을 줄일 수 있겠느냐. 비록 중의 수효를 줄이더라도 나의 덕에 무슨 보탬이 있고, 대신들이 반대해 일을 하지 않게 했다고 하겠느냐. 다시 말하지 말라."
좌부승지 이사철이 사옥死獄의 일을 아뢰었다.
"내가 불사를 준비하며 재계하고 있다. 다음에 아뢰라."

"나만 홀로 부처를 받들고 있다" 10월 6·7일, 사헌부에서 집요하게 대자암 불사를 멈추라고 요구했다. 세종은 싫은 기색을 노골적으로 드러냈다. 불사를 핑계 삼아 왕권에 도전해 오는 꼴은 보지 않겠다는 뜻이었다. 주리를 틀고 싶었지만 대꾸하지 않는 선에서 멈췄다.

사헌부 장령〔정4품〕 강진이 거듭 불사의 중지를 건의했다.
"부처를 공양하고 중에게 재계하는 일은 무익하고, 시기에 맞지도 않습니다. 국가에 이익이 있다면 피해가 백성에게 가더라도 신이 어찌 멈추라고 아뢰어 임금의 뜻을 더럽히겠습니까."
세종이 말했다.
"어제 의정부의 말도 내가 듣지 않았다. 너의 청을 어찌 따르겠느냐."
"천하의 도리에는 옳고 그름 두 가지뿐입니다. 일의 그름은 신이 비록 말씀 올리지 않더라도 고금을 통해서 누가 알지 못하겠습니까. 중궁께서 병환이 나셨을 때 상하에서 지성으로 기도했음에도 효험을 얻지 못했습니다. 부처를 섬겨 얻음이 없는 좋은 예입니다. 전하께서는 일찍이 부처 섬기는 일을 마음에 두지 않았습니다. 오늘날 지극히 믿으시니 매우 섭섭합니다."

"대소신료들은 현명해서 능히 정도를 걷고 있다. 나만 홀로 부처를 받들고 있으니 부끄럽다. 할 말이 없다. 옳고 그름에 대한 말이 순리에 맞으면 들을 만하다. 하지만 뜻을 굽혀 교묘하게 꾸민 말은 듣기 싫다."

조정에서 작정하고 나선 불사 반대의 불길은 쉽게 가라앉지 않았다. 사간원의 좌정언(정6품) 윤배가 "올 봄에 명한 것은 수륙재水陸齋입니다. 대자암 불사를 멈추기 바랍니다."고 아뢰었다. 세종은 "무슨 말을 더 해야 하느냐. 수륙재는 불사가 아니고 무엇이냐."고 잘랐다.

정창손, "집안이 도륙되는 한이 있어도…" 10월 9일, 사간원에서 불사의 정지를 청했으나 윤허하지 않았다. 정갑손의 동생 사헌부 집의 정창손(鄭昌孫, 1402~1487)이 두 번째 상소를 올렸다. 최만리(崔萬理, ?~1445)와 함께 훈민정음 사용 반대 상소에 동참하고, 불교의 싹을 잘라버리겠다고 벼르고 있던 중신들을 등에 업은 집요한 공격이었다. 집안이 찢겨나가는 한이 있더라도 대자암의 불사를 막겠다고 이리떼처럼 덤벼들었다.

"[…] 신들이 자료가 없어 굳이 간해서 처음에 그치게 하지 못하고 시일을 미루어 지금에 이르러 조용히 있으며 말하지 않는다면 비록 온 집안이 도륙되더라도 직무를 게을리 한 죄 메울 길이 없습니다. 불교를 존숭해 금니로 사경하고, 책표지의 그림을 황금으로 그리고, 번당幡幢은 주옥과 비취로써 장식해 정교함이 극에 달했고, 옷과 천막 등을 준비했습니다. 불사를 크게 일으켜 곡식과 재물을 허비함이 기록할 수 없을 정도입니다. 해마다 풍년이 들지 않았습니다. 무뢰배인 중은 10명이나 100명이 떼를 지어 좋은 옷과 음식으로써 백성의 고혈을 착취하고, 종실과 왕실의 친인척들은 시주가 모자랄까 염려하고 있으니 뒷날의 폐단은 말로 할 수 없을 지경입니다. 저들이 비록 나라를 복되게 하고 백성을 이롭게 하더라도 지금 흉년을 당했으니 마땅히 멈춰야 합니다. 결단을 내리시어 삿된 불교〔邪敎〕를 없애되 의심하지 말고 멈추라 명한다면 유학과 나라에 큰 다행일 것입니다."

세종이 도승지 황수신, 우승지 박중림을 내전으로 불러 말했다.

"대간에만 그칠 일이 아니다. 지금 대신도 모두 이와 같다. 일의 가부를 의논할 때는 옳다고 하고 물러가서는 그르다고 말을 바꾸고 있다. 내가 만약 말한 사람이 아무개라고 하면 부끄러울 뿐이다. 더 이상 대꾸하지 않겠다."

우의정 하연이 말을 바꾸었고, 황수신이 물러갔다. 세종은 수양대군을 불러 강진에게 말을 전하라고 일렀다.

"불경을 써서 피람하라는 일에 대해 대간에게 뜻을 전한 지 벌써 여덟 달째다. 전일에 의정부에서 불사의 정지를 청했고, 이튿날 사헌부에서 또 말꼬리를 잡고 있다. 이것은 반드시 의정부의 말을 듣고 와서 아뢰면서 스스로 다른 사람보다 뒤진 것을 싫어해 '황제의 표문을 받을 때〔拜表〕 각 관사의 관리가 사고가 있어 비로소 이를 알게 되었다.'고 속여서 말하고 있다. 내가 덕이 없지만 임금이 되어 간사하고 정직하지 못한 사람을 보고도 혐의를 피하고자 처벌하지 않는다면 어찌 선을 좋아하고, 악을 미워하는 정사政事라 할 수 있겠느냐."

정창손과 강진 등을 의금부로 압송하고, 좌부승지 이사철을 보내 국문했다.

언문으로 죄를 묻다   10월 10일, 세종이 『훈민정음』 해례본을 펴내고 한 달 만에 척불을 주장하는 유신들의 죄상을 조목조목 언문諺文으로 써서 환관 감득상을 통해 의금부와 승정원에 내린 일은 득보다는 실이 많았다. 훈민정음 창제에 잔뜩 반감을 품고 있던 유신들을 자극했고,

그 여파로 유신들의 불교와 훈민정음에 대한 불만과 반감은 확산되고 있었다.

집현전 학사들이 대간에서 불사의 정지를 아뢴 신하를 가둔 것은 잘못된 일이라며 들고 나섰다. 이계전·최항·어효첨·박팽년·성삼문·이개·서거정 등이 와서 "대간은 임금의 귀와 눈과 같은 관직입니다. 지금의 일을 아뢰는 것이 옳지 않다고 처벌하면 언로가 막히게 됩니다. 용서하기 바랍니다."고 아뢰었다.

수양대군이 언문으로 쓴 글을 보이며 "죄상이 이와 같다. 용서할 수 없다."는 세종의 뜻을 의금부에 전했다.

대자암 극락전의 전경회　10월 15일, 세종이 정창손 등을 좌천시키고 강진의 직급을 3등 감했다. 수양·안평대군이 대자암에서 두 번째 전경회를 열었다. 안평대군이 극락전 안으로 들어가 강희안 등이 금은으로 쓴 『화엄경』을 어머니의 영전에 올렸다. 주옥으로 조각한 등롱이 반짝이고 있었다.

전경회는 7일 동안 이어졌다. 모인 승려가 1,000여 명이 넘었다. 담당 관리가 밤낮없이 대접했다. 장만한 떡과 과일 등의 음식이 산더미처럼 쌓였다.

극락전에 부처의 생애를 여덟 장면으로 그린 「팔상도八相圖」가 펼쳐져 있었다. 안평대군이 조선 최고의 화가 안견(安堅, ?~?)에게 의뢰해서 만든 그림이었다. 안견은 족제비 털로 만든 붓으로 중국에도 없고, 이 땅에도 없는 부처의 일대기를 그렸다.

2

훈민정음 3대서,
『석보상절』·『월인천강지곡』·『용비어천가』

김수온의 『석가보』 증수와 『월인천강지곡』 1446년(세종 28) 12월 2일, 세종이 경복궁에서 나와 수양대군의 집에 별채를 마련하고, 부사직[종5품] 김수온과 함께 『석가보釋迦譜』를 증수增修하며 『석보상절』 편찬에 들어갔다.

『세종실록』에 실린 유일한 『석보상절』 편찬과 관련된 기록이다. 참고한 책은 중국에서 부처의 일대기를 정리한 대표 불전인 양나라 승우(僧祐, 444~518)의 『석가씨보釋迦氏譜』와 당나라 도선(道宣, 596~667)의 『석가보』였다. 『석가보』에서 자세하게 할 것은 『묘법연화경』·『아미타경』·『약사경』 등의 불전에서 당겨오고, 줄일 부분은 줄여 나갔다.

김수온은 70세를 다섯 달 앞둔 1477년(성종 8) 9월 5일, 벼슬을 그만두겠다며 올린 글에 수양대군 집에서 세종과 함께 『석보상절』의 구성과 편집을 검토하고, 토론해서 진행했음을 분명하게 밝혔다.

그때 세종께서 미령하시어 밖에 나와 계셨다. 수양대군 저택의 막幕을 택한 것은 위장圍仗에 가까운 집이어서다. 고금의 상확商確은 신이 아니면 불가하고, 경적經籍을 토론하는 것도 반드시 신[김수온]이라야 얘기했다. 낮은 창문에 띠를 이은 집 두어 칸에 아침저녁으로 연기가 가득했다. 돗자리에서 신하[奴]와 주인[郞]이 함께 거처했다. 존비와 예절에는 마음이 없었다. 낮에는 탑탑榻을 가로 놓고 함께 의논하고, 밤에는 재齋에 머물며 홀로 잤다. 기울어진 베개머리의 꿈이 끝나지 않아 잠꼬대하며 늦잠을 자는 날이면 주상께서 문을 밀치고 들어와 옷을 당겼고, 급히 화들짝 놀라 일어났다. 자며, 일하며 안팎에 숨김이 없었다. 정의가 얕고 깊은 것을 알 수 있다. 부사직[종5품]으로 직책은 아득하게 낮았지만, 의義는 실로 벗을 대하는 것과 같았다.

김수온이 수양대군의 집에서 세종을 모시고 『석보상절』·『월인천강지곡』의 편찬을 토의한 대목이 실려 있다. 『성종실록』 1477년(성종 8) 9월 5일 ⓒ 국사편찬위원회

세종은 훈민정음으로 새로운 불경을 편찬하는 일에 집중했다. 경복궁이 아닌 수양대군의 집에서 김수온이 더하고 뺀 한문본 『석가보』를 바탕으로 『석보상절』의 틀을 잡아나갔다. 『훈민정음』 해례본을 펴낸 지 3개월이 지나서였다. 정인지, 최항, 신숙주, 성삼문, 박팽년 등을 배제한 은밀한 행보였다.

병인년〔1446년〕 여름, 소헌왕후의 상사를 당했다. 세조가 잠저에 있을 때 대군으로서 빈전을 모셨다. 위로는 부왕의 슬픔을 위로하고, 아래로는 모후의 명복을 비셨다. 불법佛法의 번선飜宣에 따라 여러 인연의 특수한 것을 삼았다.

석씨釋氏의 보譜를 간정刊定했고, 금륜왕金輪王의 계係를 추원追源했다. 겁초劫初에서 시작해서 대승大乘의 전한 것을 고루 상고했고, 한나라 때 서역[인도]에서 온 패엽貝葉의 경문을 처음으로 번역했다. 편마編摩한 것은 겨우 20권이었지만 거의 천함千函의 경전을 탐구하고, 토의한 결과였다. [김수온은] 천박한 자질이었지만 그 일의 처음과 끝을 맡았다. [1447년(성종 8) 9월 5일]

신미는 대자암에서 수양대군의 집을 오가며 '서역에서 온 패엽貝葉의 경문'과 불전, 대승경전 등에 대해 자문했다. 세조가 쓴 『석보상절』· 『월인석보』의 서문이 이를 증명하고 있다.
『월인천강지곡』·『석보상절』에 활용한 불전佛典은 27종이다.

● 불전佛傳 : 『석가보』·『태자수대나경』·『석가씨보』·『중본기경』·『불본행집경』·『과거현재인과경』·『보요경』
● 대승경전 : 『대방편불보은경』·『묘법연화경』·『관불삼매해경』·『아미타경』·『약사경』·『관무량수경』·『대운륜청우경』·『지장경』·『잡보장경』·『현우경』·『미증유인연경』·『대반열반경후분』
● 사전史傳 : 『아육왕전』·『불조통기』·『법원주림』·『종문연등회요』
● 논서論書 : 『파사론』·『대지도론』
● 위경僞經 : 『안락국태자경』·『목련경』

『월인천강지곡』·『석보상절』은 대승경전을 바탕으로 써서 내용이 다양하다. 『묘법연화경』은 교리, 『아미타경』·『지장경』·『약사경』은 신앙, 『관불삼매경』·『대운륜청우경』은 밀교의 대표 경전이다. [김기종(2006)]

'불충불효의 죄'를 지은 자식, 신미·김수온   김수온이 세종의 특명으로 부사직에 나간 지 여섯 달이 지났어도 의정부에서 임명을 하지 않고 있었다. 불교를 믿는 인사의 중용은 있을 수 없다는 시위였다. 수양대군의 집에서 『석보상절』의 편찬에 매달리고 있는 김수온을 곱게 볼 까닭이 없었다. '불충불효의 죄'를 지은 아비의 자식이고, 먹물 옷을 입고 세종의 총애를 받고 있는 신미의 동생이라는 꼬리표를 집요하게 흔들어댔다.

1447년(세종 29) 6월 5일, 훈련원 주부〔종6품〕 김수온을 서반에서 동반으로 옮겨 임명했다. 사간원에서 버티고 나왔다. 관료들의 끈질긴 공격이었다.

"김수온의 아비 김훈이 불충의 죄를 범했으므로 동의할 수 없습니다."

세종이 말했다.

"김수온이 문과 출신으로 이미 동반에서 근무한 바 있다. 왜 지금 문제 삼고 나서느냐. 조정의 신료 중에 이와 비슷한 흠 있는 자들도 많다. 그들도 다 쫓아내라는 말이냐. 빨리 조치하라."

김수온의 형이 출가, 중이 되어 이름을 신미라 했다. 수양·안평대군이 심히 믿고 좋아했다. 신미를 높은 자리에 앉게 하고 절하며 극진하게 예로써 공양했다. 김수온도 부처에게 아첨했다. 자주 대군을 따라 절에 가서 불경을 열람하며 합장하고 정성을 다해 읽었다. 사림士林에서 비웃었다.

사관은 신미와 김수온을 싸잡아 비난했다. 종실의 핵심인 수양·안평대군이 신미를 지극하게 믿고 따르는 꼴도 달갑지 않았다. 두 대군과 함

께 절에 올라가 벌이는 불
사도 대놓고 비웃었다. 꼬
투리를 잡으면 바로 물어
뜯을 기세였다.

여름 햇살이 근정전 마당
의 바닥돌을 달궈 놓았다.
신발 밑창이 불에 덴 듯 뜨
거웠다. 의정부와 사헌부,
사간원에서 수양과 안평대
군, 김수온이 벌이는 일에
대해 예의주시하고 있었다.
넓고, 촘촘한 인맥을 활용
해 불교를 압박했던 집현
전의 수장 최만리도 이 세
상 사람이 아니었다. 물불

수양·안평대군이 신미를 극진하게 모셨다는 기사.『세종실록』1447년(세종 29) 6월 5일 ⓒ 국사편찬위원회

가리지 않는 정창손이 미덥지 않았으나 다른 대안이 없었다. 정창손은
힘은 있었지만, 그 뒤를 생각하지 않고 움직였다. 조금 더 나가려는 욕
심이 늘 발목을 잡았다. 신료들에게 힘의 분배는 아예 생각 밖의 일이
었다. 하연·황보인·김종서·정분·정창손을 정점으로 한 훈구 세력과
최항·신숙주·박팽년·하위지를 정점으로 한 개혁 세력의 대립은 골이
깊었다.

수양대군의『석보상절』서문과「팔상도」　1447년(세종 29) 7월, 훈민정

음으로 언해한 『석보상절』의 원고가 완성됐다. 8개월 동안 신미와 김수온이 차례에 따라 편집·번역·윤문·교정의 전 과정을 맡고, 수양대군이 총괄 주관하고, 세종이 최종 승인한 왕실과 불교계의 합작품이었다.〔『월인천강지곡』도 같은 제작 과정을 거쳤을 것으로 추정한다.〕

7월 25일, 수양대군이 『석보상절』의 서문을 썼다. 여러 불경에서 골라 '상세하게 쓰거나, 그렇지 않은 것은 생략〔詳節〕'하고, 팔상八相을 넘어서는 다른 내용에도 비중을 두어 편집했다고 밝혔다. 이 서문이 실린 『석보상절』 권1은 아직 발견되지 않았지만, 『월인석보』 권1에 수록되어 확인할 수 있다.

부처가 삼계三界의 높은 분이 되시어 중생을 널리 제도하시니, 그지없고 이루 헤아릴 수 없는 공덕을 사람과 하늘이 내내 기리지 못하는 바이다. 세상에서 부처의 도리를 배우는 사람들이 부처가 나다니며 가만히 계시던 처음과 마지막을 아는 사람이 드물다. 비록 알고자 하는 사람이라도 팔상八相을 넘지 못하고 만다. 이즈음에 소헌왕후의 추천〔推薦 : 불사를 하여 좋은 땅에 가 나시게 함〕을 위하여 이제까지 전하는 여러 불경에서 골라내어 따로 하나의 글을 만들어 이름 붙이기를 『석보상절』이라 하고, 이미 차례를 헤아려 만든 바에 따라 세존께서 도를 이루신 모습〔팔상도〕을 그려 이루어내고, 훈민정음으로 번역하여 새겼다. 사람마다 쉽게 알아 삼보〔佛·法·僧〕에 나아가 의지하게 되기를 바라노라.

세종은 1446년(세종 28) 9월, 『훈민정음』 해례본을 완성한 뒤 『석보상절』·『월인천강지곡』을 통해 바른 표기법에 대해 세밀하게 실험하고, 정음의 문장으로 기록할 수 있음을 확인했다. 세종의 명을 받고 수양대군과 신미, 김수온은 문자 운용의 기본 규정인 해례본의 세종 어제 부문을 언해해서 1447년(세종 29)『석보상절』의 첫머리에 실었다.『훈민정음』언해본은 정음 입문자를 위한 최초의 국어 교과서였다. 문자의 예시와 설명, 운용의 해설까지 담겨 있어 이 책으로 훈민정음을 배우고 익히게 했다.

사람마다 하여금 쉽게 익혀 날로 씀에 편안하게 하고자 할 따름이니라.
사름마다 히ᅇᅧ 수ᄫᅵ 니겨 날로 ᄡᅮ메 便安킈 ᄒᆞ고져 ᄒᆞᆶ ᄯᆞᄅᆞ미니라

— 『훈민정음』언해본 세종 어제 서문

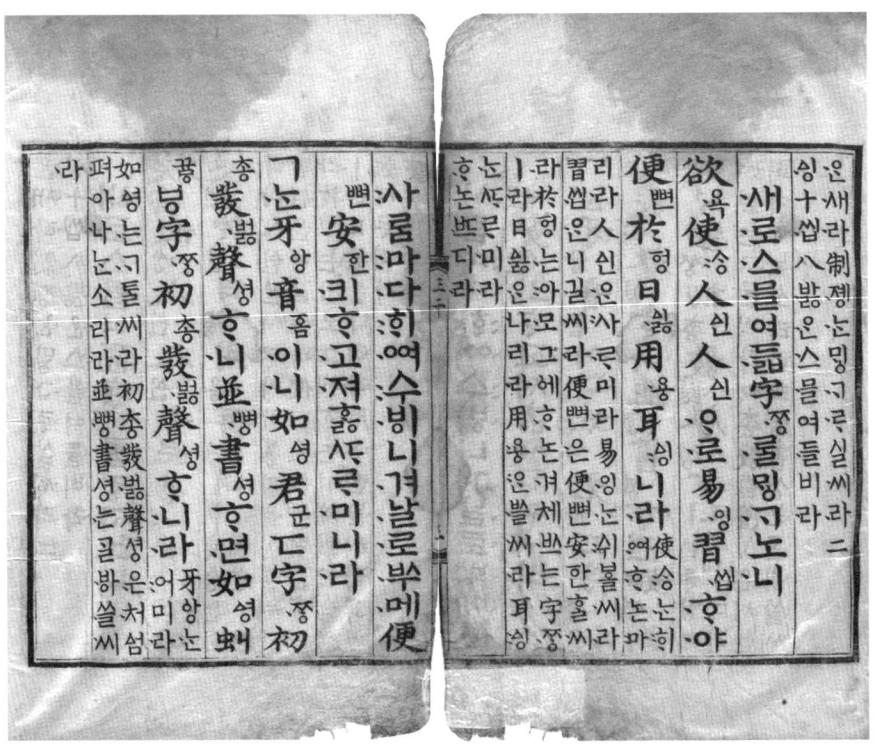

『월인석보』권1에 실린『훈민정음』언해본 ⓒ 국가유산청 국가유산포털

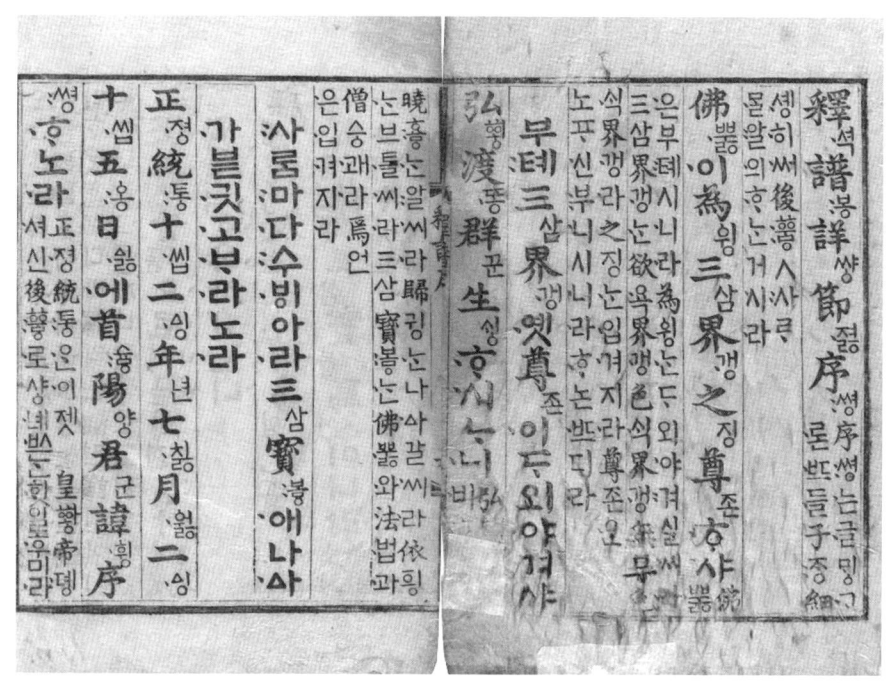

수양대군이 1447년(세종 29) 7월 25일에 쓴 『석보상절』 서문의 시작과 끝 ⓒ 국가유산청 국가유산포털

사람마다 쉽게 알아 삼보에 나아가 의지하게 되기를 바라노라.
사ᄅᆞᆷ마다 수비 아라 三寶애 나ᅀᅡ가 븓긧고 ᄇᆞ라노라

- 『석보상절』 수양대군 서문

수양대군은 '높고, 큰 부처의 공덕'은 사람과 하늘이 기리기 어렵다는 것을 신미로부터 배워 마음 한 쪽에 새겨두었고, 중생들이 부처에 대해 아는 것이 팔상에 그치는 것을 정확하게 파악하고 있었다. 팔상도를 씨줄과 날줄 삼아 부처의 일대기에 맞는 불경을 가려내 정음으로 번역하고, 경을 펼쳐 읽을 때 대본으로 썼다. 팔상도는 『석보상절』의

이야기와 『월인천강지곡』의 노래를 이끌고 가는 중심축이고, 차례다. 불경언해와 불화佛畫의 절묘한 만남이다. 훈민정음 교육의 확산과 불교 중흥의 바람이 바탕에 깔려 있다.

팔상도는 시기와 국가, 종파를 넘어 믿고 받든 유일한 그림이다. 『석보상절』(권11)의 팔상도는 목판으로 만든 가장 빠른 시기의 불전도佛傳圖였다. 세종과 신미, 수양·안평대군은 조선만의 독특하고 뛰어난 팔상도를 『석보상절』에서 확정, 통일시켰다. 「석보상절 서문」과 「월인석보 서문」보다 앞에 배치할 정도로 중요하게 다뤘다. 『월인석보』의 간행 이후 같은 그림 제목을 쓰는 전통이 수립됐다. 부처의 일생 중 중요한 사건이 펼쳐진 성지聖地를 근간으로 다양한 이야기와 상징적으로 결합되며 확산됐다.

팔상도는 ▲ 탄생〔도솔래의·비람강생〕 ▲ 출가〔사문유관·유성출가〕 ▲ 수도〔설산수도〕 ▲ 성불〔수하항마〕 ▲ 전법〔녹원전법〕 ▲ 열반〔쌍림열반〕으로 이어진다. 8대 성지는 ① 룸비니 ② 보드가야 ③ 사르나트 ④ 슈라바스티 ⑤ 상카시야 ⑥ 라자그리하 ⑦ 바이살리 ⑧ 쿠시나가라다.

① 도솔래의兜率來儀 : 도솔천에서 흰 코끼리를 타고 내려와 마야부인의 뱃속으로 들어가는 모습

② 비람강생毘藍降生 : 룸비니 동산에서 태어나는 모습

③ 사문유관四門遊觀 : 사문으로 나가 세상의 생로병사를 관찰하는 모습

④ 유성출가逾城出家 : 궁궐의 성을 넘어 출가하는 모습

⑤ 설산수도雪山修道 : 설산에서 깨달음을 얻기 위해 수행하는 모습

⑥ 수하항마樹下降魔 : 보리수 아래에서 수행하던 중 악마의 항복을 받아내는 모습

⑦ 녹원전법鹿苑轉法 : 녹야원에서 처음으로 설법하는 모습
⑧ 쌍림열반雙林涅槃 : 사라나무 아래에서 열반에 드는 모습

『석보상절』의 팔상도에는 각수刻手 채중석蔡仲石, 최수장崔守長, 옥대玉代, 영대막덕英代莫德, 박언중朴彦中의 이름을 그림 아래와 옆에 밝혔다. 당시 최고의 장인들이었다. 세조는 1459년(세조 5)『월인석보』를 펴낼 때『석보상절』의 목판을 그대로 썼다.
1448년(세종 30) 7월 21일,『월인천강지곡』·『석보상절』의 편찬에 드는 비용을 수양·안평대군 등에게 지원했다고 밝혔다. 숨기고, 알지 못하게 할 까닭이 없다는 뜻이었다.

"장경藏經의 편찬[『월인천강지곡』·『석보상절』]을 내가 숨길 까닭이 없다. 해마다 흉년이 들어 나라의 재정을 허비하지 않고, 내수소의 쌀을 종친에게 나눠 주어 불경을 만들라고 했다. 국가의 물건은 곧 임금의 물건이다. 북으로 5진으로부터 남으로 제주도에 이르기까지 모두 마음대로 쓸 수 있다. 공사公私를 따지지 않고 써도 된다. 사재로 쓰는 것은 나의 뜻이 좁은 것이고, 국가의 재물을 쓰지 않은 것도 내 잘못이다. 어찌 일을 숨기고 알지 못하게 하겠느냐."

최초의 '훈민정음 금속활자'　1447년(세종 29)『석보상절』과『월인천강지곡』을 찍기 위해 처음으로 '훈민정음 금속활자'를 만들어 1434년(세종 16) 주조한 '갑인자甲寅字' 한자와 함께 썼다. 권위와 엄숙미가 돋보이는 '훈민정음 금속활자'의 글자본을 쓴 이는 당시 명필로 손꼽는 수양대군, 안평대군, 강희안으로 압축된다. 강직하게 직선으로 그은 전서체는 부드럽고 우아한 갑인자[해서에 행서체의 맛을 더한 진체晉體]와 조

화를 이룬다. 『석보상절』과 『월인천강지곡』을 보면 한 획, 한 획이 살아서 숨을 쉬는 듯하다. 글자 사이가 여유 있게 떨어져 있고, 판면이 크고 늠름하다. 기름먹에 아교를 진하게 섞어 찍어 글자가 검고, 선명하고, 깨끗하다. 아래로 향한 흑어미黑魚尾는 정교하고 아름답다.

세종은 동으로 갑인자를 만들 때 명나라 관판본 『위선음즐爲善陰騭』·『효순사실孝順事實』·『논어』 등에서 글자본을 골라냈고, 모자라는 글자는 진양〔수양〕대군에게 쓰게 했다.

1447년 최초로 만든 '훈민정음 금속활자'로 찍어낸 『석보상절』(권6) ⓒ 국립중앙도서관

이천(李蕆, 1376~1451)의 감독 아래 천문기기 제작에 참여한 장영실(蔣英實, 1390?~1450?)·김돈(金墩, 1385~1440)·이순지(李純之, ?~1465) 등이 7월 12일부터 두 달 20일 만에 큰 자와 작은 자를 만들었다.

글자본은 해서체에 행서체의 맛이 녹아들어 있는 진체로 계미자나 경자자의 모나고, 딱딱한 느낌을 없앴다. 테두리의 선은 단선에서 두 선으로, 안쪽 선은 가늘게 처리했다. 먹물도 고르게 묻어 하루에 40여 장을 찍을 수 있었다. 서울을 비롯해 각 도에서 균형 잡힌 좋은 책을 접할 수 있게 되었다. 세종은 『월인천강지곡』·『석보상절』·『동국정운』 등 훈민정음과 관련된 인쇄는 주자소에서 전담하게 했다. 의학의 백과사전인 『의방유취醫方類聚』 등 장기간에 걸쳐 진행한 국책 사업의 인쇄는 책방冊房으로 돌렸다. 두 명의 별좌가 번갈아 가며 장인들을 독려했다.

세조의 어필. 강직한 필선이 돋보인다. 『효경孝經』을 한땀한땀 정성을 다해 썼다. ⓒ 국립중앙박물관

궁궐에 책방을 따로 두고 불경을 찍어냈다. 번거롭게 바깥에서 제작하지 않고, 안에서 필요할 때마다 만들겠다는 뜻이었다. 책방은 불경을 보관하는 장소로도 사용했다.

권제·정인지·안지, 『용비어천가』 찬술   세종은 건국의 당위성이 오늘과 내일로 이어지길 바라며 『용비어천가』의 편찬을 기획했다. 자료를 모을 때부터 '할아버지 태조의 개국, 아버지 태종의 완성, 손자 세종

의 이음'이라는 이야기의 큰 틀을 만들어 두었다. 훈민정음 창제 전인 1442년(세종 24) 『용비어천가』의 편찬을 계획하고 있었다. 3월 1일, 경상도와 전라도 관찰사에게 "1380년(고려 우왕 6) 9월 왜구가 우리의 경계를 침범했을 때 태조께서 한 번에 소탕했다. 그 훌륭한 공과 위대한 업적은 후세에까지 전하지 않을 수 없다. 그때 군사와 말의 수효와 적을 제어한 방책, 접전한 수와 적을 함락시킨 상황 등을 반드시 본 사람이 있을 것이다. 도내 여러 고을의 노인을 찾아 물어보고, 그 사연을 상세하게 기록해서 아뢰라."고 태조가 운봉 지역에서 벌인 왜구 소탕의 일을 조사하라는 명을 내렸다.

1445년(세종 27) 4월 5일, 의정부 우찬성〔종1품〕권제(權踶, 1387~1445)·우참찬〔정2품〕정인지(鄭麟趾, 1396~1478)·공조참판〔종2품〕안지(安止, 1376~1464) 등이 『용비어천가』의 찬술을 마쳤다. 춘추관·예문관·집현전의 학자가 중심이 되어 자료 수집과 정리, 집필에 3년의 공력을 쏟은 결과였다. 정인지가 「용비어천가 진전進箋」을 썼다.

〔…〕목조께서 처음 터전을 마련하신 때로부터 태종의 잠저潛邸 때에 이르기까지 모든 사적 중에 기이하고 거룩한 일을 빠짐없이 찾아내어 왕업을 이룩하기 어려운 점을 모두 갖추어 펴서 진술했습니다. 여러 옛 일은 바르게 증명했고, 노래는 나랏말〔國言〕을 썼습니다. 이어 한시를 덧붙여 정음 가사를 해석하니 천지를 그리고 일월을 본뜸과 같습니다. 비록 그 모습을 정밀하게 그리지는 못했지만, 금석金石에 새기고 관현〔管絃 : 음악〕에 올린다면 조금이나마 찬란한 업적을 드날릴 수 있을 것입니다. 만약 성상께서 살펴 받아들여서 이를 펴내 모든 자손들에게 전해 대업이 쉽지 않음을 알게 하고, 시골과 나라에서 모두 사용해서 길이길이 잊지 않게 하소서. 지은 '가시歌詩'는 모두 125장입

니다.

세종이 장정을 끝낸 『용비어천가』를 펼쳤다. 훈민정음으로 번역한 노랫말이 한문과 한시 속에 갇혀 있었다. 바로 출간하지 않고 언문청諺文廳에 보관해 두었다.

세종은 음악을 새로 정립하기 위해 고심했다. 선대 왕들의 문덕과 무덕을 칭송하는 음악은 당악조唐樂調였다. 9월 13일, "용비시龍飛詩를 관현악에 올리기 위해 창가비에게 당악唐樂에 맞추려 하니 음률을 잊은 것도 있고, 잊지 않은 것도 있다. 현가絃歌의 소리가 우리 음악에 맞지 않고 춤사위만 볼만했다. 내가 병이 있어 깊이 궁중에 있으므로 음악 듣기를 좋아하지 않는다. 하지만 우리 음악을 당률唐律에 맞게 모양과 소리를 익혀서 후손들이 보고 듣게 함도 좋을 것이다."고 승정원에 지시한 뒤 새로운 연주와 소리를 익히기 위해 고생한 창가비에게 상으로 옷 한 벌을 내려주었다.

11월 3일, 도승지〔정3품〕유의손·우부승지〔정3품〕이사철·사헌부 집의〔종3품〕정창손에게 "우리 조종께서 덕을 쌓고 어진 일을 거듭해 덕으로 집안사람을 교화시켜 나라를 이루고, 높은 공적과 대단한 것이 옛 일보다 뛰어났다. 「용비시가龍飛詩歌」의 시와 노래에서 이미 찬양해 공덕을 가송歌頌했다. 하지만 그 형식이 4언시를 본받아 지은 것이어서 자못 뜻을 다 나타내지 못했다. 이제 다시 문신에게 절구나 긴 시, 찬과 송을 마음대로 지어 공덕의 대단함을 넓게 펴서 만세에 전하고자 한다. 경들은 집현전 학사들과 나누어서 지어 올려라."고 지시했다. 권제와 정인지 등이 지은 『용비어천가』의 내용에 불만을 내비친 것이다.

1446년(세종 28) 10월 11일, 『용비어천가』의 보완을 위해 집현전 직제학〔정3품〕 이계전(李季甸, 1404~1459)과 춘추관 응교〔정4품〕 어효첨(魚孝瞻, 1405~1475)에게 "『고려사』는 처음 찬술할 때 너무 간략하게 해서 뒤에 더해 넣었지만 빠진 일이 많다. 지금 다시 교정을 봐야 할 것이다. 사관들이 힘을 합쳐 사초史草를 상고해서 도조·환조로부터 태조에 이르기까지의 행적을 남김없이 확인해서 아뢰라."고 지시했다.

11월 8일, 『태조실록』을 궁궐 안으로 들여와 언문청에 두고 사적을 대조하며 「용비시」를 고쳐 나갔다. 춘추관에서 『실록』은 사관만이 볼 수 있고, 언문청은 잘 드러나고, 바깥사람의 출입이 그치지 않는 곳이므로 옳지 않은 일이라고 반대했다. 세종은 내전으로 옮긴 뒤 춘추관 기주관〔정5품〕 어효첨과 기사관〔정6품〕 양성지(梁誠之, 1415~1482)에게 요약, 정리해서 올리라고 지시했다.

세종은 『용비어천가』의 편찬 준비와 동시에 『태조실록』의 보완과 수정을 생각하고 있었다.

최항·박팽년 등 『용비어천가』 보완 1447년(세종 29) 2월, 『용비어천가』를 주해하고, 교정을 마쳤다. 2년 전 정인지·권제·안지 등이 한시와 한문으로 찬진한 초본의 전면 보완이었고, 6년 동안 조선 최고의 지성이 참여한 국책사업의 마무리였다. 최항(崔恒, 1409~1474)이 발문을 썼다.

『시경詩經』에 '송頌'이 있음은 모두 옛날의 어진 왕들의 높은 덕과 크나큰 공로를 기림으로써 공경하고 사모하는 마음을 담고, 자손들이 길이 간직하고 지켜가야 할 도리로 삼고자 한 것입니다. 예로부터 운세를 일으킨 왕이 한 둘이 아니지만 남겨진 기록의 거룩하고 신묘함, 하늘이 내리고 백성이 받든 두 터운 덕과 큰 공로, 사적의 아름답고 기이함은 우리 조종祖宗과 같이 뛰어난 적이 일찍이 없었습니다. 그 기리는 노래를 짓는 것은 당연합니다. 1445년(세종 27) 의정부 우찬성 권제·우참찬 정인지·공조참판 안지 등이 가시歌詩 125장을 지어 올렸습니다. 모두 사실에 근거해서 노랫말을 만들어 옛일에 비추어 오늘을 살펴 풀어내고, 바르게 경계하는 뜻으로써 마무리했습니다. 전하께서 이를 보고 기뻐하며 『용비어천가』의 책이름을 내려주셨습니다. 하지만 서술된 사적史蹟이 사서史書에 실려 있지만 사람들이 모두 쉽게 읽어볼 수 없음을 걱정해서 최항과 수집현전 교리 박팽년·수돈녕부 판관 강희안·집현전 부교리 신숙주·수부교리 이현로·수찬 성삼문·이개·이조좌랑 신영손 등에게 명해 주해註解를 넉넉하게 덧붙이도록 했습니다. 이에 인용한 사적의 본말을 서술하고, 음音과 훈訓을 달아 보는 이들이 읽기 편하게 했습니다. 모두 10권입니다.

최항 등 『용비어천가』의 보완에 참여한 편찬 학자들은 지명·인명·직명을 쓸 때 한자로 통용되기 어려운 것은 훈민정음으로 썼다.
5월 5일, 예조에서 잘 빚은 술 50병과 소·양·기러기·오리고기 등을 올렸다. 세종이 강녕전에서 창기倡妓와 재인才人에게 『용비어천가』를 연주하게 했다. 향악鄕樂과 당악唐樂을 관현악으로만 하고, 노래는 부르지 않게 했다. 세자와 대군 이하가 모두 입시하지 않았다.
1447년(세종 29) 6월 4일, 세종은 악학에 밝은 박연에게 『용비어천가』를 관현에 올려 느리고 빠름을 조절하여 「치화평致和平」·「취풍형醉豊亨」·「여민락與民樂」 등의 음악을 만들라고 명했다. 치화평의 악보는 5권, 「취풍형」·「여민락」의 악보는 각 2권이다. 뒤에 문무文武 두 가지 춤곡인 「보태평保太平」과 「정대업定大業」도 만들었다. 상서祥瑞의 감응된 사항을 모으고 골라 「발상發祥」곡을 지었다. 또 「무애無㝵」·「동동動動」·「정읍井邑」·「만전춘滿殿春」 등의 곡조로써 평시에 쓰는 속악俗樂으로 삼았다. 모두 악보는 1권이다. 종묘제향宗廟祭享과 조정 의식의 예가 禮歌로 쓰기 위한 실험이고, 신악新樂의 창제였다.

세종은 가장 발전된 형태의 네모난 칸 악보 '정간보井間譜'를 창제했다. 이 악보는 곡에 따라 '악기의 선율, 노랫말과 선율' 등을 기록하고 있다. 음높이와 음길이를 완벽하게 적을 수 있는 세계 최초의 인쇄 악보였다. 1행 32개의 네모난 칸을 세로로 이어 그 안에 율명律名의 첫 글자를 한자로 기보記譜했다. 한 칸은 박자의 단위이고, 그 안의 율명의 첫

『세종실록』 제142 악보 「치화평보致和平譜」(하). 세종은 『음악 용비어천가』를 만들어 미래 세대에게 전해주었다. 32칸의 정간보는 세계 최초의 인쇄 악보다. ⓒ 국사편찬위원회

글자는 음높이다. 서양 음악가 페트루치(Petrucci, 1466~1539)가 1501년 베니스에서 출판한 5선 악보 '오데카톤Odhecaton'보다 54년이나 앞서는 유량악보(有量樂譜, mensural notation)였다.

『세종실록』 제136~147권에 '정간보'가 수록되어 있다. 정음으로 노랫말을 기록한 현전하는 가장 오래된 악보다. 제140~145권에는 『용비어천가』를 노랫말로 작곡한 5가지 악곡이 실려 있다. 곡명은 『용비어천가』의 한문가사를 사용한 「여민락」, 훈민정음 가사(125장 전체)를 사용한 「치화평」(상1·중2·하3권), 「취풍형」이다. 문학의 『용비어천가』에 음악의 『용비어천가』를 보탰다. 훈민정음 창제에 버금가는 신악의 창제였다. 수양대군은 훗날 왕위에 올라 32정간 악보를 16정간 6대강大綱 체제의 악보로 개편, 음악 기록의 획기적인 전환점을 마련했다.

33천天은 32천계에 관세음의 본좌인 도리천을 더한 것으로 근본은 32천이다. 4대주 8개 나라로 상징되는 불교의 세계관으로 세종의 32 정간보와 일치한다. 특히 『관찰제법행경觀察諸法行經』은 32덕목에 이어서 16자문 다라니를 수지하여 모든 장애를 극복하여 세상을 원만히 이롭게 함을 설하고 있어 32정간의 세종 악보, 16정간의 세조 악보와 같은 맥락으로 연결됐다.〔윤소희(2020)〕

1447년(세종 29) 10월 16일, 『용비어천가』(전 10권) 550본을 찍어 신료들에게 나눠주었다. 세종은 갖은 시련 속에서도 조선은 건재하고, 더디지만 흔들리지 않고 미래를 향해 나갈 수 있는 수성守成의 힘이 있음을 온 나라 백성에게 새기려 했다.

『용비어천가』는 제왕의 노래요, 제민濟民의 노래다. 목조穆祖로부터 태종 때까지의 핵심 사료를 모아 창업의 어려움과 천명성天命性을 강조하고 후왕들에게는 경계의 거울, 신하들에게는 충성, 백성들에게는 교화를 제시했다.

『용비어천가』의 핵심 편성은 삼재(三才 : 天地人)다. 제1장은 하늘로 한 줄, 제2장은 땅으로 두 줄, 제125장은 사람으로 세 줄이다. 1줄→ 2줄→ 3줄로 왕조의 창업이 하늘, 땅, 사람과 일치한다는 것을 시가 형식을 통해서 밝혔다.

"『월인천강지곡』의 작자는 세종 자신이라고 한다. 혼자 다 지었는가는 의심스러우나, 세종이 직접 짓는다고 했기에 유학을 이념으로 굳힌 새로운 왕조가 불교를 새삼스럽게 찾는다고 유신들이 거듭 반대하는 여론을 막으면서 완성을 보고 간행할 수 있었다. 이런 사정에서도 왕조서사시와 불교서사시의 대조적인 성격이 잘 나타난다. 왕조서사시『용비어천가』는 국가적인 사업으로 여러 신하들에게 명해서 이룩했다. 불교서사시인『월인천강지곡』은 왕이 개인이나 가족의 신앙을 나타내고자 되도록 드러내지 않고 창작했다.『용비어천가』는 널리 펴내서 국가적인 이념을 굳히는 데 사용되었다면,『월인천강지곡』은 세종 자신이나 왕실 가족이 내심의 위안을 얻는 데 필요한 것이었다. 더구나 그동안 여러 차례 나온 한시漢詩가 아닌 우리말 노래를 처음으로 창작했다는 것은 획기적인 일이 아닐 수 없다. 그렇게 해서 불교문학이 국문으로 자리잡는 계기를 마련했다."〔조동일(1995)〕

제1장은 첫 노래다. 선대의 조상들이 용이 되어 날아오르는 것으로 하늘의 복록이 따랐음을 밝혔다.

　　해동 육룡六龍이 나시어 일마다 천복이시니, 옛 성인이 똑 같으시니

제2장은 땅이다. 「뿌리 깊은 나무」와 「샘이 깊은 물」은 과거와 지금, 아득한 미래를 아우르는 견줄 수 없는 노래다.

> 뿌리 깊은 나무 바람에 아니 흔들이매 꽃 좋고 열매 많이 열리나니
> 샘이 깊은 물 가뭄에 아니 그치매 시내가 이루어져 바다에 가나니

제125장은 사람이다. 뒤에 오는 왕에게 반드시 잊지 말라는 경고의 뜻을 담았다.

> 천세 위에 미리 정하신 한강 북쪽에 인덕을 쌓아 나라를 창업하시어 누릴 세월 끝없으니
> 성신聖神이 이으셔도 하늘을 경외하고 백성 위해 부지런히 일하셔야 더욱 굳으실 것입니다.
> 임금이시어, 아소서. 낙수에 산행 가서 할아비를 믿었습니까.

시의『용비어천가』, 노래의『월인천강지곡』『용비어천가』제107장, 제124장은 태종이 불교계를 혁파하고 없애버린 치적만 골라내어 노래하고 있다.

> 온 조정 신료들이 두소서 하거늘 바른 신하를 옳다 하시니 십만 승도僧徒를 일거에 없애시니
> 온 나라가 즐기거늘 성성聖性에 아니다 하시더니 백천 불찰佛刹을 하루아침에 제거하시니
>   - 제107장

제107장은 당나라 고조와 조선 태종의 척불 사례를 끌고 와서 앞뒤 노래에 배치했다. 세종이 조정 중신들의 불사 반대 때마다 써먹었던 태종이 조상을 위해 어쩔 수 없이 불사를 펼쳤다는 논리에 대한 반박이었다. 1445년(세종 27) 정인지 등이 『용비어천가』를 집필할 때 정해 두었던 태종이 왕위에 오르기 전까지의 사적을 적었던 선을 넘어 즉위 뒤인 1402년(태종 2) 4월 22일 서운관에서 올린 불교 혁파의 『태종실록』 기사를 당겨와 노래의 주해 속에 치밀하게 밀어 넣어 두었다.

> 공자 · 맹자의 학문이 옳고 거룩한 성에 밝으시므로 이단異端을 배척하시니 변방 오랑캐의 사악한 말[불교]이 죄와 복으로 두렵게 하거든 이 뜻을 잊지 마소서
> — 제124장

제124장은 뒤에 오는 왕들에게 '변방 오랑캐의 사악한 설〔裔戎邪說〕'이 '죄와 복으로 두렵게 하는〔怵誘以罪福〕' 일을 벌이거든 태종이 확실하게 불교를 혁파하고, 배척했던 그때를 떠올리며 잊지 말라는 경고였다. 한편으로 소헌왕후의 국상을 활용해서 『석보상절』· 『월인천강지곡』의 편찬에 매달리고 있는 세종의 불교옹호에 대한 위협이 노랫말 뒤에 깔려 있었다. 관련 노래 협주에 아예 "죄로써 협박하고, 복으로써 꼬인다는 말이다."고 대못을 박아두었다.

세종이 1447년(세종 29) 5월 5일 세자와 대군들의 입시를 막고, 관현악만 연주하고 노래를 부르지 않게 한 사연도 여기에 있었다. 최항 등이 재편할 때 확대, 보충해 끼워 넣은 『용비어천가』 제107장과 제124장은 원활한 국정운영을 위해 없애지 않고 받아들였지만, 정작 노래는 듣고

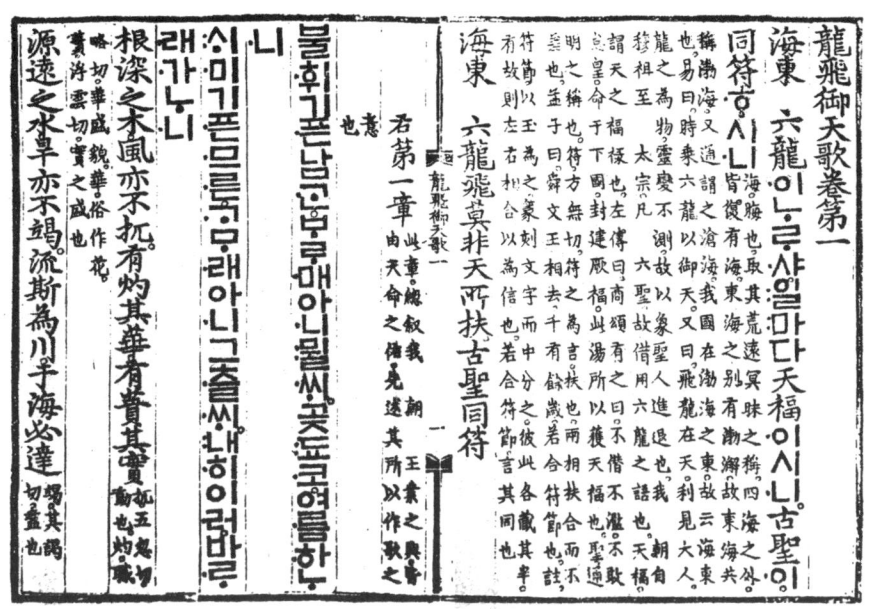

조선왕조의 정통성을 노래한 『용비어천가』(전 10권, 125장, 250행)의 첫 쪽. 제1곡과 제2곡이 한자의 바다 속에 갇힌 듯 배치되어 있다. ⓒ 국가유산청 국가유산포털

싫지 않다는 왕의 의중을 에둘러 중신들에게 드러낸 것이다.

1448년(세종 30) 7월 22일에 집현전 직제학 신석조(辛碩祖, 1407~1459)가 이 두 노래를 "최근에 『용비어천가』를 지을 때 불교를 배척한 일을 태종의 성덕으로 삼아서 시장詩章에 '온 나라가 즐기거늘 성성聖性에 아니다 하시더니 백천 불찰佛刹을 하루아침에 제거하시니'라고 적었습니다. 후왕을 경계하는 대목에서는 '변방 오랑캐의 사악한 설이 죄로써 협박하고, 복으로써 꼬이니 이 뜻을 잊지 말라.'고 했습니다. 전렬前烈을 현양하고 훈계를 후세에 남긴 것입니다. 가시歌詩를 지은 것은 장차 관현에 올려 조회와 종묘에 쓰고 향당鄕黨에서 써서 나라와 지방을 교화하고 만세에 전해 잊지 말자는 뜻입니다. 지금 제작이 겨우 정해

『용비어천가』 10권 마지막 쪽의 제125장 ⓒ 국가유산청 국가유산포털

져서 관현으로 외이는 것이 흡족하지 못한데, 전하가 뜻을 잇고 꾀를 끼치는 도리를 생각하지 않고 먼저 간사한 말에 현혹되어 갑자기 궁성 옆에 내불당을 지으며 선대의 왕들을 위해 복구하는 것이다고 말씀하고 있습니다. 신은 태종께서 앞에서 배척하고 전하는 뒤에서 회복하는 것을 볼 뿐입니다. 전대의 엎어진 수레의 바퀴 자국을 거울로 삼고 태종의 사교邪敎를 버린 뜻에 따라 허물을 고치는데 인색하지 마시고 급히 내려진 명을 거두면 뜻을 잇는 효도와, 일을 풀어갈 자손을 위해 다행일 것입니다."며 내불당 혁파 주창의 압박 논리로 써먹었다.

한자로 가득 찬 『용비어천가』의 골짜기에 가까운 나라와 먼 나라가 섞여 있었다. 1,054면의 행간 속에 조건 없는 찬미의 글귀를 넘어서는 중신 집단의 견제가 곳곳에 스며들어 있었다. 아는 자와 모르는 자, 가진 자와 가질 수 없는 자의 즐거움과 고통이 굵은 칡넝쿨로 얽혀 뒹굴었다. 불로 태우거나 칼로 자르지 않으면 끊을 수 없이 질겼다. 길은 뚫릴 듯 뚫리지 않았고, 뚫어도 막다른 절벽이 때를 가리지 않고 가로막고 나섰다. 세종은 조정에서 "아니다"고 한 부분마다 빨간 줄을 치며 "그렇다"고 밀어붙였다.

조정의 중신들은 불교와 연관된 일은 쌍지팡이를 들고 막아섰고, 훈민정음은 천시하거나 냉대했다. 세종은 신미와 수미, 김수온 등의 도움을 받아 『월인천강지곡』·『석보상절』을 펴내며 대응했다. 왕권을 건들지 말라는 확실한 경고였다.

『용비어천가』는 국가 차원에서 왕조 창업의 위업을 드러내고 악장의 연행을 목표로 세운 공식화된 간행물이다. 일정 수준 이상의 조정 관료를 대상으로 삼아 한자에 일체 정음으로 독음을 표기하지 않았다. 4언시의 한시를 먼저 짓고, 정음으로 풀었다. 앞줄의 중국 고사와 뒷줄의 조선 고사 사이의 시간과 공간은 너무 멀었다.

『월인천강지곡』은 왕실 차원에서 소헌왕후의 추천을 위한 것으로 공식화되지 않았다. 편찬을 준비할 때부터 소리내어 읽는 것을 목표로 했기에 한자 앞에 정음으로 독음을 달았다. 앞줄에서 묻고, 뒷줄에서 대답한다. 틀에 얽매이지 않고 듣는 이와 말하는 이가 노래로 화답하고 있다. 『용비어천가』의 노래는 시에 가깝고, 『월인천강지곡』의 노래는 노래 그 자체다. 제목에서 암시하듯 '가歌'와 '곡曲'이 극명하게 대비된다.

3

『월인천강지곡』 속의 불경

『금강경』에서 월인천강지곡의 제목을 당겨오다   세종은『월인천강지곡』으로 훈민정음의 쓰임새를 실험하고 확인했다. 신미와 김수온이 세종의 뜻을 받들어 정성을 다해 쓴 웅건한 노래는 부처의 한평생에 닿아 있었다. 소리 없는 소리를 듣고, 소리 속의 또 다른 소리를 불러낸 바른 노래, '불법승佛法僧'과 '천지인'의 집약이었다. 노래는 무극無極이고, 태극이었다. 이 땅에 함께 숨 쉬며 살고 있는 백성을 '바르게 앎〔正覺〕'으로 이끄는 '소통과 평등의 길'을 불경에서 찾았다. 세존의 '말'과 '일'이 '정음'으로 끝없이 이어졌다. '본체'와 '쓰임'이었다. 바르게 알면 부처, 그르게 알면 외도外道였다.

세종은『월인천강지곡』의 초고를 한 구절도 남김없이 읽었다. 큰 글자로 훈민정음을 앞세우고, 작은 글자로 한자를 뒤에 달았다. 동국정운식 한자음을 썼지만 받침이 없는 한자음은 비워두었다. 훈민정음으로 문장을 쓴 최초의 본보기, 창제 때의 원형 그대로다. 반면『석보상절』의 본문은 정음을 주로 썼지만 한자를 큰 글자로 내세우고 작은 글자로 정음을 달았고, 종성이 없는 한자음에는 아래 'ㅇ'을 넣었다.

문장은 바위를 휘감아 돌아가는 물살 같았다. 당기고, 밀고, 넘실대고, 굽이쳤다. 산골 물소리와 바람소리에 모든 것을 녹이고, 날려 보내며 적어 내려간 결 고운 노래를 속으로 따라 불렀다. 하늘에는 해와 달과 별, 땅에는 물과 바람과 흙과 불, 사람에게는 부모와 자식이 하나 되어 뜨고 지고 번지고 있었다.

　　마야부인의 꿈속에 오른쪽 겨드랑이로 들어오시니 밖의 그림자가 유리 같으시니

정반왕이 해몽을 물으시매 점쟁이가 판단하되 성자가 나시어 정각을 이루시리 - 15곡

칠보로 꾸민 대궐에서 많은 아들 두고 천하를 다스리는 것이 아버님의 뜻이시니
정각을 이루어 대천세계를 밝히는 것이 아드님의 뜻이시니 - 48곡

하늘도 움직이고, 땅도 움직이더니 세계의 상서를 어디 다 말씀하리
음악 소리도 일어나며 앓던 사람도 좋더니 중생의 이익을 어찌 다 여쭐 수 있으리 - 172곡

어머님 못 보아 길이 여의올 것을 전생의 업인가 여깁니다.
우리를 못 보시어 길이 슬퍼하실 것을 이 일을 서럽게 여깁니다. - 375곡

세종은 함허당이 1414년(태종 14) 황해도 평산平山 자모산慈母山 연봉사烟峯寺에서 집필한 『금강경오가해설의金剛經五家解說誼』를 읽고, 또 읽었다. 『금강경』에 베푼 함허당의 글은 '차별 없음'이었다.

참됨을 의지하여 교화를 일으켜 그 도가 갓 이루어지거늘 감응을 마치면 곧 숨으나 참됨은 늘 머문다. 세간에서 이르되, "부처님이 가비라迦毗羅에서 나서 마갈타摩竭陀에서 도를 이루고, 바라나波羅奈에서 설법하고, 구시라拘尸羅에서 적멸에 들었다."고 한다. 부처께서 정반淨飯 왕궁에서 나타나 태어남을 보이고, 열아홉에 출가해서 서른에 도를 이루고, 마흔아홉 해를 세상에 머물며 3백여 회를 설법하고, 목숨이 여든에 올라 적멸에 드심을 보이니【부처님 연세 일흔아홉이건만 여든이라고 함은 큰 수를 잡아서 이른 것이다.】 그 적멸을

보여 옴으로부터 지금 2천여 년이다. 이를 딛고 보면 세상에서 이르되, "부처님이 가며 옴이 계시다."고 하는 것이 옳다. 실체를 붙여 보면 '오셔도 오신 바 없음〔來無所來〕은 달이 즈믄 가람에 비침이오〔月印千江〕, 가셔도 가신 바 없음〔去無所去〕은 허공이 여러 나라에 나뉨'이다〔空分諸刹〕.

'사무친 지혜〔惺惺 : 샮샮ᄒᆞ게〕'의 별이 반짝였다. 만들어도 만든 바 없고, 퍼내어 써도 마르지 않는 샘물이 고여 들었다. 햇살이 땅을 밝히고, 달빛이 지름길을 비추고, 사람이 편하게 걸어가고 있었다. 오늘과 내일

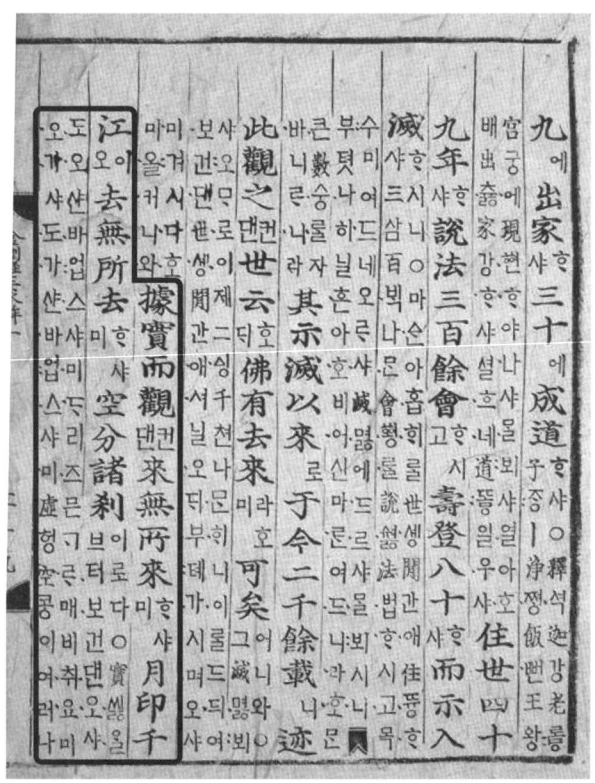

『금강경삼가해』의 뜻풀이에 실린 월인천강月印千江 ⓒ 국가유산청 국가유산포털

이 훈민정음의 자음·모음과 어울려 첫눈이듯, 첫사랑이듯 맑게 흘러들었다. 새로 만든 문자로 아래와 위가 없는 세상의 이야기를 적고 있는 세종의 붓은 차별의 벽을 허무는 칼, 바른 악보 위의 노래, 입을 벽에 걸고 말 못하는 낮은 곳에 있는 이들의 북소리였다.

세종은 '월인천강月印千江-ᄃᆞ리 즈믄 ᄀᆞᄅᆞ매 비취요미'를 떠올리며 『월인천강지곡』의 책명을 진체晉體와 정음체로 써 내렸다.

부처 백억百億 세계에 화신化身해서 교화하는 것이 달이 즈믄〔일천〕 강을 비춤과 같다.

순간 부처의 삶과 훈민정음으로 생각하고 소통하는 삶이 하나가 되었다. '앎'과 '모름'의 울타리는 사라졌다.
세종은 서문에 대신한 제1, 2곡을 단숨에 썼다. 중생에게 이익을 베푸는 '삼보의 공덕'은 부처의 '일'과 '말씀'으로 이어졌다.

> 높고 높은 석가모니 부처의 가없고 끝없는 공덕 어찌 다 여쭐 수 있으리. - 1곡

『월인석보』 권1 첫머리에 실은 월인천강지곡의 제목 협주
ⓒ 국가유산청 국가유산포털

세존의 일 여쭈려고 하니 만 리 밖의 일이시나 눈에 보는가 여기소서.
세존의 말 여쭈려고 하니 천 년 전의 말이시나 귀에 듣는가 여기소서. - 2곡

활로 꿰뚫듯 만 리 밖의 '일'을 보고, 정성으로 풀어놓은 천 년 전의 '숨은 말'을 귀로 듣고 마주하라는 간절한 당부를 『석가보』의 서문 그대로 당겨와 활용했다. 논리의 비약과 이야기가 줄어드는 것은 상관하지 않았다. 수식어는 더할 필요가 없었다. 하고자 하고, 전하고자 하는 말이 그대로 줄을 타고, 목소리를 따라 흐르면 그만이었다. 엉킨 생각과 젖은 관념을 벗어던진 노래가 흘러나왔다. 척박한 삶 속에서 길어 올린 극한의 환상이 꽃으로 피고, 눈으로 뭉쳐지고 있었다. 아픔과 달램, 구원과 소멸이 몸 안을 휘돌아 나와 몸 밖에서 엉키고, 풀리고 다시 제 자리로 돌아왔다.

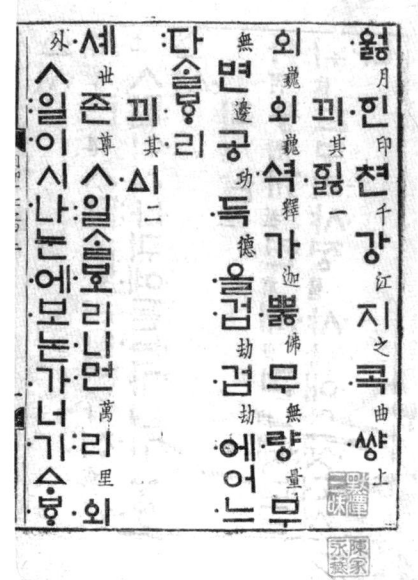

『월인천강지곡』 상권 첫 노래 ⓒ 국가유산청 국가유산포털

가셨다고 하겠습니까 눈앞에 가득하거늘 번뇌로 마음 뒤집혀 있는 중생이 보지 못하니. - 583곡

『월인천강지곡』을 마감하는 단 한 줄의 노래는 곁을 떠난 소헌왕후에게 쓴 세종의 마지막 편지였다. 경복궁 교태전 용마루 위로 달빛이 가득 부서지고 있었다.

수양대군은 해가 가기 전 산문 불경『석보상절』(전 24권)과 운문 찬불가『월인천강지곡』(상·중·하 3권)을 완간해서 세종께 올렸다.

『세종실록』의 불경 간행 기사와『석보상절』의 서문을 종합해 보면『월인천강지곡』은 1446년(세종 28) 5월부터 준비에 들어갔고, 1447년(세종 29) 7월 25일『석보상절』의 원고가 마무리된 이후 1448년(세종 30) 8월 이전에는 간행됐다.『월인천강지곡』중권의 단간斷簡이 전하고 있는 『석보상절』권9 제3표지 안쪽에 '正統 14年(1449) 2月 初4日 嘉善大夫 黃海道觀察黜陟使兵馬都節制使兼判海州牧使臣申'의 글이 남아 있다. '해주목사신海州牧使申'은 신자근(申自謹, ?~1454)으로 1448년(세종 30) 7월 1일 해주목사로 부임했다. 이로 미루어 1449년(세종 31) 2월 4일 이전에 간행된 것만은 분명하다. 세종은『금강경오가해설의』를 『석보상절』에 넣고 싶었지만 말년에 몸이 편치 않아 마무리 짓지 못했다. 그 사연이 한계희(韓繼禧, 1423~1482)의『금강경삼가해 언해』의 서문에 남아 있다.

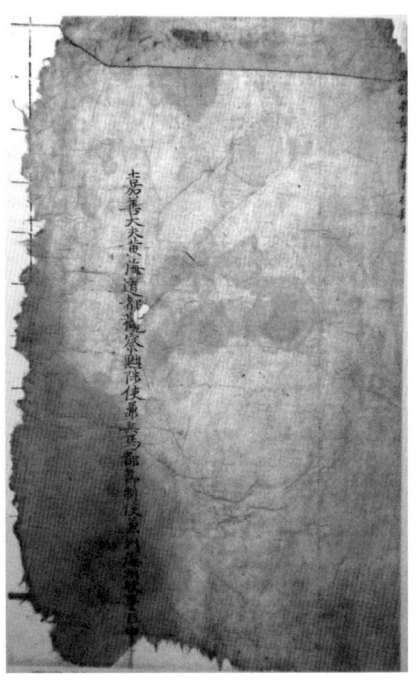

『석보상절』(권9)의 표지 안쪽에 쓴 신자근의 묵서

세종께서 일찍이 『금강경오가해설의』의 야보송·종경제강·득통설의와 『증도 가남명계송證道歌南明繼頌』을 국어〔훈민정음〕로 번역, 『석보상절』에 넣고자 했다. 세자〔문종〕와 수양대군에게 함께 편찬하라 지시하고, 친히 독려하며 교정을 보셨다. 이때 야보·종경의 풀이와 득통의 설의 초고는 이미 완성되었으나 아직 교정은 보지 못했고, 『남명집』은 겨우 30여 수를 번역하여 체계를 갖출 수 없었다. 세종의 유훈에 따라 문종과 세조가 일을 마치려 했다. 문종은 왕위에 오른지 얼마 되지 않아 승하하고, 세조가 뜻을 받들어 실천했다. 먼저 『월인석보』를 판목에 새겨 유통시키고, 찍어내어 널리 펼쳤다. 몸소 중국에 갔을 때 언기彦琪〔송나라 승려〕와 굉덕宏德 조정祖庭의 『증도가』 주註와 『금강경오가해』 등 여러 경전을 구해 오셨다. 하지만 모든 부처의 성종性宗과 여래의 심인心印이 워낙 오묘하고 헤아리기 어려워 글로 설명하거나 말로 비유할 수 없고, 세종의 유훈이 워낙 무겁고 커서 대강 할 수도 없었다.

세조와 신미, 김수온은 『월인석보』 권25의 마지막 노래(583곡) 뒤에 '실체를 붙여 보면 오셔도 오신 바 없음은 달이 즈믄 가람에 비춰옴이오, 가셔도 가신 바 없음은 허공이 여러 나라에 나뉨이다.'는 대목을 협주에 달았다. 세종이 『월인천강지곡』으로 훈민정음을 가르치고, 보급하고자 했던 바람을 실천에 옮겼다.

'부처의 다함없는 공덕의 깊이와 넓이'를 노래한 월인천강지곡은 금강석이고, 불립문자不立文字였다. 눌리고, 병들고, 죽고, 나는 조선의 백성과 후손들에게 건네는 해탈의 노래, '즐겁게 시름없이 살 수 있는 나날〔生生之樂〕'을 열어가는 새로 만든 불경佛經, '먼 길'을 안내하는 지도였다.

세종, 선시에 매료되다 세종은 소헌왕후가 곁을 떠나고 난 뒤 신미가 권유한 함허당의 『금강경오가해설의』와 선禪에 대한 게송과 주석서를 읽고, 새기며 몸과 마음을 추슬렀다. 나랏일은 세자에게 맡기고 『석보상절』을 읽는 데 많은 시간을 할애했다. 확연하게 이해가 되지 않는 대목이 있으면 다음 장으로 넘어가지 않았고, 수양대군을 불러 관련 불전佛典을 두루 찾게 했다.

세종은 깨달음을 노래한 선시禪詩에 깊게 매료되어 있었다. 퍼붓던 비가 그쳤다. 서안書案을

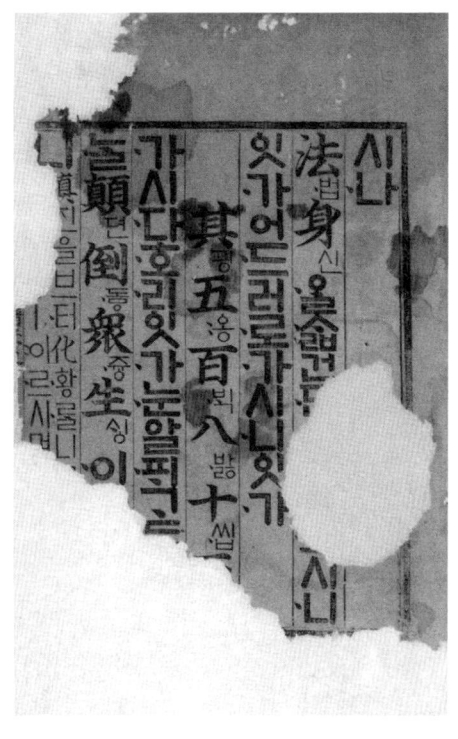

『월인석보』(권25)의 마지막 노래 583곡. 이어지는 글은 『금강경오가해설의』의 뜻풀이다. 세월을 건넌 달빛이 그믐에서 보름까지 살아 남았다.
ⓒ 국가유산청 국가유산포털

당겨 당나라 때 영가永嘉 현각(玄覺, 665~713)대사가 쓴 『증도가』를 송나라 때 남명南明 법천法泉 화상이 게송으로 읊은 『남명천화상송증도가南明泉和尚頌證道歌』를 펼쳤다. 훈민정음으로 완역하고 싶은 마음이 일었다. 아내와 함께 했던 봄날과 여름날이 겹쳤다. 저녁 수라를 젓수기 전 몇 수를 언해했다. 그리움과 외로움이 자드락길을 넘나들고 있었다. 가진 자가 아닌, 가지지 않아서 가질 수 있는 슬픔이었고, 행복이었다. 신미와 소통하며 누구에게도 말할 수 없었던 묵언의 세월을 씻

어냈고, 먼 길을 가도 가벼울 것 같았다. 신미는 훗날 세종의 정음으로 풀이한 시에 정성껏 주를 달아 그 뜻을 기렸다.

누가 능히 밖을 향해 정진하는 척 하는가	誰能向外誇精進
얻은 뒤 버리려는 마음 사람을 더럽히네	取捨心生染汙人
도원의 골짜기 속에 꽃 피어 있는 곳	桃園洞裏花開處
동풍을 기다리지 않아도 스스로 있는 봄	不待東風自有春

- 악을 버리고 선을 얻으며 망을 버리고 진리에 가는 것이 다 밖을 향해 정진하는 것이다. 불경에 말씀하시되, "만약 정진하는 마음을 일으키면 이것은 망妄이지 정진이 아니다. 오직 능히 마음이 거칠지 않으면 정진이 가없다."하시니라. 셋째, 넷째 구절은 정진이 힘을 빌리지 않아도 벌써 꽃 피어 열매 열 것이니 본분을 말씀하시니라.

세종이 『석보상절』에 넣으려고 손수 30수를 언해한 『남명집언해』. 1482년(성종 13) 세조의 비인 자성대비 윤씨가 학조대사에게 명해 500본을 내수사에서 을해자로 간행했다.

육도 만행이 체의 가운데 온전하니	六度萬行體中圓
진체에는 같고 다름 쉽게 가려냄 없네	眞體無勞辨同別
수많은 강물 위 비친 달빛, 가며 머묾 버려둘 것	萬水蟾光任去留
하늘 가운데 오직 하나의 달	皎皎天心唯一月

- 한 진체 가운데 육도만행이 갖춰 원만히 가득하여 하나와 여러 개가 막힘이 없으니 어찌 같고 다름을 의논하리오. 여러 개라 말하고자 하지만 한 체가 엉기어 고요하고, 하나라 말하고자 하지만 만행이 어지럽게 펴니 그러므로 육도만행이 체중에 둥글다고 말씀하시니라. 만수 섬광은 한 달이 일체의 물에 널리 나타나 남쪽으로 가는 배는 달이 남쪽으로 가는 것이라고 보고, 북쪽으로 가는 배는 북쪽으로 가는 것이라고 보고, 그저 가만히 있는 배는 가만히 있는 것이라고 보는 까닭으로 "가만있음을 버려 두라." 하시니라.

월인천강지곡과 『아미타경』 『석보상절』 권7에 『아미타경阿彌陀經』을 넣었다(지금 이 책은 전하지 않음). 구마라집鳩摩羅什이 402년〔요진姚秦 홍치弘治 4년〕 번역한 『불설아미타경』을 바탕 경전으로 삼았다. 『아미타경』은 '제자의 질문 없이 부처 스스로 말씀한 경〔無問自說經〕'이다. '지혜제일'의 제자 사리불에게 극락정토의 장엄한 모습과 아미타불의 공덕과 성실한 말씀을 기리고, 염불왕생법을 가슴 깊이 새기라고 권유하고 있다. 사리불을 불러 묻고, 스스로 대답하고, 다시 묻는다. 정토교淨土敎의 근본 경전〔所依經典〕으로 『무량수경無量壽經』・『관무량수경觀無量壽經』과 더불어 '삼부경三部經'으로 불린다. 지금 이야기를 듣는 것 같은 현장감과 긴장감이 넘쳐 『반야심경』 다음으로 읽고, 외우는 『아미타경』은 모든 이가 안고 가야 할 죽음과 맞닿아 있다.

현세의 삶의 이치를 강조하는 유학만으로는 죽음 너머에 대한 두려움을 다스릴 수 없었다. 함허당은 「미타경찬彌陀經讚」·「미타찬彌陀讚」·「안양가安養歌」를 지어 미타신앙에 의지하는 백성의 삶을 어루만졌다. 수양대군은 김수온과 함께 『석보상절』을 만들 때 어머니의 극락왕생을 빌며 『아미타경』의 본문에 손수 구결을 달고 언해했다.

사리불아, 만일 착한 남자·착한 여자거나 아미타불의 이름을 지니고 하루, 이틀, 사흘, 나흘, 닷새, 엿새, 이레이거나 마음을 극진히 먹고 다른 잡념을 섞지 않으면 그 사람이 목숨 마칠 때에 아미타불이 성중들을 데리고 앞에 와서 보이실 것이다. 이 사람 목숨 마칠 때에 마음이 어지럽지 않고, 곧 극락 국토에 가서 날 것이다. 사리불아, 내가 이런 이로운 일을 보았으므로 이런 말을 하는 것이다. 이 말을 들은 중생은 저 나라에 나고자 발원해야 하리라.

신미와 김수온은 『월인천강지곡』에서 『아미타경』 12곡(200~211), 『관무량수경』 8곡(212~219)을 노래했다.

> 아미타불 이름 불러 생각함이 지성이면 공덕이 끝없을 것입니다.
> 하루 이틀, 사흘·나흘·닷새·엿새·이레에 공덕이 가히 이루어질 것입니다. - 210곡

세조는 1459년(세조 5) 『월인석보』 권7에 『아미타경』을 수정, 보완해서 실었다. 2년 뒤인 1461년 교서관에서 정음 구결을 달고 '손수 옮기고 풀이'해서 을해자乙亥字로 『불설아미타경 언해』(1책 25장)를 펴냈다. 1464년(세조 10) 간경도감에서 활자본을 교정한 뒤 목판에 새겨 다시

『월인석보』 권7의 『아미타경』 부분 ⓒ 국가유산청 국가유산포털

찍었다. 구마라집이 번역한 『불설아미타경』에 수나라 천태 지의(天台 智顗, 538~597) 대사가 붙인 주석은 따로 번역하지 않았다. 부처의 말씀을 대중들이 쉽게 읽을 수 있도록 배려한 것이다.

월인천강지곡과 『묘법연화경』　『묘법연화경妙法蓮華經』은 『석보상절』에서 가장 비중 있게 다룬 불경이다. 『월인천강지곡』에는 28품 중 16품의 내용을 골라내 69곡(272~340)으로 노래했다. 『월인석보』 권11 : 4곡(272~275), 권12 : 3곡(276~278), 권13 : 4곡(279~282), 권14 : 11곡(283~293), 권15 : 9곡(294~302), 권16 : 7곡(303~309), 권17 : 8곡(310~

317], 권18 : 7곡(318~324], 권19 : 16곡(325~340]으로 편집했다.

구마라집이 406년 한역한 『묘법연화경』에 송나라 온릉溫陵 개원연사開元蓮寺의 계환戒環 대사가 이해하기 쉽게 해설하고, 명나라 일여一如 대사가 모아서 풀이한 판본을 썼다. 『화엄경』· 『반야경』과 더불어 대승불교의 대표 불경으로 손꼽는다. '세간의 법에 물들지 않고, 연꽃이 물속에 있듯이[不染世間法, 如蓮花在水]' 깨달음의 방법은 한 길 밖에 없고, 생명 있는 존재는 누구나 성불할 수 있다고 강조하고 있다.

『석보상절』 권13~권21에 정음으로 언해해서 실은 『묘법연화경』은 『월

『월인석보』 권11의 『묘법연화경』 부분 ⓒ 국가유산청 국가유산포털

인석보』에서 『월인천강지곡』과 합쳐지며 권11~권19로 차례가 바뀌었다. 합편할 때 본문의 내용을 수정하고, 뜻풀이를 더했다. 문장은 원문을 앞에 두지 않아서 쉽고, 간명하다.

진실로 아라한을 얻으면 부처님이 멸도한 뒤에 당장 눈앞에 안 계시다는 것 외에는 이 법을 믿지 않을 까닭이 없다. 왜냐하면 부처님이 멸도한 뒤에 이 경을 읽어서 뜻을 아는 것이 쉽지 않다. 만일 다른 부처님을 만나면 이 법 중에서 투철하게 앎을 얻으리라. 사리불아, 너희들이 한 마음으로 믿고 알아서 부처님 말씀을 받아 지녀라. 여러 부처님과 여래는 거짓말이 없다. 다른 승乘은 없고, 오직 한 불승佛乘 뿐이다. 사리불아, 알아라. 여러 부처님 법이 이러하여 억만 가지 방편으로 마땅한 것을 따라 설법한다. 너희들은 이미 여러 부처님의 방편을 알아서 다시 의심이 없어질 것이다. 마음으로 매우 기뻐하여 마땅히 부처가 될 것을 알아라.

『석보상절』에는 부처가 깨달음을 말씀하기 위해 이 땅에 왔다고 분명하게 밝혔다. 『월인천강지곡』에서는 앞 뒤 노래의 흐름에 맞춰 생략했다.

> 죽을 날 거의 다 되어 보배를 다 주니 아들이 가장 기뻐하니
> 열반이 거의 다 되어 일승을 말하시니 보살이 가장 기뻐하시니 - 282곡

세조는 1463년(세조 9) 9월, 간경도감에서 직접 원문에 구결을 달고, 『석보상절』·『월인석보』에 넣지 않은 한문 원전을 앞머리에 싣고, 문장을 새로 다듬어 『묘법연화경 언해』(전 7권 7책)를 펴냈다. 15년의 세월

동안 세 번의 번역과정을 거쳐 완성했다. 황희(黃喜, 1363~1452)의 셋째 아들 황수신(黃守身, 1407~1467)이 도제조를 맡아 간행했다.

월인천강지곡과 『과거현재인과경』 월인천강지곡의 35곡은 세종과 신미가 훈민정음 창제 초기에 고려대장경 속의 산스크리트어〔범어〕 관련 경전을 읽고, 활용했음을 알려준다.

> 밀다라는 두 글을 배워야 알므로 태자께 말을 아뢰지 못하니
> 태자는 예순 네 가지 글을 배우지 않아도 아시므로 밀다라를 거꾸로 가르치시니 - 35곡

이 노래의 바탕 경전은 『과거현재인과경過去現在因果經』 제1권이다. 정반왕은 당시 추앙받고 있던 밀다라蜜多羅를 태자의 스승으로 삼아 글을 가르치게 했다. 하지만 태자는 날 때부터 인간 세상의 글을 알고 있었다.

이때 백정왕은 다시 태자를 위해 큰 서당을 일으켜 칠보로 장엄하고 책상과 자리며 배우는 도구를 지극히 곱게 하고 좋은 날을 가려 태자를 바라문에게 보내 가르치게 했다. 그때 바라문은 마흔 아홉 글자가 써진 책으로 가르치며 읽게 했다. 태자는 일을 보고 나서 스승에게 물었다.
"이것은 어떠한 글입니까. 염부제 안에 모든 글은 몇 가지나 있습니까."
스승이 잠자코 있으며 대답할 바를 몰라 하자 또 물었다.
"'아阿'의 한 글자에는 어떠한 이치가 있습니까."
스승은 또 잠자코 있다가 역시 대답할 수 없었다. 속으로 부끄러워하며 곧 자

리에서 일어나 태자의 발에 예배하고 찬탄했다.

"태자께서 처음 탄생하여 일곱 걸음 걸었을 때 스스로 말하기를, '천상과 인간 중에서 가장 높고 가장 뛰어나다.'고 했습니다. 이 말씀은 거짓이 아닙니다. 바라건대 염부제의 글은 무릇 몇 가지가 있는지 말씀해 주소서."

태자가 대답했다.

"염부제 안에는 범서梵書가 있기도 하고, 가루서佉樓書나 연화서蓮花書도 있기도 합니다. 이러한 것이 예순네 가지가 있습니다. 이 '아阿자'는 범음梵音의 소리입니다. 이 글자는 '바로 무너뜨릴 수 없고, 더할 나위 없는 바르고 참된

『월인천강지곡』의 바탕 경전인 『과거현재인과경』. 전기문학傳記文學인 『과거현재인과경』은 『신수대장경』에는 실려 있지 않고, 『고려대장경』에만 있다. 고려 시대에 이미 이 땅에 들어와 각종 법회와 법석을 통해 확산되었다.　　　　　　　　　　　　　　　　　　　　ⓒ 고려대장경연구소

도'라는 뜻입니다. 이와 같은 뜻이 한량없고 그지없습니다."

중국 남북조시대 남조의 송宋나라 때(435년~443년 사이) 중인도 출신의 승려 구나발타라求那跋陀羅가 한역(4권)한 『과거현재인과경』은 부처의 일대기 가운데 하나로 부처의 전생에 보살행을 닦는 것으로 시작, 도솔천으로 강림해서 입태入胎하고 깨달음을 이루어 여러 제자를 가르치는 대목까지 다루고 있다. 내용과 분량이 적절한 것으로 평가되며 품품을 나누지 않았다. 이 경의 구성과 내용은 『불소행찬佛所行讚』· 『보요경普曜經』을 계승하고 있다.

월인천강지곡과 공명조共命鳥   '공명조共命鳥〔기바조耆婆鳥〕'는 몸은 하나, 머리가 둘 달린 새다. 세존과 조달의 본생담으로 『월인천강지곡』에서 4곡(133~136)으로 노래했다. 『불본행집경佛本行集經』(권59) 「파제리가등인연품婆提唎迦等因緣品」(하)에서 당겨온 이 노래의 바탕인 『석보상절』과 『월인석보』는 현재 전하지 않는다.

> 남을 위한 마음은 만복이 모이나니 기바조의 좋은 일을 여쭈리
> 독하게 먹은 마음은 한 개의 복도 없으니 기바조의 모진 일을 여쭈리
> - 133곡

> 한 머리가 자거늘 한 머리가 깨어 있어 좋은 꽃 먹어 남을 위하니
> 두 머리가 깨어 한 머리를 자라고 하여 독 있는 꽃 먹고 저도 죽으니
> -135곡

좋은 꽃 먹은 머리는 가루다迦嘍茶로 세존의 전신, 독 있는 꽃 먹은 머리는 우바優婆 가루다로 조달의 몸이다. 둘은 한 몸이면서도 생각은 정반대다. 세존은 남을 위하는 마음, 조달은 남을 시기하는 마음으로 제 갈 길을 간다. 현재와 과거세를 넘나들며 배려하지 않고 갈등만 빚는 끊을 수 없는 악연을 노래하고 있다. 꽃이 되는 가루다의 마음, 독이 되는 우바가루다의 마음. 선한 꽃은 선한 속도로 피고, 독한 꽃은 독한 속도로 진다.

파키스탄 탁실라 시르캅 유적지(1세기 조성)의 쌍두취탑의 공명조

월인천강지곡과 『안락국태자경』 『안락국태자경安樂國太子經』은 『월인석보』 권8에 수록되어 있다. 『석보상절』(권8)에 산문, 『월인천강지곡』(중권)에 노랫말이 실린 것으로 추정되지만 현재 전하지 않아 대조할 수 없다. 고려대장경에도 수록되어 있지 않다. 『석보상절』 편찬 당시 수양대군, 신미와 김수온은 고려 때부터 전래·유통되던 '안락국태자'의 '이야기[傳]'를 훈민정음으로 쉽게 읽고 알 수 있도록 풀어 '조선에서 만든 새로운 경經'으로 끌어올렸고, 31곡(220~250)의 '노래하는 이야기'로 집약했다. 『월인천강지곡』의 전체 노래에서 『태자수대나경太子須大拏經』을 바탕으로 한 『수대나태자담須大拏太子譚』(『월인석보』 권20)의 57곡(349~405), 『대방편불보은경大方便佛報恩經』 제6품 「악우품

惡友品」을 바탕으로 한 『선우태자담善友太子譚』(『월인석보』 권22)의 50곡(445~494)에 이어 세 번째다.

세종의 소헌왕후에 대한 사랑과 왕실의 가족을 위하는 애끓는 노랫말이 겹친다. 안락국이 부모와 헤어지는 장면만 9곡일 정도로 정성을 쏟았다. 단 3곡으로 노래한 『지장경』과는 전혀 다른 흐름이다.

> 부인이 여쭈시되 꿈이 아니면 어느 길에서 다시 뵈오리.
> 사람이 선을 닦으면 이익을 받으리니 왕생게를 가르치시니.   - 232곡

> 알고 가는 이도 끊어진 이런 험한 길에 누구를 보려고 울며 왔느냐.
> 대자비 원앙새와 공덕 닦는 내 몸이 정각하는 날 마주 보리라.   - 244곡

> 장자가 노하여 부인을 죽이려 하더니 노래를 부르시네요.
> 고운 님 못 뵈어 사르고 끊듯 울며 지내더니 오늘날에 넋이라고 하지 말아요.   - 246곡

『안락국태자경』은 사라수대왕의 구도심, 원앙부인의 자비심과 극락왕생의 비원, 진흙 속의 연꽃처럼 태어나 자라는 태자 안락국이 자현장자와의 갈등으로 빚어진 비극을 지극한 효심으로 극복하는 과정을 노래하는 이야기 속에 녹여 넣었다. 『석보상절』 속 이야기의 주인공은 갖은 고통을 넘어 반야용선般若龍船을 타고 절정에 닿는다. 부처와 중생, 깨달음과 미혹 등 대립을 넘어선 중도中道에 바탕한 자비행과 보시행으로 생사의 경계를 뛰어넘는다.

극락세계의 48 용선이 공중에서 날아오시니
중생을 인도하시는 여러 큰 보살들이 사자좌로 맞아 가시니 　- 248곡

남편에게 준 마지막 선물인 「왕생게往生偈」를 읊는 원앙부인의 '소리 없는 속울음'은 노랫말에 실려 대중들의 삶 속으로 스며들었다. "왕생게를 외우면 헌 옷이 아물고 고픈 배도 부르리이다."(233곡)

원하오니 가서 나게 해 주십시오.	願往生
원하오니 가서 나게 해 주십시오.	願往生
원하오니 미타회중의 자리에서	願在彌陁會中坐
손에 향과 꽃을 잡고 늘 공양하게 해 주십시오.	手執香花常供養
원하오니 가서 나게 해주십시오.	願往生
원하오니 가서 나게 해 주십시오.	願往生
원하오니 극락세계에 나서 아미타불을 뵙고,	願生極樂見彌陁
머리 만지심을 입어 기별 받게 해 주십시오.	獲蒙摩頂受記莂
원하오니 가서 나게 해 주십시오.	願往生
원하오니 가서 나게 해 주십시오.	願往生
극락세계에 가서 나 연꽃에 나서	往生極樂蓮花生
나와 남이 일시에 불도를 이루게 해 주십시오.	自佗一時成佛道

『안락국태자경』은 훈민정음으로 쓴 첫 번째 단편 소설의 자리에 올려놓아도 손색이 없는 작품이다.
"광유성인은 지금의 석가모니불, 사라수대왕은 지금의 아미타불, 원앙부인은 지금의 관세음보살, 안락국은 지금의 대세지보살이다. 또 승렬

바라문은 지금의 문수보살, 여덟 궁녀는 지금의 8대 보살, 5백 제자는 지금의 5백 나한이다. 자현장자는 지금 무간지옥에 떨어져 있다."(『월인석보』 권8 『안락국태자경』 마지막 대목)

1576년(선조 4) 6월, 비구니 혜인慧因과 혜월慧月이 '안락국 태자 이야기'를 27개의 사건의 흐름에 따라 훈민정음으로 설명을 단 불화佛畫 「안락국태자경 변상도」(57.1cm×106.5cm)를 그렸다. 선조先祖와 의인왕후, 공의왕대비, 덕빈, 혜빈 정씨 등 왕과 왕실 가족의 안녕을 기원했다. 궁궐과 서민의 여인들이 『안락국태자경』을 경전으로 믿고, 받들었음을 확인할 수 있다. 화기畫

일본 고치켄(高知縣) 아오야마분코(青山文庫)에 있는 「안락국태자경 변상도變相圖」(57.1cm×106.5cm). 1576년(선조 4) 6월, 궁궐의 여성들이 '가족의 헤어짐과 죽음의 고통'에서 벗어나려는 마음을 담아 그렸다. 이 그림은 훈민정음과 불화가 어울린 최초이고, 하나밖에 없는 작품이다. 임진왜란 때 출전한 왜장 쵸소카베 모토치카(長曾我部元親)가 약탈해 갔다.

記에 "예전에 그린 '사라수탱沙羅樹幀'을 보았다. 여러 해 동안 더위와 추위를 겪으며 먼지가 쌓여 더럽혀졌고, 좀이 먹어 곱고 부드러운 붉은빛의 흙의 색이 벗겨지고, 모습이 희미해져 알아볼 수가 없었다. 보는 사람의 마음이 안타까웠다. […] 솜씨 좋은 화공에게 부탁해서 새로 그림을 고쳐 그려 금벽 위에 걸었다. […] 한번 보면 바로 알게 되어 보리심을 일으키고, 널리 중생과 함께 선근善根을 심을 수 있게 만든다. 그 원력의 넓고 깊음과 성의의 간절하고 지극함이 더할 나위 없다."
훈민정음과 불화가 어울린 최초이고, 유일무이한 이 작품은 지금 일본의 아오야마분코〔青山文庫〕에 소장되어 있다.〔정우영(2015)〕

월인천강지곡과 『약사경』·『지장보살본원경』   『석보상절』 권9에 『약사유리광여래본원공덕경藥師瑠璃光如來本願功德經』(줄여서 『약사경』), 650년 당나라 현장玄奘 번역)의 전편을 언해해서 실었다. 『약사경』은 12대원과 그 공덕 이익을 신봉하고, 약사여래의 타방他方에 의지하는 약사신앙의 소의경전이다. 새로 만든 문자인 훈민정음을 어떻게 쓰고, 활용할 것인가 깊게 연구한 다음 뜻풀이를 중심으로 번역했다. 『월인천강지곡』에서는 10곡(251~260)으로 노래했다. 1935년 황해도의 탑 속에서 나온 『석보상절』 권9에 2곡(254, 255)이 편집되어 들어가 초간본(중권)의 노래를 확인할 수 있다. 『월인석보』 권9에는 251~259곡까지 낙장이다. 259곡은 "…룰 글호야 니루시니", 260곡은 둘째 구절 "약사유리광여래의 12원에 정유리 세계가 이러하시니 왕생 쾌락이 다름 있겠습니까."만 남아 있다.

『지장보살본원경地藏菩薩本願經』(1권 13품, 줄여서 『지장경』, 당나라 실차난타實叉難陀 번역)은 지장보살의 본생·본원·공덕과 지옥의 종류·고통 등을 다뤘다. 부처가 어머니 마야부인의 구제를 위해 도리천에 올라가 설한 효경孝經으로 손꼽힌다. 『석보상절』 권11에서는 제1 「도리천궁신통품」과 제2 「분신집회품」의 일부분만 번역했고, 『월인천강지곡』에서는 3곡(415~417)으로 노래했다.

부처님이 금빛 팔을 펴시어 백천만억의 불가사의하고 무량한 아승기 세계에 있던 지장보살의 머리를 만지며 말씀했다.

"내가 오탁악세의 번뇌에 의해 매우 굳어져 있는 중생들을 교화하여 중생들이 바르지 못하고 굽은 것을 버리고 바른 데로 가게 하니 그래도 열 명 중에 한두 명은 오히려 모진 버릇이 있으므로 나도 천백억 개의 몸이 되어 방편을 널리 베풀면 좋은 근원을 가진 중생이 듣고 바로 믿어 받을 사람도 있을 것이며, 좋은 과보의 중생이 부지런히 권하여 이룰 사람도 있을 것이며, 미혹하고 무딘 중생은 오랫동안 교화해야 귀의할 사람도 있을 것이며, 죄업이 무거운 중생은 전혀 공경하는 마음을 내지 않을 것이다. 이 중생들은 모두 제각각이므로 몸을 나누어 제도하되 남자의 몸, 여자의 몸, 천룡의 몸, 귀신의 몸, 산과 숲, 강과 못, 샘과 우물로도 나타나서 중생들을 이익이 되게 해서 모두 다 제도하며, 또 제석·범왕·전륜왕의 몸, 거사·국왕·신하의 몸, 관아의 아전과 하인의 몸, 비구·비구니·우바새·우바이의 몸, 성문·나한·벽지불의 몸으로도 나타나서 중생들을 제도하니, 부처의 몸으로만 나타나는 것이 아니다. 이와 같이 나의 여러 겁에 걸쳐 번뇌에 굳어 있는 중생들을 수고롭게 제도했던 일을 그대가 볼 것이다. 그중에 어떤 중생들이 업보에 따라서 궂은 길에 떨어져 큰 고통을 당할 때는 마땅히 내가 도리천에서 부지런히 너에게 부탁하고 맡겼던 일을 생각하여 사바세계에 미륵이 세상에 날 때까지 그 사이에 있는 중생을 다 구해 내어 고통에서 벗어나게 하라."

이야기를 시간 순서대로 배열하고 풍부하게 구성하기 위해 『석가보』의 차례를 바꾸고 중간에 『지장경』, 끝에 『대방편불보은경大方便佛報恩經』을 배치했다.

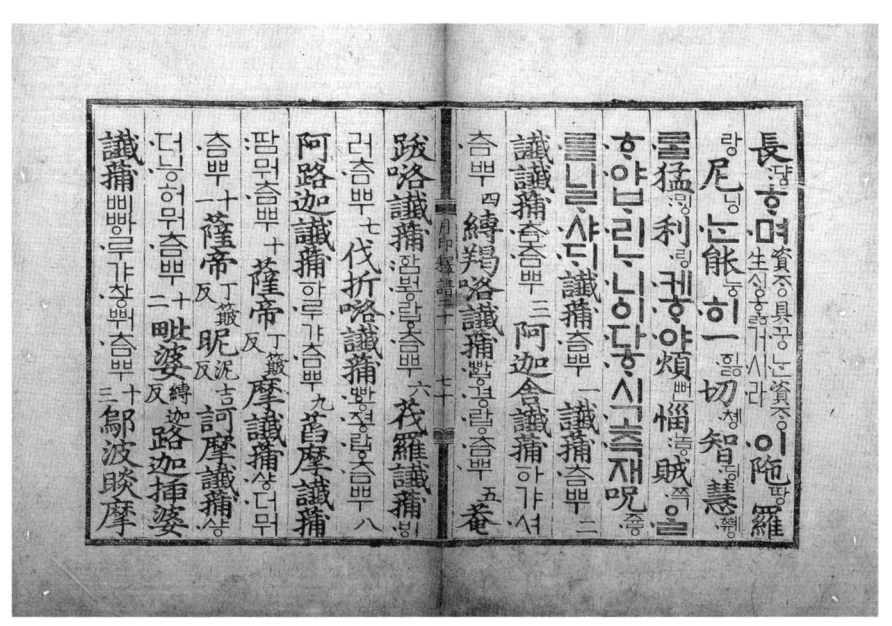

『월인석보』권21(간경도감 간행 초간본) 『지장경』속의 다라니 부분 ⓒ 안동 광흥사

세조와 신미, 김수온 등은 『월인석보』를 재편할 때 권21에 법문의 진수眞髓인 『지장경』을 제1「도리천궁신통품」에서 제13「촉루인천품」까지 완역했다. 특히 제4「염부중생업감품」과 제5「촉루인천품」사이에 현장玄奘이 번역한 『대승대집지장십륜경大乘大集地藏十輪經』의 '구족수화길상광명대기명주총지장구具足水火吉祥光明大記明呪摠持章句'다라니를 추가했다. 1469년(예종 1) 세종의 둘째 딸 정의공주(貞懿公主, 1415~1477)는 남편 안맹담(安孟聃, 1415~1462)의 명복을 빌기 위해 원찰인 삼각산 도성암道成菴에서 『지장경』을 판각했다. 최고의 각수刻手들이 새겼고, 김수온이 발문을 썼다.

월인천강지곡과 『목련구모담』 『목련구모담目連救母譚』은 『월인석보』 권23에 실려 있다. 『석보상절』 권22에 부처의 10대 제자 중에서 '신통제일神通第一'로 불리는 목련目連이 아비지옥에 있는 어머니를 구하는 내용의 『목련경』을 목차인 팔상八相에 얽매이지 않고 수록했다. 산 자와 죽은 자가 생사를 넘나들며 만난다. 『석보상절』에서는 가는 길에 만나는 지옥의 모습을 상세하게 번역했다. '지옥 순례'라고 할 만큼 참혹한 광경을 통해 어머니가 겪는 고통을 생동감 넘치게 묘사하고 있다. 『월인천강지곡』에서 20곡(500~519)으로 노래할 때 여섯 지옥의 이야기는 뼈대만 남기고 살은 모두 발라냈다. 『묘법연화경』의 '말하는 침묵'과 극명하게 나뉘는 대목이다.

> 목련이 슬피 울어 여섯 지옥에 가 보아도 어미를 못 얻어하더니
> 옥이 하도 중하기에 아비지옥을 열지 못해 세존께 돌아오니 - 514곡

『월인천강지곡』은 가족과의 돈독한 온정과 유대를 강조한 '이야기로 부르는 노래'다. 아플 때 노래다. 한 마디로 이르면 '마음 아플 때 부르라고 만든 노래'다. 부처의 한평생을 대함에 있어 한 생각이라도 움직이면 분별에 떨어져 부처의 본뜻과는 천 리, 만 리 떨어진다. 『석보상절』에 실린 이야기 일부는 훗날 고소설로 스며들었다.

월인천강지곡과 세존의 열반 『월인석보』 권23에 5곡(520~524)으로 세존의 열반 예고와 다비식 준비까지 다루고 있다. 『월인석보』 권24가 아직 발견되지 않아 전체의 내용을 파악할 수 없지만 51곡(525~576)이

수록된 것으로 추정한다. 춘다가 올린 마지막 공양과 열반의 자리인 쿠시나가라로 가는 과정은 생략되었다. 세존은 도중에 길가의 나무 아래에서 가사를 네 겹으로 접고 그 위에 앉아 지친 몸을 쉬었고, 아난에게 마실 물을 떠 오라고 말씀했다. 5백 대의 마차가 건너며 휘저어놓았던 카쿳타강은 맑게 가라앉아 있었다.

    정법이 유포하여 북방에 오랠 것이기에 평상좌를 북수北首하라 하시니
    인생이 빠르되 불성은 오랠 것이기에 발제하에서 멸도하려 하시니   - 522곡

    중생을 위하시어 큰 소리를 내시어 색계천에 이르시니
    중생을 좇으시기에 큰 소리를 알아 대열반경을 들으니   - 523곡

    사라쌍수에 광명을 펴시어 대천세계가 밝습니다.
    육취六趣의 중생이 광명을 만나서 죄와 번뇌가 없습니다.   - 524곡

세존의 열반 과정은 『석보상절』 권23을 통해 『월인천강지곡』 하권의 노래 51곡의 바탕 이야기를 확인할 수 있다.

#1. 세존이 칠보의 침상에서 북쪽으로 머리를 두시고 오른쪽으로 누워 그날 한밤중에 고요히 완전한 열반에 드셨다. 사라수림娑羅樹林이 네 쌍으로 칠보로 만든 자리의 사방에 각각 한 쌍씩 서 있었다. 동서의 두 쌍이 어울리고 남북의 두 쌍이 어울려 한 가지가 되어 드리워 여래를 덮었다. 나무 색깔이 즉시 백학같이 희어지고, 가지와 잎과 꽃과 열

매가 떨어지고, 나무껍질이 벗어지며 줄기가 점점 시들어 하나도 남지 않고 부러졌다.

#2. 그때 아나율이 여래를 관에 모시고 도리천에 올라가 게를 지어 아뢰었다. 마야부인께서 듣고 땅에 까무러쳐 쓰러져 계시다가 오래되어서야 깨어 즉시 권속을 데리고 사라쌍수 사이로 오셨다. 부처의 관을 바라보고 까무러쳐 쓰러졌다. 얼굴에 물을 뿌리고서야 깨어 관 앞에 나아가 예수禮數하고 울며 말씀했다.
"무량겁부터 항상 모자가 되어 왔는데 하루아침에 다시 못 보게 되니 괴롭구나. 중생의 복이 다했다."
갖가지 하늘 꽃〔天花〕으로 관 위에 뿌리고, 여래의 가사와 바리와 석장을 돌아보고 오른손으로 잡고 땅에 엎어져 우시니 사중四衆이 다 슬퍼서 울었다. 제석이 그 눈물로 강이 되어 흐르게 했다.
그때 세존께서 신력으로 관 덮개를 열리게 하고 합장하여 일어나 앉으셨다. 털구멍에서 다 일천 광명을 비추고, 광명마다 일천 화불이 나투시어 모두 합장하여 마야부인께 향하여 말씀하셨다.
"멀고 먼 염부제에 오셨습니다. 법이 원래 이런 것이니 울지 마십시오."〔…〕
마야부인이 목 놓아 우시고 아난에게 말했다.
"여래의 정법을 네가 맞이하는데, 부지런히 받아 지녀 읽고 외워라. 나는 여래의 불사르는 것을 차마 보지 못하고 간다."
부처의 관에 예수하고 오른쪽으로 일곱 번 감돌고 목 놓아 우신 뒤 하늘로 돌아가셨다.

#3. 그때 세존께서 금관에서 금색 팔을 내뻗어 아난에게 "가섭 비구가 왔느냐."고 물으셨다. 아난이 "아직 오지 못했습니다."고 아뢰자 팔을 도로 들이셨다.[…] 가섭이 여래를 공경하므로 허공으로 날아오지 않고 제자들과 함께 길로 바삐 걸어서 이레가 걸려 구시성 동녘에 왔다.[…] 세존께서 큰 자비심으로 가섭을 위하여 즉시 두 발을 관 밖으로 뻗어 가섭에게 보이셨다. 천복륜千輻輪으로부터 천 광명을 펴시어 시방 일체 세계를 가득 채워 비추셨다. 가섭이 제자들과 함께 예수하고 쓰러져 땅에 엎어졌다가, 오래되어서야 깨어나 오른쪽으로 일곱 번을 돌고 다시 절하고 못내 슬퍼하여 목 놓아 울었다. 이에 여래께서 큰 음성을 내어 이르셨다.
"나의 정법안正法眼을 너에게 맡긴다."

#4. 그때 세존께서 다시 승가리를 입고 바리때와 석장錫杖을 손수 아난에게 주시고 말씀했다.
"네가 이미 부처의 바른 교화를 원하고 좋아하니 탐욕과 교만을 버리고 부처의 말씀을 받아 정진으로 도행을 생각하라. 이것이 부처가 남기는 최후의 명령이다. 반드시 모두 삼가라. 비구들이여, 부처의 모습을 보아라. 보기가 쉽지 않을 것이다. 이후 1억 4천여 년 뒤에야 다시 미륵불彌勒佛이 계실 것이다. 나는 성사聖師가 되어 일흔아홉 해에 일을 이미 마쳤다. 너희들이 힘쓰라. 이미 한밤중이 되었다. 게으른 마음〔放逸〕을 갖지 말라. 나는 게으르지 않음으로 정각正覺을 이루었다."

길 위에서 나고, 길 위에서 깨닫고, 길 위에서 열반에 든 세존의 마지막 말씀을 오늘, 지금, 여기에서 들을 수 있다. '자등명自燈明 법등명法燈明〔atta-dīpa dhamma-dīpa〕'이었다.

"낡은 수레는 다시 수리되어야 갈 수 있듯이 여래의 몸도 수리되어야 갈 수 있다. 아난아, 너 자신을 등불로 삼고, 법을 등불로 삼아 의지하라. 다른 무엇도 너의 의지처로 삼지 말라."

월인천강지곡과 『석가여래십지수행기』　『석가여래십지수행기釋迦如來十地修行記』는 1328년(고려 충렬왕 15)에 찬집, 간행한 서사 문학집이다. 석가모니의 윤회전생輪回轉生을 제1지地~제10지地로 구분하여 중국에서 유학했던 고승 대덕 가운데 법문과 강연에 능한 승려가 찬술했다. 제1지 「선색녹왕전善色鹿王傳」, 제2지 「인욕태자전忍辱太子傳」, 제3지 「보시국왕전布施國王傳」, 제4지 「사신태자전捨身太子傳」, 제5지 「인욕선인전忍辱仙人傳」, 제6지 「선우태자전善友太子傳」, 제7지 「금우태자전金牛太子傳」, 제8지 「선혜동자전善慧童子傳」, 제9지 「보시태자전布施太子傳」, 제10지 「실달태자전悉達太子傳」으로 구성되어 있다.

제1지~제9지는 대장경의 본연부本緣部인 『대장엄론경大莊嚴論經』·『육도집경六度集經』·『현우경賢愚經』·『출요경出曜經』·『보은경報恩經』·『대지도론大智度論』·『사분율四分律』·『생경生經』·『찬집백연경撰集百緣經』·『보살본생만론菩薩本生鬘論』·『본생경本生經』·『경률이상經律異相』 등을, 제10지는 『과거현재인과경』·『불본행집경』을 바탕 경전으로 삼은 것으로 추정하고 있다. 본생담을 순차적으로 배열하여 현재→과거→현재로 이야기를 끌고 가는 환원 구조를 갖춘 이 책은 변문(變文 : 돈황敦煌에서 발견된 많은 책 가운데 고전소설의 모태로 여겨지는 작품. 강경講經을 하기 위한 대본이 아니며 기록으로 남겨 읽기 위한 독본讀本. 포교와 선을 권장할 목적으로 경전을 대중들이 알고 받아들일 수 있도록 쉽게 풀어쓴 글)으로 찬술되어 있어 고전소설의 형성과 전개 발달 과정을 밝히는 중요한 자료다.
1447년(세종 29) 세종·수양대군, 신미·김수온은 『석보상절』과 『월인천강지곡』을 편찬할 때 『석가여래십지수행기』를 활용했다. 산문·운문의 훈민정음 불경을 완간하고 난 다음 해인 1448년(세종 30) 단오 무렵, 김수온으로 추정되는 '소실산인少室山人'이 이 책을 원본으로 '번잡한 말은 들어내고 새로 교정[芟削繁詞 從新校正]'한 다음 왕실 소속 부서인 '이부伊府'에 판각의 명을 내렸고, 승려 보수普秀가 책임을 맡아 간행했다. 서문에서 '조선에서 새로 편집한 불경'의 간행 내력을 설명하고 있다.

일찍이 모든 부처가 세상에 나타남은 본디 외물과 접하여 중생을 이롭게 하기 위함이고, 모든 성인께서 범속凡俗에 임함은 오직 이류異類를 좇아 이들을 교화시키는 것에 힘쓰려 하는 것이라 말씀했다. 삼아승지겁三阿僧祇劫이 지나야 과증果證할 수 있고, 진성眞性은 본디 입류入流하고 십세十世 동안 전륜轉輪하니 언제 미묘한 근원[妙源]이 마음을 떠나 자각한 적이 있었는가. 이에 자비의 마음을 일으켜 고통을 받으니 칠향산七香山에서 사슴으로 화化하셨다. 자비를 운용하고 즐거움을 일으켜 한 몸 바위 가에서 매 한 마리를 구제했다. 나라와 지위를 버리고 육도六度의 불법을 전심으로 수행하며, 아내와 자식마저 버리니 만행萬行에 묘도妙道가 아님이 없었다. 넓은 바다에 배를 띄워 여의주를 구함은 단지 그 밝은 소원이 모든 중생을 향해 있을 뿐이고, 산에 올라 보물을 캐는 것은 중생들에게 고루 은혜를 베풀기 위함이었다. 이같이 하면 인연에 따라 과보를 얻을 것이다. 세세토록 공을 세우면 내세의 과보는 인연에 의하여 이루어지고, 대대로 닦고 익히면 인과를 증득함은 분명할 것이다. 불지佛地의 쉽고 어려움과 사리事理의 분별을 누가 알며, 조사祖師의 서로 다름은 또 어찌 알겠는가.

근래에 소실산인少室山人이 여름의 한가한 때 이 글을 보고 번잡한 말은 덜어 내고 새로운 것을 좇아 바로잡았다. 이부伊府의 명을 받들어 보수普秀가 간행하고 유통시켜 널리 배포했다. 사방의 아는 자들은 이것에 의지하여 수행하고, 한 나라에 등용되기도 하고, 깨달은 자는 석가가 수행한 것같이 나아가니 사람마다 모두 부처를 증명하고, 개인마다 깨달음의 경지에 오를 것이다. 경계하고, 권한다. 선善을 믿으라. 1448년(세종 30) 단오에 이부에서 판목을 마련하고, 공인에게 명하여 간행한다.

『석가여래십지수행기』(낙은본樂隱本)는 금봉金峯 천오天悟가 1448년 간행된 초간본을 1646년(인조 24) 가을에 똑같이 베껴 바랑에 넣어 전국 각지로 돌아다니다가 1660년(현종 1) 충주 월악산 덕주사德周寺에서 의능義能 대사의 제자 학보學寶 선리禪利를 만나 판각해서 확산, 유통되었다. 훈민정음의 확산과 보급 과정을 파악할 수 있고, 사상·윤리·민속사에 영향을 끼친 책이다.〔박병동(2003), 사재동(2014), 윤순일·박원기·한운진(2019)〕

월인천강지곡과 『석가여래행적송』　　세종은 월인천강지곡의 주관자로 편찬사업에 들어가기 전 신미가 추천한 고려 운묵雲黙 무기(無寄, 생몰연대 미상) 대사가 쓴 『석가여래행적송釋迦如來行蹟頌』(5언 776구의 장편 한시漢詩)을 읽었다. 1328년(고려 충숙왕 15) 한국불교사에서 최초로 편찬된 석가여래 일대기였다. 이 책은 초심자가 알아야 할 교리·역사·의식을 게송 형식으로 정리한 교육 지침서다. 세존의 행적과 교설의 기본 내용(상권), 불교가 중국으로 전해지는 과정과 올바른 수행, 전법傳法의 자세(하권)를 노래하고 있다.

마치 깨끗한 보름달	譬如淨滿月
모든 강물에 두루 비춘다.	普現一切水
그림자 끝없이 출렁이며 흐르지만	影像雖無量
본래의 달은 둘이 아니다.	本月未曾二

- 주석 : 마치 달이 허공에 뜨면 그림자가 모든 물에 비친다. 그림자는 한량이 없다. 달은 본래 하나이듯 부처도 그러하다. 비록 억만 국토에 자취를 나투시나 본래 몸은 하나일 뿐이다.〔김월운(2004)〕

운묵은 법명, 자는 무기無寄, 법호는 부암浮庵이다. 고려의 원나라 간섭기(1270~1356)에 활약했다. 백련사 5세 불인佛印 정조靜照에게 출가하고, 승선僧選 상상과上上科에 합격했다. 금강산·오대산 등의 명산을 순례하고, 시흥산始興山의 탁일암卓一菴에 들었다. 그 뒤 20여 년을 한결같이 『법화경』을 독송하고, 불화佛畵를 그리고, 경전을 서사書寫하는 일을 일과로 삼았다. 저술로는 『석가여래행적송』과 『천태말학운묵화상경책天台末學雲默和尙警策』이 있다. 『석가여래행적송』은 당대 불교계 내부의 폐단에 대한 문학적 대응으로 승가의 질적 하락, 도덕적 타락에 대한 자각과 혁신을 촉구하고 있다.〔김기종(2009)〕

『석가여래행적송』의 불교서사시의 전통은 『월인천강지곡』·『석보상절』(1447년)을 거쳐 『월인석보』(1459년)로 이어졌다.

『석가여래행적송』의 내용이 여러 경과 논에 흩어져 있는 사실을 모아서 정리했기에 허구는 아니다. 그러나 석가 일대의 행적과 그 뒤에 전개된 불교사를 노래 한 편에다 집약시키자니 구상과 표현에 힘쓰지 않을 수 없었고, 백 가지 냇물의 맛을 두루 보게 하며 중생을 감화시키려고 다채롭고 흥미롭게 서술을 하는 데 힘썼다. 요약된 노래 한 편이라고 했지만, 전에 볼 수 있었던 단편적인 게송이 아니며, 장편 서사시로서의 규모를 갖추고서 교화를 위한 설명을 삽입시켰다.〔조동일(1995)〕

1467년(세조 13) 간경도감에서 세조가 손수 구결을 달고, 혜각존자 신미가 역해한 선의 이론서인『목우자수심결牧牛子修心訣』을 펴냈다. 보조국사 지눌(知訥, 1158~1210)이 말씀한 일원一圓의 달빛이 반짝이고 있다. 혜각존자는 보조국사의 말씀을 통해 '내 안의 불성佛性'을 바로보라고 자상하고, 간곡하게 언해해 두었다. 시류에 휩쓸려 둥둥 떠다니며 밖에서 법을 찾지 말라는 말도 잊지 않았다.

'원만하게 깨달은 큰 지혜〔圓覺大智〕'가 맑아 스스로 있으면 곧 천백억 화신化身을 나타내어 세상의 어느 땅에서든 느낌으로 가고, 근기에 응해 달이 하늘에 떠올라 그림자가 모든 물에 나누어짐과 같다. 응용이 다함 없어서 인연 있는 중생을 제도하여 쾌락하고 즐거워 시름이 없을 것이다. 이름이 대각세존大覺世尊이다.

4

경복궁 내불당 불사와 세종의 승하

파격의 불사, 경복궁 내불당 1448년(세종 30) 7월 17일, 세종은 승정원에 일러 경복궁 문소전 서북쪽 빈터에 본당 1칸, 동서 회랑 각 3칸, 부엌 3칸 규모의 내불당內佛堂을 짓겠다는 계획을 밝혔다.

불교의 시비와 선악은 예전 사람이나 지금 사람이나 많이 말을 해서 삼척동자도 익히 알고 있다. 무얼 더 의논할 것인가. 세상의 모든 일은 버림과 얻음에 달려 있다. 남김없이 없앤다면 버림이고, 그렇지 않으면 얻음이라 할 것이다. 기신忌辰에 재를 베푸는 것과 대상大喪에 추천하는 것, 여러 절에 양식을 댈 땅과 도첩에 돈을 내는 일은 모두 버리지 않고 취한 것이다. 처음 문소전을 창덕궁 중궐 담장 밖에 세웠을 때 담의 동쪽에 불당이 하나 있어 7명의 중이 지켰다. 이는 개경사開慶寺·경연사慶衍寺·숭효사崇孝寺와 같다. 1423년(세종 5) 옮겨 모실 때 허물어져 지금까지 고치지 않고 있다. 나라에서 불교를 버리지 않았다면 마땅히 이 불당을 먼저 수리해야 한다. 허물어진 채 돌보지 않는다면 마음이 편하겠느냐. 어진 사람과 효자의 마음으로 시험 삼아 헤아려 보면 알 수 있는 일이다. 문소전 서북쪽 빈 터에 내불당을 짓고, 7명의 중으로 하여금 지키게 할 계획이다. 본당 1칸, 동서 회랑 각 3칸, 부엌 3칸에 그칠 것이라고 두 의정에게 말했더니 모두 궁궐 안에 세울 수 없다고 반대했다. 하지만 옛터가 담장 밖에 있고, 지금의 터도 궁궐 밖에 있다. 저곳은 가깝고, 이곳은 멀다고 할 것인가. 흥천사·흥덕사·개경사는 비가 새고 기울어져 무너질 지경에 이르면 반드시 나라에서 장인들을 보내 수즙修葺한다. 선왕께서 세운 절이므로 의리에도 맞다. 퇴락한 것을 앉아서 보고만 있고, 수리하지 않으면 다른 사람은 참을 수 있을지 모르겠으나 나는 참을 수 없다. 이 불당은 다른 곳에 비하면 더욱 그렇다. 버려두고 방치한 지가 여러 해 되어 부끄럽기 짝이 없다. 반드시 수리해야 한다. 내 뜻이 이러하니 다른 말을 하지 말라고 의정부에 이르라.

광화문에서 바라본 경복궁. 세종은 1448년 12월, 백악산 오른쪽 언덕에 내불당을 지었다.

도승지 이사철, 동부승지 이계전 등이 의논한 뒤 "이상한 옷을 입은 중이 효선문孝先門을 통해 궁궐에 들고 나면 눈뜨고 보지 못할 지경"이 될 것이므로 공사를 정지하라고 아뢰었다.
세종이 말했다.
"나는 더 할 말이 없다. 일일이 대답하기 시작하면 임금이 뭐 그렇게 말이 많으냐고 따지고 들 것이다."
이사철 등이 거듭 청했으나 윤허하지 않았다.
집현전 학자와 의정부 고위 관료들이 집요하게 반대하고 나섰다. 다음 날 정부와 예조판서가 자리에 들었을 때 세종이 말했다.

"불법佛法이 일어난 뒤로부터 역대 임금이 혹은 어질고 혹은 어질지 못했다. 2천여 년 동안에 이를 완전히 없앤 임금도 없었고, 또 다 없어진 날도 없었다. 간혹 현명한 임금이 있어 부처와 승려를 도태시켰으나 그 법을 완전히 없애지 않았다. 즉위 초에 나라 사람이 나를 어진 임금이라 여기고 바랐는지 모르겠으나 근년 이래로 행하는 정사가 모두 이치에 맞지 않아서 한 가지 일도 일 컬을 만한 것이 없다. 어찌 홀로 불법을 능히 제거하겠는가. 그렇다면 선왕을 위해 불당 하나를 세우는 것이 무엇이 불가한가. 경들이 비록 창덕궁 불당은 담장 밖에 있고 지금 이 불당은 궁내에 짓는다고 하나, 창덕궁 불당은 대궐에서 멀지 않다. 이것으로 저것에 비교하면, 저것이 가깝고 이것이 멀다."

성균관 유생, "신미의 목을 베라"　1448년(세종 30) 7월 26일, 내불당 불사를 반대하는 조정 관료들의 논리는 '불교는 허망하고 백해무익하다는 것' 하나뿐이었다. 불길이 신미에게로 번졌다. 성균관 생원 유상해가 드잡이에 나섰다. '요망한 중 신미의 목을 베고, 김수온을 잡아들여 죄를 물으라'고 상소했다.

"요망한 중 신미가 꾸미고 속이기를 100가지로 해서 스스로 생불이라 하며, 겉으로 선을 닦는 체하고 속으로 붙여 사는 꾀를 품어서 인심을 현혹시키고 유교를 황폐하게 만드는 것이 이루 말할 수가 없습니다. 신미의 아우 교리 김수온은 유학으로 이름을 얻었지만, 이단의 교(불교)를 도와서 설명하고 귀하고 가까운 사람에게 붙어서 아첨해 지금의 자리에 올랐습니다. 수온을 잡아다가 그 죄의 이름을 바루고, 특히 요망한 중을 베어 간사하고 요사한 일을 끊으면 신하와 백성이 모두 대성인의 하는 일이 보통에서 뛰어남을 거듭거듭 알게 될 것입니다."

세종은 학업을 포기하고 덤비는 성균관 생원의 글에 답하지 않았다.

불서 번역에 힘쓴 김수온　1448년(세종 30) 9월 8일, 세종은 특명으로 김수온을 수승문원 교리〔정5품〕에 임명했다. 사관의 붓은 뒷끝이 있었다.

김수온은 본래 부처에 아첨하는 자다. 그의 형인 중 신미가 승도僧道를 만들어 꾸며 임금께 총애를 얻었다. 수온이 좌우를 인연하여 수양·안평 두 대군과 결탁, 불서佛書를 번역했다. 만일 궁내에서 불사가 있으면 사복소윤 정효강과 더불어 눈을 감고 돌올하게 앉아서 종일 밤새 합장하고 경을 외우고 염불을 하고 설법을 들

『세종실록』1448년 9월 8일 기사. 신미와 김수온이 불경을 번역했다는 내용이다. ⓒ 국사편찬위원회

으며 조금도 부끄러워하는 빛이 없었다. 또 항상 대군을 꾀이기를 "『대학』과 『중용』은 『법화경』과 『화엄』의 미묘함에 미치지 못한다."고 했다. 여러 대군이 임금에게 충성하는 것이라 여겨 세종이 특별히 정조政曹의 제수를 명했다. 마침 빈자리가 없어서 우선 이 벼슬을 주었다.

내불당 낙성식에 쓴 세종의 9악장「찬불가」 1448년(세종 30) 11월 28일, 세종은 대자암 주지 신미와 김수온을 들게 했다. 신미가「삼불예참문三佛禮懺文」을 지어 올렸다. 세종이「●앙홍자지곡仰鴻慈之曲 ●발대원지곡發大願之曲 ●융선도지곡隆善道之曲 ●묘인연지곡妙因緣之曲 ●포법운

지곡布法雲之曲 ●연감노지곡演甘露之曲 ●의정혜지곡依定慧之曲」의 찬불가(5언 6구 형식)와 9악장의 가사를 지어 부처와 보살을 찬탄했다.

● 귀삼보歸三寶

시방세계에 항상 계시니	常住十方界
수승한 그 공덕 끝이 없어라	無邊勝功德
큰 희사와 큰 자비로	大捨大慈悲
널리 중생을 이익되게 하시네	廣爲衆生益
지극한 마음의 예로 귀의하오니	歸依志心禮
나의 전도된 업장 소멸케 하소서	消我顚倒業

● 찬법신讚法身

진여의 오묘한 법계는	眞如妙法界
뚜렷이 맑고 고요해	凝然常湛寂
원만하고 분명한 부동의 땅에	圓明不動地
진실한 공덕 갖추니	具此眞實德
가없고 위없는 존귀하신 이여	無等最上尊
맑고 맑아 물들거나 얽매임 없네	淸淨無染著

● 찬보신讚報身

항상 법락의 경사를 받아	恒受法樂慶
장엄하고 원만한 그 모습	莊嚴相圓滿
겹겹이 펼쳐진 순수하고 청정한 땅	重重純淨土
십지에서 주인과 나그네 되어	十地爲主伴
평등으로 법의 수레바퀴 굴려	平等轉法輪

대중의 의심 그물 반드시 끊네	決衆疑綱斷

● **찬화신**贊化身

깨달음은 본디 걸림 없으니	理智本無碍
그 변화 많은 나라에도 못 미쳐	爕沒恒沙國
진여 따라 일어난 성품은	隨順勝起劣
천백억 갈래로 나눈 몸이라네	分形千百億
법을 설함은 근기 맞아 마땅하니	說法逗機宜
점교와 돈교, 실지와 방편으로 갈리네	漸頓分權實

● **찬약사**贊藥師

십긍가 같은 많은 거리 지나	過此十殑伽
유리의 세계 청정하니	瑠璃世界淨
약사유리광불이 있어	有佛瑠璃光
약을 주어 질병을 없애네	與藥除疾病
모든 유정에게 즐거움 있어	利樂諸有情
보리로 구경열반에 이르게 하네	菩提到究竟

● **찬미타**贊彌陀

서방세계에 계신 큰 스승이여	西方大導師
괴로움 없애고 약을 주시네	拔苦能與樂
그 나라를 안양이라 부르니	其國號安養
온갖 보배로 장엄한 곳이네	衆寶所嚴飾
모든 영혼 제도하길 서원하고	誓願度含靈
구품 중생 모두 껴안으시네	九品盡提攝

● **찬삼승**贊三乘

넓고 큰 덕행 부지런히 닦아	勤修廣大行
사생의 중생 널리 구제하고	普濟四生域
무명의 뿌리 자세히 살펴	諦觀無明源
홀로 벗어나 적멸의 즐거움 누리네	獨脫樂寂滅
모습 남겨 부처의 가르침 받아	留形受佛勅
공양 받으실 이요, 인천의 복이시라	應供人天福

● **찬팔부**贊八部

방편의 수레로 큰 서원 일으키시는	權乘發弘願
원신력과 그 공덕 헤아릴 수 없어라	威德難思議
부처님 세상에 계실 때	當於佛世時
나쁜 일 없애고 좋은 일 일으켰네	滅惡與善事
바른 법의 수레바퀴 돕고 보호해서	護佑正法輪
상법 지나 말법의 시대까지 굴리시네	流轉於像季

● **희명자**希冥資

영가의 가는 길 멀어 좇을 길 없어	先靈邈難追
오 슬퍼라 그지없는 정	嗟嗟情罔極
삼보의 대자대비한 힘으로	三寶大悲力
모두 다 해탈을 얻으리라	悉皆得解脫
오직 바라건대 애절한 연민 드리워	惟願垂哀愍
속히 가없는 깨달음 이루게 하소서	速成無上覺

행상호군 박연이 앞머리에서 행우부승직 임동, 전악 김윤산, 황귀존,

행내시부급사 안충언에게 명해 영인伶人〔악공〕을 통솔하게 했다. 수양대군이 '새로 지은 곡'의 연주를 주관했다. 악기를 든 이가 45명이었다. 죽간竹竿을 든 이가 2명, 노래 부르는 이가 10명, 꽃을 들고 춤을 추는 화동이 18명으로 푸른 연꽃, 황색 연꽃, 붉은 연꽃, 흰 연꽃, 황색 모란, 흰 모란, 붉은 작약, 흰 작약을 하나씩 잡았다. 궐내에 있는 이가 모두 재계했다.〔김수온,『사리영응기』〕

9악장의 찬불가를 세종이 지었다는 것에 의문을 제기한 연구도 있다.

1448년에 이르러 5언 6구 형식의 한자시들을 9수나 과연 친제親制했는지 의문이 남는다. 본래 세종이 구점口占하거나 한글로 작성한 것을 김수온이 한자시로 번역한 것은 아닐까 추측한다.〔심경호(2017)〕

신미·김수온의 찬불가와『월인천강지곡』 세종은 내불당이 완공된 다음 해인 1449년(세종 31) 2월 25일, 특명으로 김수온을 수병조정랑 지제교에 임명했다.『월인천강지곡』·『석보상절』의 편찬에 힘쓴 일에 대한 포상이었다.

김수온은 시문에 능하고, 성품이 불교를 깊게 믿었다. 이 인연으로 총애를 얻어 직장에서 몇 년 만에 정랑에 뛰어올랐다. 일찍이 제교가 되지 못함을 한스러워 했는데 이번에 특별히 제수되었다. 그의 임명은 조정의 의논을 거치지 않고 왕의 뜻에 따른 것이 대부분이었다. 세종께서 두 대군을 연달아 잃고, 왕후가 이어서 승하하니 슬퍼함이 지극해 인과화복의 말이 드디어 그 마음의 허전한 틈에 들어맞았다. 형인 신미가 요사한 말을 주창하고, 김수온이 찬불가시讚佛歌詩를 지어 불교를 널리 퍼뜨렸다. 일찍이 내불당에서 법회를 크게 베풀고 공인工人을 뽑아 그가 지은 가시에 관현을 맞춰 연습하게 해 두어 달 뒤에 공연했다. 세종이 불사에 뜻을 둔 것은 김수온 형제의 도움이 컸다.

내불당에서 찬불가를 관현악에 올린 첫 사례다. 월인천강지곡은 각종 재의齋儀와 법석·행사 등에서 불렸다.

세종은 김수온의 빼어난 문장을 일찍부터 알고 있었다. 신료들을 의식하지 않고, 대놓고 임금을 만날 수 있는 지제교의 직책을 맡겼다. 김수온은 직장〔종7품〕에서 정랑〔정5품〕으로 특진했고, 국왕의 교서를 제술하는 중요 직책인 지제교를 겸직했다. 그는 불교라면 쌍지팡이를 들고 반대하고 나서는 관료들 속에서 고군분투하며 세종의 의중을 정확하게 파악하고, 실천에 옮기고 있었다. 간승 신미의 아우라는 공격에도 아랑곳하지 않고 "『능엄경』은 『중용』보다 낫다. 불도佛道도 그렇다."고 받아쳤다.〔1450년(문종 즉위년) 4월 11일〕

김수온은 「복천사기福泉寺記」에서 제왕이 불교를 믿고 받드는 것은 왕실의 안정이나 복을 받겠다는 구차한 행위가 아니라 성리학 못지 않게

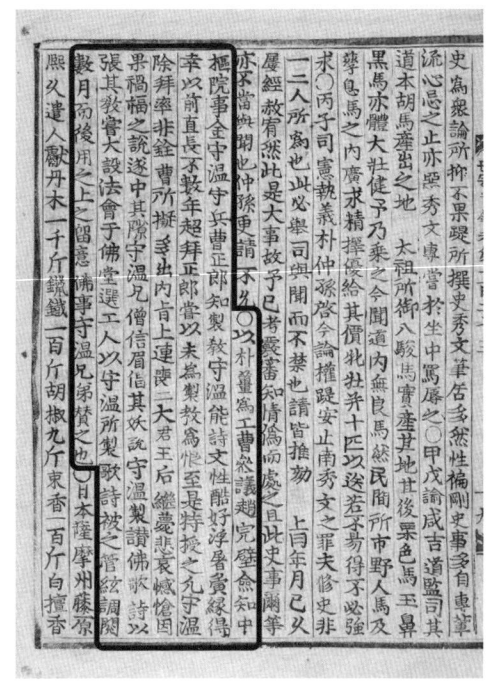

『세종실록』 1449년(세종 31) 2월 25일 김수온이 찬불가시를 지었다는 내용의 기사 ⓒ 국사편찬위원회

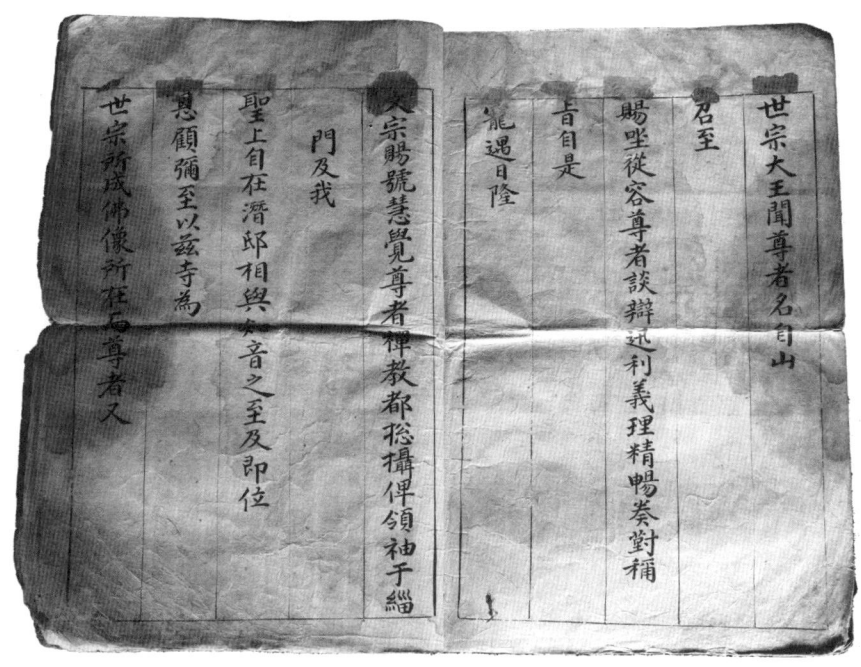

김수온, 「복천사기」 ⓒ 김수온 후손 소장

국정을 바로 펼치는 또 다른 방편임을 분명하게 밝혔다.

처음에 세종께서 신미의 이름을 듣고 산으로부터 불러 담소를 나눴다. 신미의 대답이 모두 이치에 맞고 의리義理가 정밀하고 넓었다. 아뢰고 답하는 것이 세종의 뜻에 어긋남이 없었다. 이로부터 세종이 두텁게 대우했다. 문종께서 부왕의 유훈에 따라 '혜각존자'의 법호를 내려 모든 사찰과 승려를 통솔하게 했다. 세조께서 왕위에 오르기 전부터 서로 마음속을 알아 지극하게 곁을 주었다. 즉위 뒤에는 은원恩願이 더욱 극진했다. 복천사는 세종의 명으로 조성한 불상이 있는 원찰이고, 문종도 혜각존자를 후대했다.[…] 예로부터 제왕이 천하와 국가를 다스림은 인의仁義를 숭상함으로써 정치하는 도리의 아름다움에 이르지 않음이 없고, 청정淸淨에 근본을 둠으로써 정치를 수행하는 근원을 맑게 하지 않음이 없다. 〔…〕 불교는 삼교三敎가 높이는 것이요, 모든 덕의 주제가 되므로 역대의 제왕이 존숭하거나, 신봉했다. 이는 불교에 헛되고 구차스레 매달리지 않은 것이다.

11월 1일, 세자가 등창을 앓아 누워 있었다. 수양대군이 김수온·이사철과 함께 내불당에서 약사재, 안평대군이 정효강과 함께 대자암에서 수륙재를 올렸다.

김수온은 간승 신미의 아우로 몹시 불도를 좋아해 깊이 그 학설을 믿었다. 항상 말하기를, "불경을 읽어 그 뜻을 얻으면 『대학』·『중용』은 한낱 찌꺼기에 불과하다."고 했다. 정효강은 천성이 사특하고 괴팍해 부처를 독실하게 믿고 좋아했다. 길에서 중을 만나면 반드시 말에서 내려 예를 올렸다. 김수온과는 입술과 이처럼 가까웠다. 모든 불사가 있을 때마다 반드시 임명했다.

세자의 병에 차도가 없었고, 조정에서 아뢴 일도 재가를 얻지 못하고 있었다. 세종은 승정원에 모든 나랏일을 친히 결정하겠으니 지체하지 말라고 재촉했다.

내불당 경찬회와 음성공양 1448(세종 30) 12월 5일, 경찬회를 시작했다. 내불당은 화려함이 지극해 금과 구슬로 눈이 부셨고, 단청이 햇살에 반짝였다. 자줏빛 비단으로 한땀 한땀 수를 놓아 기둥을 감쌌다. 대자암 주지 도대선사 신미가 51명의 승려를 대표해 삼점안〔三點眼 : 약사불·아미타불·보살나한상〕을 마쳤다. 신미의 고종 사촌형 박연이 노래를 지어 관현에 올리고, 악기를 모두 새로 만들어서 공인工人 50명과 무동舞童 10명으로 미리 연습시켜 부처에게 공양했다. 음성공양音聲供養이라고 일렀다. 종·경磬·범패梵唄·사絲·죽竹의 소리가 경복궁까지 들렸다.

내불당 준공식에서 연주된 악기는 세종 때 새로 제작된 것으로 볼 수 있다. 악기편성은 향악기와 당악기, 아악기 등이 골고루 쓰이고 있다. 세종이 작곡한 찬불가는 고취악鼓吹樂 형식으로 연주된 것으로 추론할 수 있다. 관악기 연주자가 16명, 타악기가 총 18명이었음을 볼 때 이 곡은 주로 관악기가 주선율을 연주하고 다른 타악기들이 가무歌舞가 가능할 수 있도록 장단을 담당한 것으로 추측된다.〔박범훈(1999)〕

박연·김수온·정분·민신·이사철 등이 여러 스님과 섞여 뛰고 돌며 밤낮을 쉬지 않았다. 온 몸에 땀이 흥건해도 피곤한 기색이 조금도 없었다. 외승外僧과 사장社長을 불당 밖 마른 냇가에서 공양했다. 하루 동안 공양한 사람이 800명을 내려가지 않았다. 소비한 쌀이 2,570여 석이었다.

수양대군이 경찬회를 마친 다음 화공에게 주요 과정을 그리게 하고, 계문契文을 짓고 그 뒤에 불사에 동참한 이들의 이름을 남김없이 적어 나눠 주었다. 대군이 옆에 있던 성임에게 물었다.
"너는 공자의 도를 말하고 있다. 부처와 비교하면 누가 우월한가."
"공자의 도에 대해서는 일찍부터 그 글을 읽어서 거칠게나마 뜻을 알지만, 부처의 글을 본 적이 없으니 감히 안다고 할 수 없습니다."
"부처의 도가 공자보다 뛰어나다. 하늘과 땅의 차이보다 훨씬 크다. 옛날 선비가 '비록 저미고, 지지고, 찧고, 갈려고 해도 그럴 몸이 없다[挫燒舂磨]'〔수양대군은 이 구절을 정도전의 『불씨잡변佛氏雜辨』에서 읽었다. 정도전은 이를 주자의 『근사

록집해近思錄集解』에서 따왔다. 옛 선비는 사마광(司馬光, 1019~1086)의 말을 정도전이 『불씨잡변』에서 인용하고 있다는 뜻이다.)고 했다. 이는 그 이치를 몰라서 한 헛소리다."

12월 6일, 내불당에서 낙성식을 베풀었다. 세종이 안평대군·임영대군을 불러 "곤룡포 두 벌, 침수향 한 봉지를 받들고 가서 세존께 올려라."고 명한 뒤 신미와 모인 대중들에게 다음과 같이 일렀다.

"세존의 자비는 사물에 대응하여 곧 나타나는 것이다. 마치 달이 강물에 비춤과 같고〔如月印江〕, 골짜기의 울림으로 답하는 것과 같다. 본디 소원의 힘으로 항상 건너고 벗어나는 기미를 구하면 큰 신통력을 드러내 뭇 중생을 건져 주시니 진실로 정성을 다한다면 작은 것까지도 비추지 않음이 없을 것이다."〔김수온, 『사리영응기』〕

내불당에 모인 대중들이 귀천을 따지지 않고 불전으로 들어갔다. 신미, 개경사 주지 대선사 수미守眉, 선덕禪德 학열學悅 등 모두 261명이었다. 『사리영응기舍利靈應記』의 말미에 51인의 비구 명단과 행사에 참석한 '韓실두디, 朴검둥' 등 47명의 하급 관리 이름을 『석보상절』의 표기법과 동일한 정음으로 적어 넣었다. 당시의 정확한 고유어 인명을 알려주는 점에서 훈민정음 초기 기록으로 소중하다. 성은 한자, 이름은 정음으로 표기했다. 모두 정7품 전율典律과 종8품 급사給事 일을 보는 하급관리의 이름들이다.

수양대군, 부처의 가르침 설파   1449(세종 31) 7월 1일, 세종이 경복궁

김수온이 내불당 조성의 내력을 정리해 1449년(세종 31) 펴낸
『사리영응기』

을 나와 넷째 아들 임영대군 이구(臨瀛大君 李璆, 1420~1469)의 집으로 이어했다. 세자에게 왕위를 물려주려 했으나 대신이 극구 말려 그만두었다. 극심한 가뭄으로 전국의 논과 밭이 거북등 갈라지듯 타들어 가고 있었다. 수양대군과 이사철이 흥천사에서 기우제를 올렸다. 수양대군은 승려들과 어울려 돌아다니며 땀에 흠뻑 젖었어도 지친 기색 없이 부처를 받들었다. 유신들이 비아냥거려도 아랑곳하지 않았다.

공자의 도가 우뚝하고, 정자와 주자보다 그르다고 한 것은 부처를 깊이 알지 못해서다. 천당과 지옥, 사생과 인과의 이치는 분명하지 결코 허탄하지 않다. 불교를 제대로 알지 못하고 배척하는 자는 모두 망령된 사람들이므로 나는 가까이 하지 않을 것이다.

세종, "복천사를 원찰로 삼으라" 1449년(세종 31) 12월 어느 날, 효령대군이 종친부에서 수양대군 등과 의논하고 「속리산 복천사 중수 권선문」을 지어 불사 참여를 독려했다. 복천사는 신미의 주석처였다.

공손히 생각하건대 성상聖上께서 마음속에 지극한 덕을 품고, 크게 천명天命에 응하셨다. 바다에는 전선戰船이 끊어지고, 백성이 평안하게 살게 되었다. 이 좋은 때를 만나 어찌 크게 기뻐하지 않겠는가. 뒤에서 돕는 공덕이 있어 섭리의 덕을 은근하게 비춘다. 이에 미타삼존(彌陁三尊 : 아미타여래·관세음보살·대세지보살)으로 등신불을 조성하고, 불전佛殿을 수리한 뒤 봉안하려 한다. 보고 듣는 이들이 믿음을 내도록 하고, 예불하는 자들의 마음을 새롭게 하려는 것이다. 복천사는 터의 경계가 맑고 빼어남이 모든 절의 으뜸이고, 나라의 중심에 있어 실로 삼한의 정기가 오롯하게 모인 곳이다. 종실의 원찰로 삼기에 더없이 적합하고, 수륙도량에도 합당하다. 정성을 다해 새롭게 중수해서 성원을 이루는 축원의 도량으로 쓰고자 한다. 바라건대 모든 어진 이는 각각 작은 성의라도 희사하여 좋은 일을 환하게 드러낼 것이며, 성상의 만년의 수壽를 누리게 하고, 나라의 태평성대가 끝없이 이어지도록 하라. 합장 예배[和南]하고 삼가 두드리노라.

복천사의 수창修創은 추위로 공사를 늦췄다. 효령대군이 앞머리에 수결手決을 넣었다. 수양·임영·금성·영응대군, 화의군·계양군·의창군·한남

신미대사가 주석했던 속리산 복천사(지금의 복천암). 세종은 왕실의 원찰로 삼으라고 명한 뒤 1450년(세종 32) 2월 17일 승하했다. 세조는 1464년(세조 10) 2월 18일 경복궁을 출발, 2월 28일 복천사에 도착해 신미대사를 만났다. 효령대군과 영의정 신숙주, 자성왕비 윤씨와 정의공주 · 광평대군의 부인 신씨 등이 동행했다.

군·밀성군·수춘군·익현군·영풍군이 따랐다.〔복천사 중수에 가장 공을 들인 안평대군의 이름은 '공양·보시·동원'의 명단에는 없다. 대자암과 내불당에서 신미로부터 반야의 요체를 터득하고, 소헌왕후의 불사에 앞장섰던 안평대군이 계유정난에 휩쓸려 불귀의 객이 되고, 금성대군의 수결이 있는 것으로 보아 그 사이에 권선문을 옮겨 쓴 것으로 짐작된다.〕

세종, 병환 중에 침전에서 신미의 법문을 듣다   1450년(세종 32) 정초, 세종의 병환이 깊어가고 있었다. 세자의 종기도 도졌다. 1월 26일, 세종의 병환에 차도가 있었다. 불사를 크게 베풀었다.

윤1월 29일, 함경도 경흥에서 유배살이를 하고 있던 신미의 외삼촌 이적을 경기도 외방으로 옮겼다. 이적은 전에 아버지 전 예문관 대제학 이행을 욕한 죄로 함경도 경원慶源에 옮겨 살게 했다. 이에 이르러 생질인 총승寵僧 신미의 청으로 사면했다. 사헌부에서 "자식으로서는 용서할 수 없는 악행을 저질렀으므로 용서해서는 안 된다."고 반대했다. 세종이 말했다.

"짐의 몸이 편치 않을 때 세자의 청으로 사면령을 내렸다. 그때는 한 사람도 불가하다고 말하지 않더니 병이 나은 뒤에 말하고 있다. 병이 나았다고 말할 수 있다면 너무 무례하지 않은가. 사면은 나 때문에 한 것이다. 자꾸 말꼬리를 잡으면 내가 심히 부끄럽다."

안평대군과 함허당의 『현정론』
1450년(세종 32) 윤1월 초하루, 안평대군이 세종의 병환이 낫기를 바라며 함허당의 『현정론顯正論』을 정음청에서 초주 갑인자로 찍어서 올렸다. 조선불교의 꺼져 가던 법등法燈이 다시 켜지고 있었다.

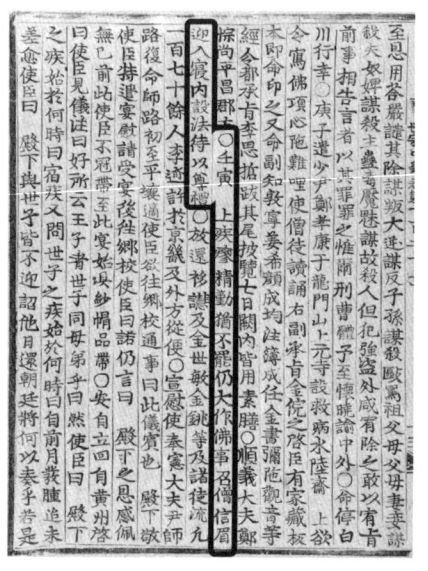

『세종실록』 1450년(세종 32) 1월 26일 기사. 세종이 침전으로 신미를 맞아들여 법문을 들었다.
ⓒ 국사편찬위원회

유가儒家와 석가釋家의 차이에 대해서는 옛사람이 많이 논의했지만 함허당 득통得通의 논의처럼 심오하고 완벽한 것은 없었다. 실제로 무상無相을 터득했기에 문장에는 허튼 말이 없고 이치에는 억지로 지어낸 것이 없다. 무상을 바탕으로 실상實相을 밝힌 것이라고 하겠다. 이용李瑢은 이 글을 수암(秀菴: 信眉) 대사로부터 받았다. 큰스님께서는 이 책을 널리 펴서 세상 사람이 아무리 수행해도 절대 깨달을 수 없는 미혹에서 벗어나게 해주려는 뜻을 품고 계셨다. 이에 용瑢은 삼가 큰스님의 뜻을 받들어 인쇄, 간행한다.

- 1450년(세종 32) 윤달 초 길일, 낭간거사琅玕居士(안평대군) 쓰다.

1450년(세종 32) 안평대군이 함허당의 『현정론』을 펴내며 쓴 서문. 안평대군은 신미대사로부터 이 책을 받았다고 했다.

함허당의 『현정론』은 불교의 핵심을 모두 잡아 삼봉 정도전(鄭道傳, 1342~1398)의 『불씨잡변佛氏雜辨』을 앞세우는 유학자들의 비판에 대응한 저술이다. 정도전은 1398년(태조 7) 여름, 병으로 며칠 동안 휴가를 얻었을 때 『불씨잡변』(20편)의 집필을 완료했다.

불씨佛氏의 해가 인류를 헐어 버린지라 앞으로는 반드시 금수를 몰아와서 인류를 멸하는 데까지 이를 것이다. 명교名敎를 주장하는 사람으로선 그들을 적으로 삼아 힘써 공격해야 할 것이다. 일찍이 "내 뜻을 얻어 행하게 되면 반드시 말끔히 물리쳐 버리겠다."고 말했다. 이제 성상聖上께서 알아주심에 힘입어 말을 하면 듣고 계획하면 따르시니 뜻을 얻었다고 볼 수 있다. 아직도 저들을 물리치지 못했으니, 끝내 물리치지 못할 것만 같다. 내가 분을 참지 못해 이 글을 지은 것은 무궁한 후인들에게 전해 다 깨달을 수 있기를 바라는 마음에서다. 비유를 취한 것이 비속하고 자질구레한 것이 많고, 저들을 함부로 덤비지 못하게 하다 보니 글을 쓰는 데 분격함이 많았다. 이것을 보면 유교와 불교의 분별을 환히 알 수 있을 것이다. 비록 당장에 행할 수 없다 하더라도 후세에 전할 수 있으니 내 죽어도 편안하다.

함허당은 '해탈解脫'을 불교의 정점에 두고 '효'와 '충성'의 가치보다 우월하다는 점을 밝혀 조선 초기 불교계의 위상을 재정립했다. 『현정론』은 배불론자들의 주장에 대응, 순수하게 불교를 변호하고 있다.

● 천하에는 두 도가 없고, 성인은 두 마음이 없다. 성인은 천리가 막혀 있고 만세萬世의 간격이 있어도 그 마음은 조금도 다름이 없다.
● 유교는 오상五常으로써 도의 요체로 삼는다. 불교에서 말하는 오계(五戒: 不殺, 不盜, 不婬, 不飮酒, 不妄語)가 유교의 오상이다. 죽이지 않음이 인仁, 훔치지 않음이 의義, 음란하지 않음이 예禮, 술 마시지 않음이 지智, 헛된 말 하지 않음이 신信이다.

『현정론』에는 유학과 불교가 다르지 않다는 진지한 반성과 새로운 길을 열어가려는 의지가 담겨 있었다. 도교의 핵심까지도 꿰뚫었고, 음양오행과 천문지리에도 통달한 함허당은 척불의 어려운 상황 속에서도 종횡자재의 모습을 보여주었다. 불교와 유학의 갈등과 불화를 조장하기보다 상호 회통回通을 행간 속에 녹여 넣었다. 다음은 함허당의 행장이다.

함허당은 고려 말, 조선 초기의 스님이다. 법호는 득통得通, 당호는 함허涵虛. 1376년 충주 출생으로 21세에 관악산 의상암義湘庵에서 출가했다. 이듬해 양주 회암사檜巖寺에서 무학대사를 뵙고 법요法要를 들은 뒤 여러 곳으로 다니다 다시 회암사로 돌아와 크게 깨달았다. 공덕산 대승사大乘寺, 천마산 관음굴觀音窟, 운악산 현등사 등에서 학인學人을 가르쳤다. 1414년(태종 14) 황해도 자모산 연봉사烟峰寺에 작은 방을 마련, 함허당이라 이름하고 3년 동안 부지런히 닦았다. 이곳에서 1415년(태종 15) 6월, 『금강경오가해설의』를 저술하고, 강의했다. 1420년(세종 2) 오대산으로 들어가 여러 성인에게 공양했다. 월정사月精寺에 있을 때 세종의 명으로 경기도 대자암으로 올라와 4년 동안 머물렀다. 1431년(세종 13) 문경 희양산 봉암사鳳巖寺를 중수하고, 1433년(세종 15) 4월 1일 입적했다. 세수 58세, 법랍 38세. 저서로 『금강경오가해설의』(2권), 『현정론』, 『원각소圓覺疏』(3권), 『반야참문般若懺文』(2질) 등을 남겼다. 부도浮屠가 가평 현등사, 문경 봉암사, 강화도 정수사淨水寺, 황해도 연봉사에 있다.

함허당이 입적한 경북 문경 희양산 봉암사. 오른쪽 극락전은 당시의 건물로 조선 초기 건축양식과 단청이 오롯이 남아 있다.

'해동요순, 세종' 승하   1450년(세종 32) 2월 17일, 세종이 여덟째 아들 영응대군 이염(永膺大君 李琰, 1434~1467)의 집에서 54세로 조선의 땅을 떠났다. 정인지가 '해동요순海東堯舜, 세종'의 한

평생을 정리했다.

임금은 슬기롭고 도리에 밝았다. 마음이 밝고 뛰어나게 지혜롭고, 인자하고 효성이 지극하며, 과감하게 결단을 내렸다. 왕위에 오르기 전부터 배우기를 좋아했다. 게으르지 않아 손에서 책을 놓지 않았다. 여러 달 동안 몸이 편치 않았어도 글 읽기를 그치지 않았다. 태종이 이를 걱정해 책을 거두어 감췄다. 그런데 책 한 권(『구소수간歐蘇手簡』)이 남아 있었다. 날마다 외웠다. 대개 천성이 이와 같았다. 즉위하고 나서 매일 사야(四夜, 새벽 2시~4시 사이)에 옷을 입고 날이 밝으면 조회를 받았다. 정사를 보고, 윤대를 하고, 경연에 나아가기를 한 번도 거르지 않았다. 집현전을 설치해 글 잘하는 선비를 뽑아 고문으로 하고, 경서와 역사책을 읽을 때는 즐거워하며 싫어할 줄 몰랐다. 희귀한 문적이나 옛 사람이 남기고 간 글을 한 번 보면 잊지 않았고, 증빙證憑과 원용援用을 살폈다. 처음과 나중이 한결 같았다. 문무의 정치가 빠짐없이 잘 되었고, 예악의 문文을 모두 일으켰다. 종률鍾律과 역상曆象의 법을 옛날에는 알지도 못하고 있었는 데 발명했다. 구족九族과 도탑게 화목했다. 두 형제와의 우애가 두터워 이간질하는 말을 할 수 없었다. 신하를 예도로써 대하고, 간하는 말을 어기지 않았다. 중국을 정성껏 섬겼고, 이웃나라와 신의로 사귀었다. 인륜에 밝았고 모든 사물에 자상했다. 남쪽과 북녘이 편안해 백성이 편하게 산 세월이 무릇 30여 년이다. 거룩한 덕이 높고 높아 적당한 칭호를 붙일 수 없어 '해동요순'이라 불렀다. 말년에 불사佛事를 벌인 것을 말하는 사람이 있으나 한 번도 향을 올리거나 부처에게 절을 한 적은 없었다. 처음부터 끝까지 올바르게만 했다.

정인지는 세종의 치적 중 맨 앞머리에 놓아도 모자랄 훈민정음의 창제에 대해서는 단 한 줄도 기록하지 않았다. 『훈민정음』 해례본과 『용비

경기도 여주 영릉. 세종과 소헌왕후가 함께 잠들어 있다. 1469년(예종 1) 경기도 광주 대모산(지금의 국가정보원 뒷산)에서 이장했다.

『어천가』·『동국정운』 등에 대해서도 언급하지 않았다.

세종을 위한 사경과 대자암 극락전 증축 세종이 승하한 다음 날인 1450년(문종 즉위년) 2월 18일, 왕위에 오르지 않은 세자가 승정원과 의논하며 안평대군이 부왕의 명복을 빌기 위한 불사를 지원하고 있다고 밝혔다. 소헌왕후를 위해 「팔상도」를 그렸다는 사실이 처음 공개됐다. 문헌에 언급된 「팔상도」의 유일한 기록이지만 그림은 남아 있지 않다.

"승하한 소헌왕후를 위해 팔상성도八相成道를 그렸지만 지금은 다시 그릴 수 없다. 안평대군이 『화엄경』의 사경을 준비하고 있다. 금이 40냥 정도 든다. 지금 13냥은 준비했고, 나머지 부족한 것은 내가 도와주려고 한다. 대자암의 무량수전은 단 두 칸이다. 부왕을 위해 한 칸 더 짓고, 석가모니불과 관음불을 만들어 봉안할 계획이다. 어떻게 생각하는가."
이사철이 말했다.
"대자암의 증축은 옳지 않지만 『화엄경』은 만들어도 되겠습니다."
정이한이 말했다.
"안평대군이 추진하고 있는 사경은 어쩔 수 없지만, 불상은 만들지 않는 것이 좋겠습니다."

안평대군은 대자암에서 어머니를 위한 불사 못지않게 부왕의 국장과 관련된 불사를 관리, 감독했다. 신미는 경복궁 내불당과 대자암을 오가며 대군들의 불사를 돕고 있었다.
4월 10일, 대자암 중창불사 낙성식과 세종의 추도를 겸한 법회가 마무리되고 있었다. 법석을 베푼 지 7일째였다. 낙성식에 맞춰 올릴 금니사경은 명필로 이름난 강희안, 이영서, 성임(成任, 1421~1484), 안혜와 7명의 승려가 밤낮을 가리지 않고 써서 이날 해장전에 봉안했다. 도승지 이사철(李思哲, 1405~1456)이 사경의 내력을 썼다.

세종께서 세상을 떠나니 전하께서 애통하고 사모하는 마음 한이 없었다. 명복을 빌고, 추우追祐하는 데 부처[大雄氏]의 자비와 교리에 의지했다. 해서楷書 잘 쓰는 이를 골라 금으로 『법화경』 7권, 『범망경』 2권, 『능엄경』 10권, 『미타경』 1권, 『관음경』 1권, 『지장경』 3권, 『참경』 10권, 『십육관경』 1권, 『기신론』 1권을 쓰게 했다. 모두 붉은 종이를 사용했고, 갑함甲函의 장정도 치밀했다. 사경을 끝내고 이름난 승려들을 모아 법회를 열어 펼쳐본 뒤 신에게 발문을 짓게 했다. 대법장大法藏에는 경經 · 율律 · 논論 세 가지가 있다고 들었다. 여래의 교법敎法을 설명한 것이 경經, 보살에게 경계한 것이 율律, 후대의 현사賢士

들이 그 뜻을 강명講明하여 경과 율을 보조 설명한 것이 논論이다. 모두가 군생의 미혹을 깨우친 참된 깨달음[眞詮]이고, 함령을 제도하는 좋은 법[令軌]이다. 1권을 얻어서 수지 독송하기도 하고, 옮겨 적어 선양하기도 한다. 간절히 기원하고, 마음을 기울인다면 그 승인과 승과는 저절로 유명幽明을 널리 이롭게 함이 기약하지 않더라도 그렇게 될 것이다.

『법화경』은 실상을 순전히 말한 것으로 경을 설명한 묘법이다. 『범망경』은 비니(毗尼 : 부처가 제자를 위해 마련한 계율의 총칭)를 현수現受한 것이니 계율을 굳게 지킴의 엄격함이다. 『기신론』은 심수心數를 조사, 연구해서 일진一眞의 이치를 미루어 밝혔으니 실제는 여러 논서에 으뜸가는 것이다. 그 밖의 『능엄경』・『미타경』・『지장경』 등도 법문의 진수眞髓다. 간략하면서도 구비하고, 정묘精妙 요간하여 삼경三經의 교리가 모두 갖춰져 있다. 진실로 능히 이에 나아가서 신수信受하고 피양披揚한다면 천함의 패엽(貝葉 : 佛經)을 반드시 다 펴서 읽지 않더라도 공덕의 승과가 이에 갖춰질 것이다.

지금 우리 전하께서 외로이 상중에 계시니, 무릇 대사大事를 받드는 일에 진실로 마지막까지 마음을 쓰지 않는 바가 없었다. 석교釋敎에 이르러서도 마음을 기울여 이 보전寶典을 빨리 완성시켜 명희冥禧에 이바지 했으며, 성효誠孝의 간절함은 지극했다. 진실로 원해願海의 깊음과 선근의 수립樹立과 수월水月과 같은 묘응의 효과가 반드시 그림자나 메아리보다 빠를 것이다. 돌아가신 선왕의 혼령이 깨달음의 언덕〔覺岸〕에 올라 진공眞空을 단번에 알고 극락의 경지에서 편안한 세월 보내게 되리라 믿고, 또 믿는다.

소헌왕후의 추천을 위한 사경 때 쓴 불경은 『법화경』・『아미타경』・『보문품』・『지장경』・『대승기신론』・『범망경』・『자비참법』이었다. 세종을 위해서는 『법화경』・『범망경』・『능엄경』・『미타경』・『관음경』・『지장

『문종실록』 1450년(문종 즉위년) 4월 10일 기사. 세종을 위한 사경의 내력을 도승지 이사철이 정리한 발문 ⓒ 국사편찬위원회

경』·『참경』·『십육관경』·『기신론』을 옮겨 썼다.

신미의 제안으로 대자암에 모신 불상과 불경을 대궐 안에서 조성했다. 안평대군이 문종께 아뢰어 무량수전을 헐고 신축했다. 정분과 민신에게 감독을 맡겼다. 단청의 안료는 중국에서 구해 오고, 등롱은 채옥彩玉으로 구워 장엄했다. 극락전이라 현액懸額했다. 불경을 봉안하기 위해 해장전海藏殿을 신축했다. 안평대군이 한 자, 한 자 정성을 다해 해장전과 백화각白華閣의 현판 글씨를 썼다. 필법이 장중하고, 경쾌했다. 성현

(成俔, 1439~1504)은 『용재총화』(권9)에서 "글씨 잘 쓰기도 어렵지만 제액(題額 : 액자에 그림을 그리거나 글씨를 씀)은 더욱 어렵다. 안평대군이 쓴 대자암의 해장전·백화각 글씨는 울연히 나르고 움직이는 뜻이 있다. 훌륭한 보물이다."고 평했다.

나라의 창고가 텅 비게 되어 주현의 공물을 미리 받아도 모자랄 정도의 법석이 베풀어진다는 소식을 듣고 남녀노소 가리지 않고 빌어먹는 자가 몰려들었다. 1,000명이나 되었다. 병조정랑(정5품) 김수온이 설비를 맡은 관원에게 불사에 동참한 이의 먹을 자리는 별도로 절 밖에 설치해 두라고 일렀다. 빡빡한 성정의 관원이 늙은이와 어린 아이를 구분해서 밥을 나눠주겠다고 버텼다. 김수온이 말했다.

"선왕을 위해서 올리는 재다. 국가의 경비를 다 써서 없애더라도 지나치지 않다. 무엇이 아까워 골고루 나눠 주지 않느냐."

주변에서 쑥덕거렸다.

"축공祝公처럼 오경을 흔적도 없이 만들었다."(당나라 중종 때 국자제주國子祭酒인 축흠명祝欽明이 황제의 비위를 맞추려고 연회에서 손을 땅에 짚고 팔풍무八風舞를 추었다. 노장용盧藏用이 "오경五經을 흔적도 없이 만들었다."고 탄식했다.)

수양대군을 제거하려는 은밀한 움직임 대법회가 끝난 4월 12일, 수양대군이 여러 대군과 함께 대자암에 들렀다. 해장전으로 가는 도중에 마당 한 복판의 천막을 받치고 있던 장대가 갑자기 부러져 수양대군의 이마를 쳤다. 도포 위에 피가 흥건히 흘렀다. 하늘이 돌고 있다고 느끼는 순간, 정신을 잃고 돗자리 위로 픽 넘어졌다. 정효강이 이 소식을 궁중으로 띄웠다. 문종이 듣고 몹시 놀라 내시 엄자치와 의원을 보냈다. 약탕기에 급히 숯을 넣고 불을 지폈다. 곁에 모여 있던 승려가 이구동성으로 "만약 부처의 가피가 없었다면 더 크게 다쳤을지도 모른다."고 말했다. 의정부에서 재를 관장한 관리의 잘못을 다스려야 한다고 아뢰었다.

4월 13일, 문종은 "1425년(세종 7) 기둥을 세웠고, 1447년(세종 29) 보수한 적이 있지만 오래 되지 않았다. 이런 일이 왜 일어났는지 모르겠다. 불사를 끝낸 뒤 자세하게 조사하라."고 지시했다. 내시부사 한홍이 대자암 불사를 맡아 일산을 매단 장대를 검사하지 않은 것이 밝혀져 의금부에 내려 죄를 물었지만 장 70대는 면해 주었다.

단순 사건으로 처리됐지만, 왕실의 핵심인 수양대군을 제거하려는 세력이 은밀하게 움직였을 가능성도 배제할 수 없다. 장소도 절묘하게 대자암이었다. 소헌왕후와 세종의 천도를 앞세워 새롭게 중흥하고 있는 신미와 불교계 승려들에 대한 경고와 협박도 깔려 있었던 것으로 추측된다.

5

세종의 유훈으로 내린 신미의 법호, '혜각존자'

세종이 유훈으로 내린 신미의 법호, '혜각존자'   세종은 신미에게 법호法號와 승직僧職을 내리지 못하고 승하했다. 문종과 수양·안평대군 등 최측근만이 유언을 들었다. 밖의 신하들은 까마득히 모르고 있었다.

1450년(문종 즉위년) 4월 6일, 문종이 도승지 이사철에게 명해 삼정승(영의정 하연·좌의정 황보인·우의정 남지)과 좌찬성 박종우·우찬성 김종서·좌참찬 정분·우참찬 정갑손을 불러 의논했다.

"대행왕(세종)께서 효령대군의 사저에 거처하며 정근할 때 신미를 불러 보고 우대한 것을 경들은 알고 있는 일이다. 전일에 신미가 현등사懸燈寺에 있을 때 의금부에서 설정雪正과 도명道明을 체포하며 군사를 풀어 놀라게 했고, 또 청계사淸溪寺에 있을 때 광주 판관 이영구가 설정을 잡으려고 군사를 풀었다. 당장 잡아 들여 죄상을 심문하고 싶지만 잠시 보류해 둔다. 신미는 평소 질병이 있다. 소란을 떨면 어떻게 마음 놓고 절에 머물 수 있겠는가."

여러 대신이 의논한 뒤 아뢰었다.

"현등사에 군사를 내어 설정을 잡게 했고, 청계사에서도 같은 일이 일어난 것은 사세가 그렇게 된 것이지 다른 마음은 없을 것입니다. 신미가 거주하는 절은 각 도의 감사가 책임지고 보살핌이 편할 것입니다."

"선왕께서 신미에게 판선교종判禪教宗을 제수할 뜻을 전에 정해 두었다. 마침 신미가 병이 있어 내리지 못했으므로 오늘 주고, 각처에서 정근하고 기와를 굽는 중에게도 관직을 주고자 한다. 어떠한가."

"기한을 두고 할 일이 아니므로 졸곡 후에 내려도 늦지 않습니다."

"신미에게 승직을 내리는 것은 선왕께서 외신에게 명하지 않았으므로 보류해 두겠다. 하지만 정근한 중에게는 오늘 관직을 줘야겠다. 어떠한가."

여러 대신이 동의했다.

신미가 머물며 불경언해를 했던 경기도 가평 운악산 현등사 극락전. 함허당이 중창했다.

세종의 국상 중에도 사간원과 사헌부, 대언과 대간에서 불사를 중지하라는 상소가 빗발쳤다. 새로운 조선의 하늘과 땅을 열었던 '해동요순' 세종이 세상을 버리자 신하들은 병약하고 문약한 문종과 권력을 뒤에 둔 드잡이를 하고 나섰다. 문종이 인사이동을 단행하며 정무를 보기 시작했다. 몸과 마음이 어수선했지만 무엇보다 신미의 법호와 승직을 내리는 일에 집중했다.

1450년(문종 즉위년) 7월 6일, 세종의 유훈을 받들어 신미를 '선교종도총섭禪敎宗都摠攝 밀전정법密傳正法 비지쌍운悲智雙運 우국이세祐國利世 원융무애圓融無礙 혜각존자慧覺尊者'로 삼는다는 존호尊號를 발표하고, 금란지金鸞紙에 관교官敎를 쓰고 자초폭紫綃幅으로 싸서 전했다. 문종이

1450년(문종 즉위년) 7월 6일 『문종실록』, 혜각존자 신미 법호 관련 기사. ⓒ 국사편찬위원회

선교종도총섭의 직책을 주려고 일찍이 의정부에 의논했다. 조정에서 이의가 없으므로 봉작封爵했다. 듣고 놀라지 않는 이가 없었다.

혜각존자 신미의 위상은 이 존호를 통해 고려 말, 조선 초기에 추앙받았던 삼화상三和尙인 지공, 나옹, 무학과 비견될 정도였다. '존자尊者'는 국왕이 국사나 왕사에게 내린 존호였다.

● 나옹혜근(懶翁惠勤, 1320~1376) : 대조계종사大曹溪宗師 선교도총섭禪教都摠攝 근수본지勤修本智 중흥조풍重興祖風 복국우세福國祐世 보제존자普濟尊者

● 환암혼수(幻菴混脩, 1320~1392) : 대조계종사 선교도총섭 오불심종悟佛心宗 흥자운비興慈運悲 복국이생福國利生 묘화무궁妙化無窮 도대선사都大禪師 정변지웅존자正遍智雄尊者
● 무학자초(無學自超, 1327~1405) : 대조계종사 선교도총섭 전불심인傳佛心印 변지부무辯智扶無 애종수교礙宗樹敎 홍리보제弘利普濟 도대선사都大禪師 묘엄존자妙嚴尊者
● 수암신미(秀庵信眉, 1403~1480) : 선교종도총섭禪敎宗都摠攝 밀전정법密傳正法 비지쌍운悲智雙運 우국이세祐國利世 원융무애圓融無礙 혜각존자慧覺尊者

고려대장경 편찬에 온몸을 던진 대각국사 의천 진영
(전남 선암사 성보박물관)

태종 이후부터 왕사·국사의 칭호를 쓰고 있지는 않으나, 이에 버금가는 존호라는 데 심각한 위협을 느끼고 있었다. 고려의 문종이 대각국사 의천(大覺國師 義天, 1055~1101)을 승통으로 봉하며 내린 직함이 '광지개종廣智開宗 홍진우세弘眞祐世'였다. '지혜를 넓혀 종파를 열고, 진리를 넓혀 세상을 돕는다.'는 뜻이다. '혜각존자'의 법호 중 '우국이세祐國利世'는 '훈민정음으로 나라를 돕고 세상을 이롭게 했다'는 뜻이 담겨 있다.

고려말의 대표 선승 나옹 혜근 진영   태조 이성계의 국사 무학대사 진영

조정의 대소신료들에게는 충격이 아닐 수 없었다. 신미의 주관으로 펼쳐지고 있던 내불당 창건과 왕실의 각종 불사를 곱지 않은 시선으로 보고 있던 이들은 하나같이 나옹과 무학의 시대로 돌아갈 수도 있다는 불안감을 떨쳐버리지 못하고 있었다.

박팽년의 상소에서 증명된 신미의 성균관 시절   문종이 세종의 뜻을 받들어 국조國朝 이래 유례를 찾아볼 수 없는 승직을 신미에게 내린 것은 마른 하늘에 날벼락이었다. 1450년(문종 즉위년) 7월 15일, 집현전 직제학〔정3품〕 박팽년(朴彭年, 1417~1456)이 앞장서서 "신미는 임금을 속이고 나라를 그르친 큰 간인姦人"이라며 법호를 거두라는 글을 올렸다.

집현전에 모여 글의 내용을 의논할 때 직제학 최항과 직전〔정4품〕이석형(李石亨, 1415~1477), 성삼문(成三問, 1418~1456)은 동의하지 않았다.

신들은 대간에서 신미의 일을 논의해 윤허를 얻지 못했다는 것을 듣고 분격함을 이기지 못해 죽음을 무릅쓰고 아룁니다. 무릇 호를 주는 것은 존숭해서입니다. 제왕이 공덕이 있으면 올리고, 장상將相이 공훈이 있으면 주는 예가 성행했습니다. 후세의 임금이 불교를 존숭하고 망령되게 중에게 준 적이 있어 간교하고 교활한 난신적자의 무리가 남의 집과 나라를 망하게 한 일이 많습니다. 신미는 간사한 중입니다. 어릴 때 성균관에 입학해 함부로 행동하고, 음란방종해서 못하는 짓이 없으므로 학도가 사귀지 않고 무뢰한으로 지목했습니다. 그 아비 김훈이 죄를 입어 관리가 될 수 있는 자격이 박탈되자 부끄럽게 여겨 잠적해서 머리를 깎았습니다. 아비가 늙고 병든 몸으로 신미의 속이고 유혹하는 말을 믿고 일찍이 술과 고기를 끊었다가 하루는 술을 마시고 고기를 먹었습니다. 때 마침 더운 여름날, 이 중이 아비에게 참회하고 백배하라고 권해서 마침내 죽었습니다. 『춘추』의 법으로 논단하면 실로 아비를 죽인 자입니다.

신미가 어릴 때 성균관에 입학한 것과 세종이 오래 전부터 알고 지낸 사실이 극렬한 반대의 소용돌이 속에서 떠올랐다. 출가와 부친의 죽음에 얽힌 이야기는 신미를 깎아내리려는 모함이고, 협박이었다.

이 중은 참을성이 많고, 사람을 쉽게 유혹하며, 밖으로는 맑고 깨끗한 듯 꾸미고, 속으로 교활하고 속이는 것을 감추어 연줄을 타서 이럭저럭 궁금宮禁과 줄이 닿았습니다. 참으로 임금을 속이고 나라를 그르치는 큰 간인姦人입니

『문종실록』의 박팽년 상소문. 집현전 학자들과 신미대사와의 갈등을 확연하게 읽을 수 있는 글이다.
ⓒ 국사편찬위원회

다. 큰 간인이 아니라면 어찌 선왕을 속이고 전하를 혹하게 함이 이와 같겠습니까. 만일 법호를 내린 일이 선왕으로부터 나왔다면 선왕께서 이 중을 아신 것이 어제, 오늘이 아닌 데 일찍이 의논한 바 없습니다. 공의公議를 거친 일은 임금도 경솔히 할 수 없습니다. 지금 전하께서 감히 선왕도 하지 못한 일을 단행하며 의심하지 않습니까. 선왕이 이미 한 일도 전하께서 공의로 고쳐도 대효大孝에 해롭지 않습니다. 선왕이 일찍이 내리지 않은 법호를 갑자기 내려 책임을 선왕께로 돌리려 하십니까. 임금은 한 번 찡그리고 한 번 웃는 것도 아껴야 하고, '우국이세祐國利世'의 칭호는 장상과 대신에게 주더라도 오히려 조정에서 의논하며 그 옳고 그름을 살펴야 합니다. 하물며 늙고 간사한 중은 말해 무엇 하겠습니까. 이 중이 나라를 돕고, 세상을 이롭게 하지 않음은 천하가 다 알고 있습니다. 무익한 일을 벌여 만대의 웃음거리로 만드십니까. 전하께서는 새로 보위에 올라 안팎에서 촉망하고 있습니다. 마땅히 하루하루를 삼가서 시행하는 일은 모두 지극히 공정한 데서 나오기를 기약해 조종의 사업을 빛내고 키워야 합니다. 어찌 사악한 말에 빠지고, 간사한 중에게 유혹되어 지극히 높은 칭호를 내려 불교를 받들려 하십니까.

박팽년은 『훈민정음』 해례를 펴낼 때 세종을 보필했다. 신미가 수양대군과 함께 훈민정음 창제에 처음부터 관여한 사실이 '우국이세'에 녹아들어 있음을 누구보다 잘 알고 있었다.

예로부터 임금이 처음에는 정대하나 재위한 지 오래되어 가다듬는 정신이 조금 풀리면 간사하고 아첨하는 무리가 파고 들어 끝마치지 못하는 경우가 많습니다. 전하께서 즉위한 지 겨우 두어 달이 넘었고, 세종의 국장이 얼마 전 끝나고 정사를 하는 처음에 제일 먼저 이 일을 거행해서 시초가 이미 크게 바르지 못하니 그 끝이 어떻겠습니까. 신하와 백성의 바라는 마음이 여기에서 사라집니다. 이 칭호가 한 번 나오자 그 무리가 은총을 빙자해서 독수리처럼 떠벌리고 과장해 못하는 짓이 없게 될 것입니다. 어리석은 백성이 존자尊者로 봉한 것을 보고 이것이 진짜 부처라고 여겨 존숭하게 되면 얼마 지나지 않아 오랑캐의 개나 돼지가 되지 않겠습니까. 사악과 정의의 소멸과 융성, 풍속이 쉽게 움직이는 것, 국가 존망의 기틀이 모두 여기에 달려 있습니다. 일이 이 지경인 데 조금도 경계하지 않고, 반성하지 않습니까. 지금 북쪽 오랑캐가 충만해 중원이 어지럽고, 서북의 야인이 일찍부터 우리에게 감정이 있어 군사를 모으고 있습니다. 하루아침에 앞잡이가 되어 쳐들어오면 그 변은 예측할 수가 없습니다. 지금은 군사를 훈련시키고, 병기를 가다듬고, 용도를 절약하고, 군량의 저축을 서두르는 등 다른 일을 할 여가가 없습니다. 한가하고, 편안하게 놀며 허무에 뜻을 둘 때는 더욱 아닙니다. 전하께서는 확연하게 결단을 내려 간사한 자를 버리는 일을 의심하지 말고, 빨리 명을 거두고 먼 변방에 물리쳐 유학을 바로잡는 등 백성의 바람에 부응하소서.

문종은 아픈 몸을 추스르고 박팽년이 쓴 장문의 상소를 끝까지 읽었다. 평소 신뢰하고 있던 신료가 던지는 말 한 마디, 한 마디가 화살이 되어 등 뒤로 꽂히는 듯했다.

문종이 승정원에 일렀다.
"선왕을 속이고 전하를 미혹하게 했다는 말 중에 속인 일은 무엇이고, 미혹한 일은 무엇인가. 선왕을 속일 때는 어째서 간하지 않고, 지금에서야 말하는가. 신미가 아비를 죽였다는 말은 어디에서 들었는가. 이 말을 한 자를 불러서 딴 곳에 두고 하나하나 추궁한 다음 보고하라."
박팽년이 입궐해 문종께 아뢰었다.
"신미는 정말 간사한 중입니다. 선왕이 존숭해 봉작을 허락했으므로 선왕을 속였고, 전하께서 존숭해 작위를 주었으니 전하를 미혹했습니다. 선왕 때 비록 높이고 믿었지만 따로 봉숭封崇한 일이 없기에 일찍이 의논해 아뢰지 않았습니다. 전하께서 첫 정사에 특별히 작호爵號를 주고 성대한 예를 베풀기에 천위를 무릅쓰고 아뢰었습니다. 신미의 아비 김훈이 영동현에 살 때 아비에게 권해 술과 고기를 끊게 했습니다. 하루는 현령 박여가 김훈에게 고기를 권했습니다. 김훈이 집에 돌아와 고기를 먹었다고 말하자 신미가 아버지께서 거의 부처가 다 되었는데, 오늘 고기를 먹었으니 일은 다 틀렸으므로 참회해 백번 절하라고 권했습니다. 김훈이 믿고 연비하고, 참회하며 백번 절을 했습니다. 그로 말미암아 병을 얻어 죽었습니다. 신은 이 말을 춘추관의 여러 관원에게 들은 지 오래 되었습니다. 이개·양성지·이예·허조·이승소·송처검·

서거정의 말도 같았습니다. 최근에 유성원과 김윤복에게서도 같은 말을 들었습니다."

문종은 여섯 승지를 함원전으로 불러 상소의 공손하지 못한 부분을 하나하나 지적한 다음 우승지 정이한과 내시 김득상에게 이 글을 바탕으로 정부에서 의심나는 점을 확인하라고 했다. 황보인(좌의정)이 아뢰었다.

"상소 중에 선왕께 누가 되는 내용이 있습니다. 공손한 내용은 아니지만 신하된 자가 극진히 간할 때는 박절하지 않을 수 없습니다. 이보다 지나쳐도 문책할 일이 못됩니다. 간신諫臣을 벌주는 일을 논하는 것 자체가 나라의 경영에 득이 되지 않습니다."

7월 16일, 사헌부에서 신미의 법호는 부당하다고 상소했다. 신미의 일거수일투족을 감시하는 눈초리는 매서웠다. 신미를 아예 '나라의 큰 도둑'으로 몰아가고 있었다. 정부의 대소신료가 나서 '왕사'에 버금가는 승직을 내린 것을 철회하라고 압박했지만 문종이 윤허하지 않고 있는 것에 대한 불만이기도 했다. 사간원에서도 신미의 위상이 고려 말 나옹화상에 버금가는 것을 두고 볼 수 없었다. 세종이 나라와 왕실을 위해 동분서주하는 신미에게 말을 내려준 것도 충격이었다.

문종은 박팽년을 불러 이틀 전 선왕을 속였다고 극간한 내용을 가지고 엄하게 힐책했다.

"신하된 자의 진언은 마땅히 충후忠厚해야 한다. 그대가 선왕께 시종한지 이미 오래고 지우知遇도 실로 깊은데 진실하지 못한 일을 가지고 미친 듯 조급하게 글을 써 올릴 수 있는가. 많은 내용이 선왕을 욕되게 했으니, 내가 심히 그르게 여긴다. 당장 사헌부에 내려 추문한 다음 죄를 다스리고 싶지만 참고 고신만 거둔다. 그리 알라."

문종이 백팽년을 파직했다. 이계전 등 집현전 학사가 이 소식을 듣고 바로 면직을 청했지만, 윤허하지 않았다.

7월 18일 사간원에서 "신미는 한 개의 깎은 대가리다."는 극언을 퍼부으며 결단을 촉구하고 나섰다. 박팽년이 무슨 죄를 지었느냐는 등 사뭇 강경했다.

신료들은 세종을 위한 불사를 열면 사사건건 물고 늘어졌고, 환관의 대우가 지나치다며 멀리하라고 주청했다. 문종은 힘에 부쳤지만, 왕권을 놓고만 있을 수도 없었다. 흉년과 물난리, 가뭄, 병충해가 계속 이어졌다. 가을인데 더위는 오히려 쨍쨍한 여름이었다. 누런 안개가 도성을 덮은 날이 10여 일 동안 이어졌다. 사헌부에서 민심을 정리해서 보고했다.

혜각존자 신미의 법호 반대 상소·상언 일람 문종이 세종의 국상을 끝내고 얼마 뒤 벌어진 혜각존자 신미의 법호 반대 상소·상언을 종합해 보면 격렬한 논쟁이 오고 갔음을 확인할 수 있다.

- 4월 6일, 문종이 세종의 유지遺旨에 따라 신미의 승직 제수 제안
- 7월 6일, 문종이 신미에게 '선교종도총섭禪教宗都摠攝 밀전정법密傳正法 비지쌍운悲智雙運 우국이세祐國利世 원융무애圓融無礙 혜각존자慧覺尊者' 법호 봉작
- 7월 8일, 사헌부 장령(정4품) 하위지 간승 신미의 존호 부당 상언
- 7월 9일, 하위지가 선왕의 유지는 의리에 맞지 않는다고 상언. 문종은 왕사의 칭호는 불가하지만, 승직은 가하다고 대답

속리산 복천암 동쪽 언덕에 있는 혜각존자 신미의 수암화상탑(앞쪽), 제자 학조의 등곡화상탑(뒷쪽)

- 7월 11일, 하위지가 세 번째로 문종을 면대. 미천한 중을 공경할 수 없으며 승직을 거두라고 직언. 밤늦게까지 논박
- 7월 12일, 우정언(정6품) 홍일동이 간승의 법호는 있을 수 없는 일이라고 상소
- 7월 15일, 집현전 직제학 박팽년이 "신미는 나라를 속이고, 임금을 속인 간인"이라며 법호 부당성에 대해 상소
- 7월 16일, 사헌부에서 신미의 법호의 부당성과 '우국이세祐國利世'의 근거 없음을 들어 상소. 문종, 박팽년을 파직
- 7월 17일, 대사헌 이승손, 집의 어효첨, 장령 신숙주·하위지 등 법호 삭제 요청. 집현전에서 신미 법호의 부당성과 박팽년의 사면 요청
- 7월 18일, 사간원에서 "신미는 한 개의 깎은 대가리"라는 폭언을 퍼부으며

박팽년의 사면을 요청. 문종은 '우국이세'는 재고하겠다고 대답
- 7월 22일, 장령 하위지와 박팽년의 용서 요청
- 8월 7일, 문종이 '우국이세祐國利世'를 '도생이물度生利物', '혜각존자慧覺尊者'를 '혜각종사惠覺宗師'로 수정. 수양대군이 왕위에 오르고 난 뒤 고친 법호 폐기
- 8월 26일, 집현전 부제학 신석조가 파직당한 박팽년의 복권 요청. 문종은 거부함
- 9월 22일, 사헌부 장령 신숙주가 '박팽년의 신미에 대한 논죄는 충분과 격의의 정직한 논의'라는 장문의 상소를 올려 박팽년 구명. 문종, 박팽년의 고신을 돌려줌
- 10월 12일, 전시殿試에서 35세의 권람(權擥, 1416~1465)이 신미와 학열을 싸잡아 비난하는 대책을 쓰다. 문종, 제4등에서 1등으로 올려 논란의 확산을 막음

문종은 국정을 돌볼 틈도 없이 대소신료의 논박에 시달렸다. 세종의 천도를 위한 불사는 수양대군과 안평대군이 주도했다. 몇 달 동안 온 조정에서 들고 일어나 반대의견을 올리는 날이 이어졌다. 최대의 관심사는 혜각존자 신미의 법호 문제였다. 신미의 승직은 세종께서 미령하실 때부터 계획해 둔 일이었다. 문종은 선왕의 유지를 따르는 것이 효라고 믿었다. 조정의 관료들이 쌍지팡이를 들고 반대하는 것을 보며, 밀리고 있을 수만은 없었다.

신미는 세종의 국상과 대자암 중창을 마무리 짓고 속리산 복천사로 내려와 있었다. 학열의 감장 아래 극락보전 공사가 한창이었다.

6

훈민정음 불경의 완성, 『월인석보』 속의 『월인천강지곡』

세조가 쓴 『월인석보』 서문　　1459년(세조 5) 7월 7일, 먹장구름이 삼각산을 휘감고 내려와 백악과 인왕산을 짓눌렀다. 세조는 함원전에서 아침수라를 젓수지 않고 『월인석보』의 서문을 다듬었다. 어린 조카 단종(端宗, 1441~1457)과 같은 길을 걸어간 이들을 죽이고 오른 왕의 자리가 무거웠다. 어둠을 털어내듯 마음을 추스르고 붓을 들었다. 1447년(세종 29) 7월 25일 어머니 소헌왕후의 명복을 빌며 『석보상절』의 서문을 쓴 지 12년, 세종께서 승하한 지 9년 만이었다.

　진실의 근원은 비어서 고요하고, 성지性智는 맑고 고요하다. 영험한 빛이 홀로 빛나고 법신이 늘 머물러 있어 색과 상이 한가지로 없으며 능히 대하는 것도 다 없으니 이미 나며 죽음이 없으니 어찌 가며 옴이 있겠는가. 오직 망령된 마음이 문득 일어나면 식경識境이 다투어 움직여 일어나거든 인연에 불을 당겨 가져 붙어 항상 업보에 매여 참된 깨달음을 긴 밤에 어둡게 하며, 지혜의 눈을 긴 겁에 멀게 하며 여섯 길〔六道：윤회하는 여섯 길. 지옥·아귀·축생·아수라·인간·천상〕에 휘돌아 다녀 잠시도 머물지 못하며, 여덟 수고〔八苦：중생이 받는 여덟 가지 괴로움〕에 볶여 능히 벗어나지 못한다. 우리 부처 여래 묘진정신妙眞淨身이 상적광토(常寂光土：부처 머물고 계신 땅이 상적광이다. 빛은 더러움과 깨끗함을 다 비춘다.)에 계시지만 본래 비원悲願으로 무연자(無緣慈：온갖 차별된 견해를 여의고 모든 법의 참된 모습을 아는 부처만이 가진 자비)를 움직여 신통력을 나투시어 염부閻浮에 내려와 정각 이룸을 보이시고 이름이 천인사(天人師：부처의 열 가지 이름 중의 하나. 하늘과 사람의 스승), 일컬음이 일체지(一切智：부처의 지혜)이다. 큰 빛을 펼쳐 마구니의 무리를 헐어버리고 삼승三乘을 크게 열며 팔교八教를 자세히 설명하시어 천지사방에 적시며 시방에 더하여 말씀마다 그지없는 미묘한 뜻을 모도잡고, 구절마다 항하의 모래 같은 법문을 머금으셔서 해탈의 문을 열어 깨끗한 법의 바다에 들게 하시니 인천人天을 건져내며, 사생四生을 건져 제도하신 공덕을 어찌 다 기리겠는가. 천룡이 서원하여 유통하는 바이니 국왕이 부촉을 받들어 옹호한다.

수양대군 때 세종의 명을 받들어 신미, 김수온과 함께 『석보상절』·『월인천강지곡』의 편찬에 몰입했던 일이 만월창에 어른거렸다. 심사숙고했다. 흔들리던 마음이 가라앉았다. 굵은 빗방울이 월대를 긋고 지나갔다. 세조의 붓끝이 가벼워졌다.

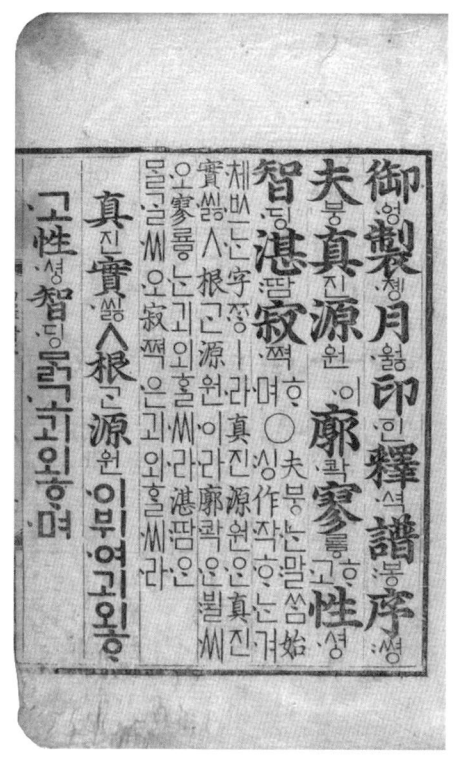

세조가 1459년 7월 7일에 쓴 『월인석보』 (권1) 서문
ⓒ 국가유산청 국가유산포털

옛날 병인년(1446년)에 어머니께서 세상을 빨리 버리시어 서러움과 슬픔으로 어쩔 줄 모르고 있었다. 아버지께서 나에게 "극락왕생 기도에 경전을 사경하는 것이 기리는 일이다. 네가 부처의 일대기를 만들어 번역함이 마땅하다."고 말씀했다. 내가 자상한 명을 받들어 생각을 넓게 해 양나라의 승우僧祐와 당나라의 도선道宣 두 율사가 저마다 만든 석보가 있어 이를 얻어 보니 자세함과 간추림이 같지 않았다. 두 책을 합쳐 『석보상절』을 만들고 이를 훈민정음으로 번역해서 사람마다 쉽게 알게 하여 올렸다. 읽어보고 곧바로 찬송을 지어 이름을 『월인천강』이라 하셨다. 이제 와서 높이 받드는 일을 어찌 소홀히 하겠는가.

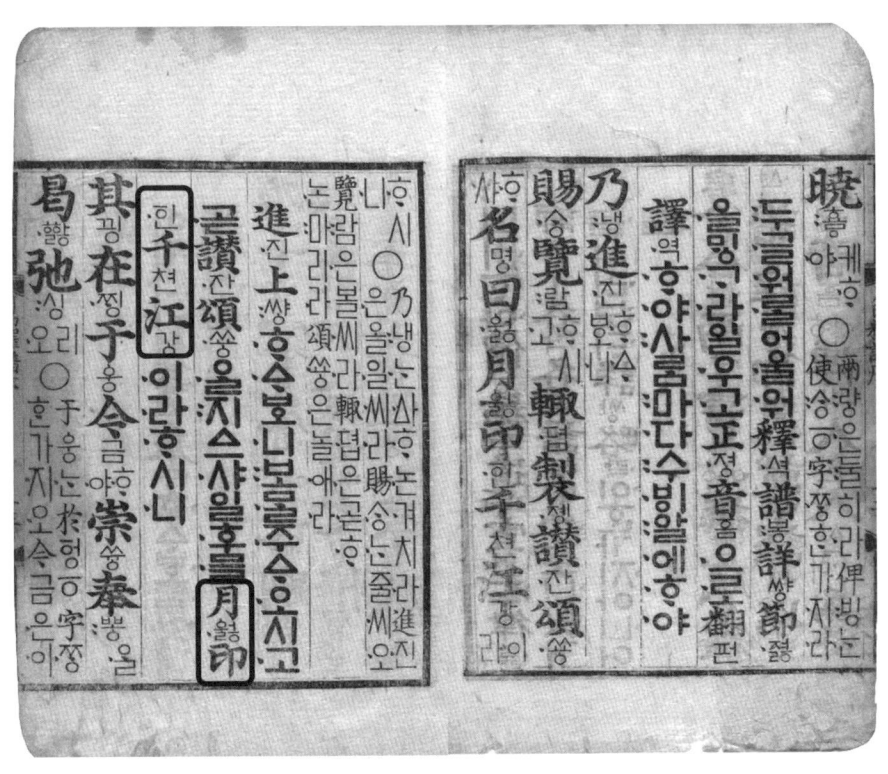

세종이 『월인천강지곡』의 책 제목을 정했다는 『월인석보』 서문 ⓒ 국가유산청 국가유산포털

옛 생각이 오늘로 이어져 빗물에 녹아들었다. 거룻배에 태워 보낸 많은 이들의 넋을 달래고 싶었다. 오늘의 아픔이 어제의 슬픔과 겹쳤다. 『월인천강지곡』과 『석보상절』의 편찬을 위해 잘 때 자지 않고, 끼니를 잊고 날 가는 줄 모르고 해를 보낼 정도로 수정과 보완에 힘썼다고 분명하게 밝혔다.

요즘 집안에 불행한 일을 만나 맏아들이 일찍 죽어 없어졌다. 부모의 뜻은 천성에 근본을 둔 것으로 슬픈 마음의 움직임이 어찌 오래고 가까움에 달라지겠는가. 내가 생각하기를 삼도(三途 : 죄를 지은 결과로 태어나서 고통을 받는 곳)의 괴로움에서 벗어나 여읠 도리를 구하고자 한다면 이것(불교)을 버리고 어디에 의지하겠는가. 대승의 가르침을 전하고 이루어 놓은 것이 비록 많으나 생각해 보면 『월인천강지곡』과 『석보상절』은 아버지께서 기획하고 만든 것이다. 그때나 이제나 서리와 이슬 내리듯 애달아 더욱 슬퍼한다. 우러러 좇을 마음이라면 모름지기 (어버이의) 일을 이어받아 마무리해야 할 것이다. 나랏일이 아무리 많더라도 어찌 겨를이 없겠는가. 잘 때 자지 않고, 끼니를 잊고 날 가는 줄 모르고 해를 보냈다. 위로는 돌아가신 부모님을 위하고, 아울러 죽은 아이(도원군)를

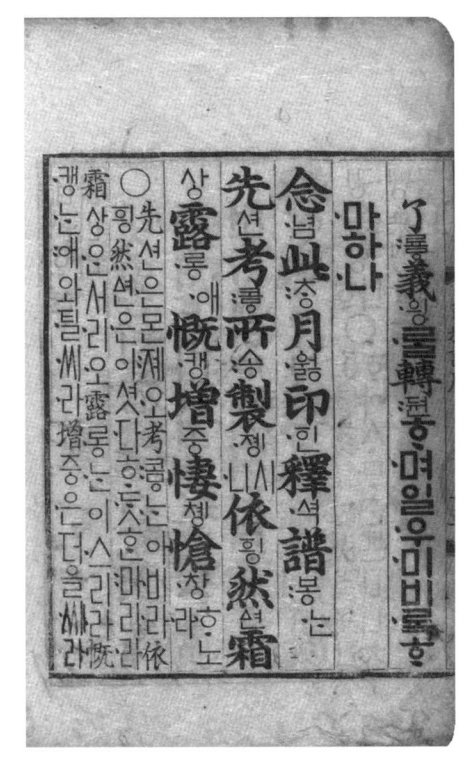

『월인석보』의 서문 중 『월인천강지곡』과 『석보상절』은 세종이 만든 것이라고 밝힌 부분
ⓒ 국가유산청 국가유산포털

위해 지혜의 구름을 타고 속세의 모든 티끌에서 멀리 벗어나 바로 자성自性을 꿰뚫어 알고 성불의 자리를 바로 증명해서 알게 하리라.

일찍 죽은 맏아들(덕종)의 얼굴이 월인천강지곡의 노랫말에 겹쳤다.

아기야 서울 가거라 배곯지 말거라 우리도 빨리 가고 싶어라.
중생이 네 가지 고통이 없어라 보시를 넓히고 싶어라 부모를 나아가 보

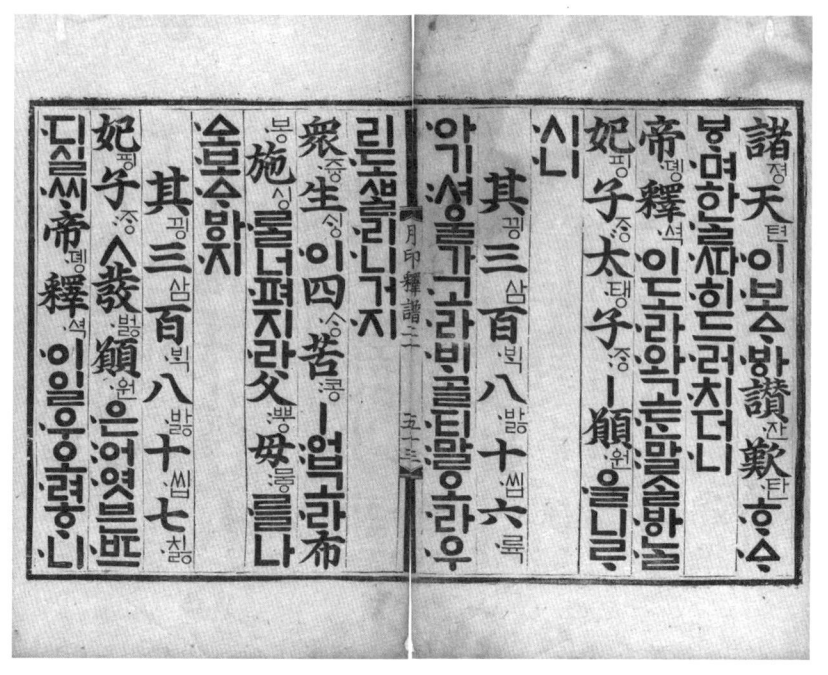

『월인석보』 권20에 실린 386곡. 세조의 아픈 마음이 다가온다. ⓒ 국가유산청 국가유산포털

고 싶어라. -386곡

세조는 빗소리에 귀를 기울였다. 내불당을 짓고 있을 때 세종께서 『월인천강지곡』에 『석보상절』을 덧붙여 새롭게 엮어 나눠주라는 명을 내리고 한 말씀이 떠올랐다.

"대장경은 부처의 깨달음과 가르침을 담은 큰 그릇이다. 백성들이 훈민정음을 쉽게 배우고 익히게 하려면 불경을 언해하여 널리 펼치는 것이 지름길이다. 신미와 수미, 김수온 등 적임자들이 곁에 있다. 분명 유학의 나라에서 녹을 먹는 신료들이 극력 반대할 것이다. 그렇다고 넋을 놓고 있을 수는 없다. 자나 깨나, 앉으나 서나 훈민정음을 잊지 말거라."

세조는 '옛 글'인 『석보상절』과 『월인천강지곡』을 철저하게 의논하고 가다듬어 '새로 만든 글'인 『월인석보』로 고치고 더해 다시 편입했음을 밝혔다.

옛 글월을 풀이하고, 의논하고 가다듬어 철저하고 지극하게 했다. 새로 만든 글〔新編〕에 고치고 다시 더해 12부 수다라〔十二部經〕에 나고 들되 곧 남은 힘이 없었다. 한두 구절을 더하고, 덜어버리고 쓰더라도 마음에 꼭 들 때까지를 기약했다.

나라는 어수선했고, 훈민정음은 비바람에 쓸려나가고 있었다. 지난 몇 년의 일이 스쳐 지나갔다. '정음으로 쉽게 썼고, 읽도록 했다'고 『월인석보』의 편찬 목적을 마지막으로 강조했다. 백성의 삶이 날마다 즐거운 나라가 되기를 바라는 마음이 깨달음의 언덕으로 오르고 있었다.

의심스러운 곳이 있으면 반드시 널리 혜각존자 신미를 비롯한 선덕들에게 물어 먼 근원을 찾아 다듬고, 부처님 가르침〔一乘〕의 미묘한 뜻을 펴 끝까지 하며 도리의 구명을 가다듬어 만법의 깊은 근원을 사무치게 꿰뚫기를 바랐다. 글이 경(經)이 아니며, 경이 부처는 아니다. 도리를 말한 것이 바로 경이고, 도리로 몸 삼은 이가 바로 부처다. 이 경을 읽는 사람은 광명을 돌이켜 스스로를 비추는 것이 귀하고, 손가락을 잡으며 고기잡는 그물을 버리지 않고 두는 것이 가장 좋지 않다. 오호라, 서천(西天)〔인도〕의 글자로 된 불경이 높이 쌓여 있어도 보는 사람이 오히려 읽고 외기를 어렵게 여기지만 우리나라 말〔훈민정음〕로 옮겨 썼으므로 책을 펼치면 모든 이들이 스스로 크게 우러를 것이다. 종친과 재상과 공신, 친척과 백관, 대중과 더불어 발원의 수레를 썩지 않도록 매고, 덕의 근원을 끝이 없도록 심을 수 있어 신령이 평안하고, 백성이 즐기고, 나라의 경계가 고요하고, 복덕이 넘치고, 시절이 편안하고, 풍년이 들고, 복이 오고, 액운이 스러지기를 바란다. 위에서 말한 지금, 이 자리에 한 공덕을 닦아 실제를 돌아보아 모든 중생과 함께 깨달음의 언덕에 빨리 이르기를 바라노라. - 1459년(세조 5) 7월 7일 서序

세조는 『월인천강지곡』과 『석보상절』을 합편하며 의심스러운 대목을 물었을 때 자문에 참여한 혜각존자 신미와 선교禪敎 양종의 선사들, 두 책의 처음과 끝을 세종과 함께 기획하고 편집한 김수온의 이름을 주기註記했다. 불교계의 훈민정음 공로자에 대한 고마움의 표시였다.

● 혜각존자 신미信眉 ● 판선종사 수미守眉 ● 판교종사 설준雪峻 ● 연경사衍慶寺 주지 홍준弘濬 ● 전 회암사檜巖寺 주지 효운曉雲 ● 전 대자암 주지 지해智海 ● 전 소요암逍遙庵 주지 해초海超 ● 대선사大禪師 사지斯智·학열學悅·학조學祖 ● 가정대부 동지중추원사 김수온

『월인석보』의 편집과 판각   2년이 차지 않은 짧은 기간에 끝낸 『월인석보』의 찬술이었다. 장대비가 북악산 골짜기를 훑고 지나갔다. 내불당 부엌의 연기가 담장을 넘지 못하고 있었다. 세조가 붓을 놓았다. 먹은 마르지 않은 채 그대로 있었다. 깨끗함과 더러움을 다 비추는 달빛이 『월인석보』의 행간 속으로 스몄다. 훈민정음으로 부처의 일생을 읽게 하라는 세종의 뜻 그대로였다.

나라에서 운영하는 출판기관인 교서관에는 명장이 집결되어 있었다. 김계신 등 당대 최고의 각수들이 『월인석보』의 원고를 새기는 데 전

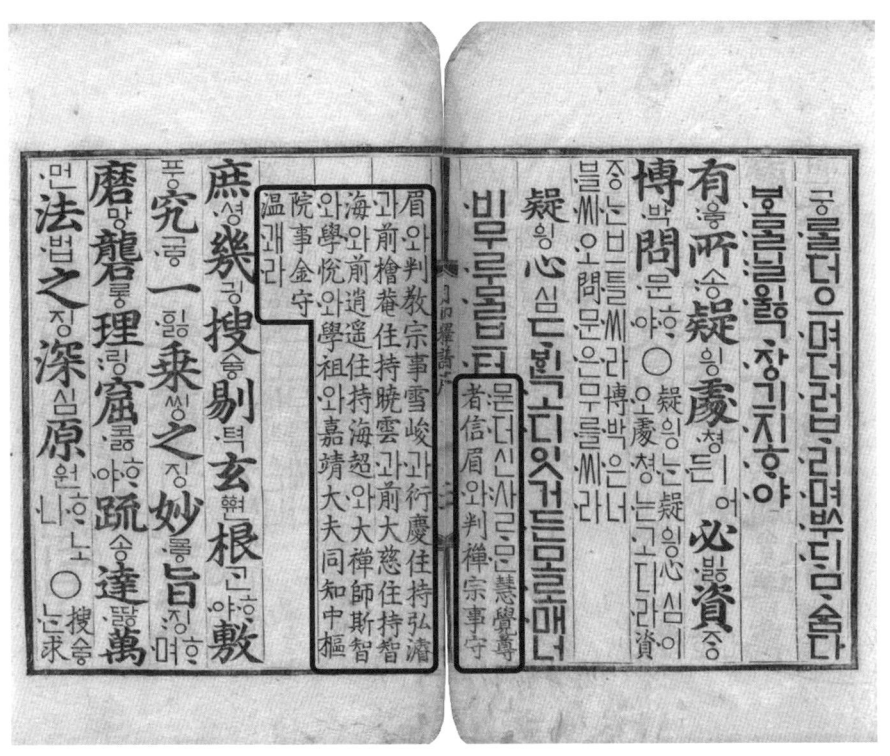

『월인석보』의 편찬에 참여한 혜각존자 신미와 김수온 등의 명단 ⓒ 국가유산청 국가유산포털

넘했다. 판각기법과 인출의 솜씨는 조선 초기 불교문화의 정점이었다. 김계신은 1449년(세종 31) 효령대군의 발원으로 펴낸 『육경합부六經合部』의 변상도를 새긴 각수였다.

『월인석보』의 판각은 권1, 2를 제외하고 모두 마무리됐다. 동지중추원사(종2품) 김수온이 세조의 서문과 최종 교정본을 김계신에게 넘겼다. 세조의 각별한 지시에 따라 권1의 편집 방향이 정해졌다. 첫머리에 세종 어제의 『훈민정음』 언해를 『석보상절』의 예에 따라 실었다. 쉽게 글을 깨쳐 부처의 한 생애를 읽을 수 있도록 한 훈민정음 불경의 출간이었다. 다음에 팔상도, 수양대군의 「석보상절 서」와 세조의 『월인석보』 서문을 실었다. 시간의 물결이 부처의 일대기를 타고 넘나들었다.
연꽃으로 받친 패기牌記 속에 '세종 어제 『월인천강지곡』, 소헌왕후와 함께 깨달음에 오르기를 바란다.'를 앞세우고, '세조 찬술 『석보상절』, 자성왕비와 함께 불과佛果를 이루기를 바란다.'를 다음 쪽에 새겼다. 서문과 전패의 그림까지 합쳐 52장으로 편집했다.
본문 첫머리에 「월인천강지곡」의 제1곡을 싣고, 108장으로 『월인석보』 권1을 마무리지었다. 돈독한 불심을 담은 편집이었다. 그래서 권2의 체재가 바뀌었다. 「월인천강지곡」을 먼저 싣고, 잇따라 「석보상절」을 싣는 편성에서 벗어났다. 「월인천강지곡」의 기10, 11의 노래는 권1에 실리고, 그 주석인 「석보상절」은 권1의 끝부분과 권2의 첫머리에 걸쳤다.
장맛비가 전국을 휩쓸고 지나갔다. 세조는 수랏상의 가짓수를 줄이고 음악을 멈췄다. 7월 말, 교서관의 각수와 인쇄 장인의 손길은 빗속에서 멈추지 않고 흐르고 있었다. 깨달음의 언덕으로 걸어 나오듯 맑고, 고운 인경지에 조선의 새로운 불경이 찍혀 나왔다. 부처의 생애와 사상을 장엄한 대서사시와 산문으로 엮은 『월인석보』(전 25권)의 완간이었고, 훈민정음 불전佛典 간행의 새로운 역사가 열리는 순간이었다.
『월인석보』는 완전한 불전이고, 훈민정음으로 쓴 산문 문학의 첫 새벽, 미래를 향해 우뚝 솟은 목탑이었다. 선禪과 교敎를 아우르던 대표 선지식들이 간행사업에 뛰어들어 침식을 잊고 해를 보낸 결실이었다.

정인지, 『월인석보』 편찬 반대   세종 때 불사佛事라면 쌍지팡이를 들고 반대했던 집현전의 수장 정인지는 세조가 드러내 놓고 부처를 받드는

세종 어제 『월인천강지곡』, 소헌왕후와 함께 깨달음에 오르기를 바란다.(왼쪽 전패)
세조 찬술 『석보상절』, 자성왕비와 함께 불과를 이루기를 바란다.(오른쪽 전패)
ⓒ 국가유산청 국가유산포털

것이 늘 불만이었다. 그는 계유정난 때 수양대군과 결탁, 정권을 틀어쥔 뒤 영의정에 올라 있었다. 세조는 왕위에 오르기 전 외동딸 의숙공주(懿淑公主, 1441~1477)를 정인지의 차남 정현조(鄭顯祖, 1440~1504)에게 시집보내 사돈관계를 맺었다.

1458년(세조 4) 2월 12일, 중삭연(仲朔宴 : 임금이 신하들을 위로하기 위해 2월, 5월, 8월, 11월에 베풀던 정례 잔치)에서 정인지가 일을 벌였다. 세조가 사정전에서 '5공신〔개국공신 남경우, 정사공신 이효정, 좌명공신 윤사로, 정난공신

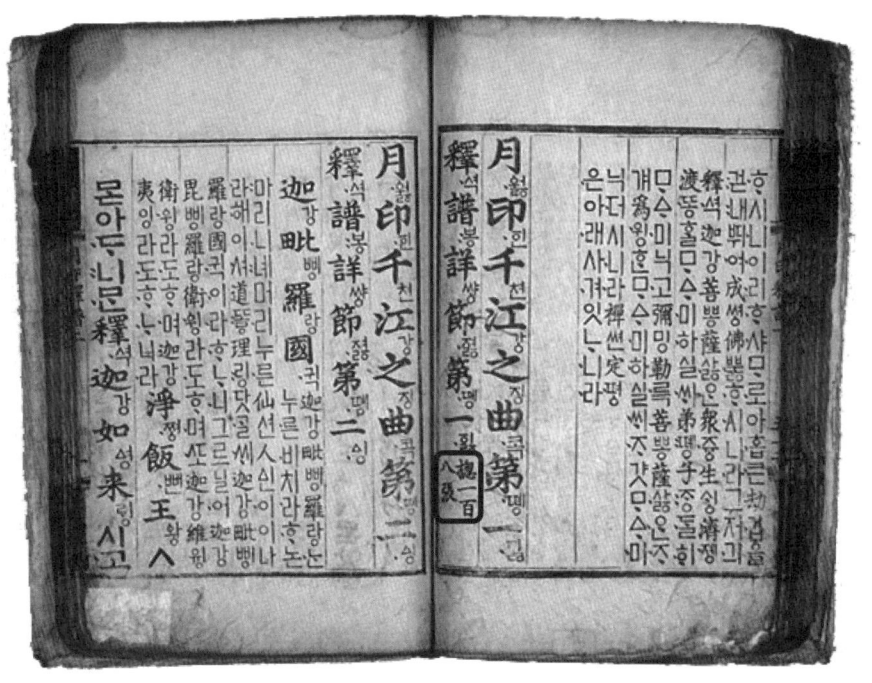

『월인석보』 권1의 마지막 쪽. 총 108장으로 편집했다. ⓒ 국가유산청 국가유산포털

정인지, 좌익공신 계양군 이증)이 헌수獻壽하므로 하늘이 반드시 나를 도울 것이라.'는 내용의 직접 쓴 글을 충훈부에 내린 뒤 한껏 잔치를 즐기고 있었다. 음악이 연주되고 시녀와 기녀가 춤추기 시작했다. 세조는 군신에게 일어나 춤을 추라고 명했다. 술이 오른 정인지가 어상御床 아래로 나아가 말했다. "성상께서 『법화경』 등 여러 경을 수백 벌 주자소에서 인행印行했고, 대장경 50벌을 찍어내고 있습니다. 이런 와중에 또 『월인석보』를 간행하려 하시니 신은 옳지 않다고 생각합니다."

세조는 정인지의 말을 듣자마자 연회를 엎어버렸다.

세조의 술자리 정치가 빚어낸 기막힌 촌극에서 정인지는 늘 주연이었다. 다음날 세조는 후원에서 양녕대군과 종실의 군, 삼정승(영의정 정인지·좌의정 정창손·우의정 강맹경)이 참석한 가운데 활쏘는 것을 본 뒤 도승지를 통해 정인지에게 힐문했다.

"내가 복세암福世庵을 짓고 경지經紙를 만들어도 경은 대신으로서 한마디 말도 없었다. 그런데 어제 취중에 나를 욕보임은 무슨 까닭인가."

정인지가 뻣뻣하게 대답했다.

"취중의 일이라 살펴 기억하지 못합니다."

"경이 어제의 말을 취해서 기억하지 못한다고 했다. 지금은 취하지 않았으니 일일이 내게 고하라. 부처의 도리, 유학의 도리는 무엇인가."

정인지가 분명하게 대답하지 못했다.

"군왕이 묻는데 경이 대답하지 못하고 있다. 이것은 불경이다."

정인지가 다시 취중의 일이라고 끝내 변석辨析하지 않았다. 조석문에게 명해 술잔을 올리라고 했다. 정인지가 잔을 올린 뒤 물러가며 중얼거렸다.

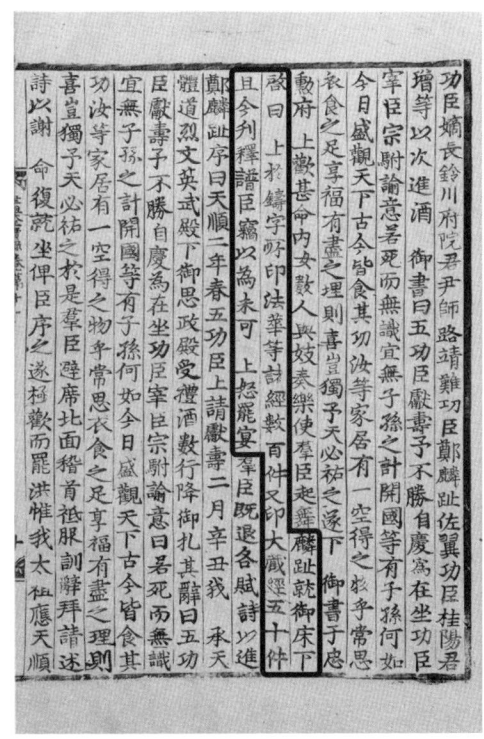

1458년(세조 4) 2월 12일, 정인지가 『월인석보』의 편찬은 잘못된 일이라며 세조에게 대든 기사
ⓒ 국사편찬위원회

"신숙주는 잘 마시면서도 마시지 않았다. 내 꼴이 말이 아니다."
날이 저물었다. 세조가 의정부에 명을 내렸다.
"정인지가 '하루도 보전할 수 없습니다. 여러 날 서로 지지 않고 맞서니 깊은 못에 떨어지려는 것 같습니다.'고 임금 앞에서 무례하게 말했다. 친히 학문의 쓰임에 대해 물어도 말귀마다 승설僧說로써 대답하며 업신여기고 잘난 체만 해서 위를 능멸했다. 한 마디 대답도 없이 양녕대군에게 눈짓하며 내 말을 듣고도 조금도 귀에 담지 않아서 대군이 대답을 돕게 만들었다. 고신을 거두고 추국하라."
2월 14일, 성이 풀리지 않은 세조가 의금부에 명했다.
"부처의 배척은 선비가 늘 하는 일이다. 정인지는 도리어 『능엄경』을 칭찬했고, 『중용』은 성설聖說인 데도 내가 사자思子의 그릇된 설을 말했다고 했다. 다시 국문해 아뢰라."
승지 등을 불러 거듭 의논한 뒤 전교했다.
"정인지는 스스로 높은 체하는 자이므로 부득이 의금부에 내렸다. 노신이 오랫동안 옥중에 있음은 옳지 않다. 오늘은 국문을 끝내고 풀어주라."
2월 15일, 좌의정 정창손 등이 정인지의 죄가 매우 크므로 논죄하라고 아뢰었다. 세조는 계양군 이증을 통해 정인지의 고신을 돌려주고 복직하게 했다. 정창손 등이 임금께 대드는 무례를 앉아서 보고 있을 수 없다며 죄를 물으라고 재촉했다. 세조가 말했다. "정인지가 나에게 '부처를 좋아해 하루도 보전할 수 없다.'고 했다. 내가 만일 몸을 버려 종이 되고 면을 가지고 희생을 삼는다면 보전하지 못할 것이다. 어찌 내가 부처를 좋아해 끝내 보신하지 못할 것을 알겠는가. 옛적에 신하가 임금에게 '걸주桀紂 같은 임금이 함이라.'는 말을 한 적이 있다. 나의 악문惡聞도 그르지 않을 터이고, 함부로 공신을 내칠 수도 없다."
정창손 등이 "정인지는 성상께 항거했으니 극간極諫이 아닙니다. 예로부터 공신으로 능히 보전하지 못한 자는 모두 스스로 허물을 지어서입니다. 정부에서 모두 보고 있습니다. 쉽게 복직시킬 수 없습니다."고 거듭 아뢰었다. 세조는 정인지의 복직을 없던 일로 돌렸다.

2월 16일, 좌참찬과 형조·호조·병조판서와 참판, 대간에서 정인지를 법대로 조처하라고 나섰다. 세조가 이들을 사정전으로 불러들여 "정인지는 단지 명예를 구하고, 스스로 높은 체했을 뿐 본시 다른 뜻이 없었다. 다시 말하지 말라."고 했다.

2월 17일, 대간에서 정인지의 죄를 청했으나 윤허하지 않았다. 다음 날 정인지의 고신을 돌려주고, 하동부원군으로 삼았다.

정인지의 술주정은 어제오늘의 일이 아니었다. 세조는 "나의 불교에 대한 태도를 대간이 문제 삼으면 반드시 노해서 꾸짖을 것이다."고 대놓고 부처를 받드는 왕임을 자처하며 대간의 발언권을 억제하고, 불교를 활용해 왕권 강화에 주력하고 있었다.

정인지는 나라 살림을 쥐락펴락하고 있었다. 세조가 세종이 기획하고, 왕권으로 밀어붙여 펴낸 『월인천강지곡』과 『석보상절』을 국책사업으로 끌고 와 먹물 옷을 입고 산속으로 밀려난 승려들에게 맡겨 『월인석보』로 재편하고 있는 일에 불만을 품고 있었다.

9월 16일, 세조가 왕세자와 종친·의정부·육조판서 이상이 입시한 가운데 양로연을 열었다. 이 자리에서 정인지가 대취해 세조에게 대들었다. 대장경 50벌을 찍어 명산대찰에 봉안하고, 『월인석보』를 편찬하는 것에 대한 불만 표출이었다.

"네가 벌이는 일을 나는 취하지 않을 것이다."

정인지는 세조를 '너'라고 부르며 세조의 역린을 건드렸다. 양로연은 그 순간 파장이었다. 의정부와 충훈부, 육조참판 이상이 정인지의 벼슬을 파하라고 아뢰었다. 세조는 아무렇지도 않은 듯 "정인지는 실로 죄가 없다."고 했다.

다음 날에도 거듭 정인지의 죄를 물으라고 아뢰었다. 세조가 "옛 사람이 '술에 취하면 속마음을 드러내 보인다.'고 했다. 정인지의 말은 오만방자하지만 훈구대신이므로 가볍게 죄를 물을 수는 없다."고 했다. 임영대군은 "정인지의 말은 역신 성삼문과 다를 게 없고, 그 죄는 주벌誅伐을 용납할 수 없습니다."고 아뢰었다. 세조는 대신의 죄는 종친과 함께 의논할 바가 아니다고 잘랐다. 영중추원사[정1품] 이계전은 "정인지는 성상을 '너'라고 불렀습니다. 청컨대 그를 베어 죽이소서."라며 한 걸음 더 들어갔다. 세조는 나라의 원훈元勳인 판원사 권람에게 의견을 물었다. 권람은 "정인지의 말은 죽어도 그 죄를 속죄할 수 없습니다."고 아뢰었다. 세조가 정리했다. "경의 말이 너무 엄하다. 내 마땅히 상량하겠다."

3일 동안 의정부 등에서 거듭 정인지의 죄를 청했으나 세조는 윤허하지 않았다. 9월 20일, 정인지가 백골에 살을 붙여주어 은혜가 난망이라는 내용의 글을 올렸다.

지금 신이 말을 잘못하고 예禮를 잃은 것은 그 죄가 만 번 죽어도 마땅합니다. 신을 그대로 두고 논죄하지 않으시어 재생再生의 은혜를 입게 하고, 죽은 사람을 살려 백골에 살을 붙여 주셨습니다. 한치의 풀과 같은 미약한 신이 어찌 건곤의 은택에 우러러 보답할 수 있겠습니까. 제 스스로 감격해서 목메어 울 뿐입니다. 다만 생각건대 신의 나이 이미 쇠로하고 병이 날로 침노하니, 운수가 재앙이 닥치는 고비를 만났습니다. 그러므로 말과 행동거지에 후회되는 것이 많습니다. 나아갈 줄만 알고 물러서지 않으면 화禍가 쌓이고 허물이 넘칠 것입니다. 이러한 때 전하께서 비록 곡진하게 신을 불쌍히 여겨 죄를 사하시려 하나, 공의公義에 궁박窮迫하여 사사로이 하실 수 없습니다. 엎드려 바라건대 전하께서 신의 노년을 불쌍히 여기고 염려하고 두려워한 정상을 살펴 작위를 해면解免하고 한가한 곳으로 보내 명을 마치게 하면 이 생이 다하도록 항상 종사의 만년을 축원하겠습니다.

9월 21일, 의정부·육조·충훈부에서 정인지의 죄를 물으라고 상소했다. 세조가 정리했다.

"정인지가 취중에 한 말은 모두 옛 정을 잊지 못해서지 다른 뜻이 있어서가 아니다. 더욱이 정인지는 나랏일을 맡아보는 대신도 아니고 일개 늙고, 썩은 선비일 뿐이다. 논할 가치가 없다."

해가 바뀌었어도 정인지의 술버릇은 변하지 않았다. 1459년(세조 5) 8월 1일, 세조가 왕비와 함께 내전에서 재추를 만나보고 종친에게 경서를 강의한 뒤 술자리를 베풀었다. 유학과 불교의 시비를 논하고 있을 때 하동부원군 정인지가 대취해 『월인석보』의 간행은 옳지 않다고 또 주사를 부렸다.

8월 2일, 좌의정 강맹경 등이 정인지가 전날 임금 앞에서 무례한 말을 한 죄는 용서할 수 없고, 그 사유에 대해 추국하라고 아뢰었다. 세조는 "정인지의 무례한 짓이 어제오늘의 일이 아니고 내전에서 사사로이 일어난 일을 모두 밝힐 수는 없다."고 말했다. 강맹경 등이 "공신의 조그만 실수는 그렇다 치고 용서할 수 있지만 불충·불효의 죄는 사사로이 용서할 수 없습니다. 또 법은 천하 고금古今의 공공公共된 일이므로 군주가 사사로이 할 수 없습니다. 정인지의 죄는 불경不敬에 관계되므로 죽어도 남는 죄가 있을 것입니다. 바라건대 죄를 다스려 용서하지 마소서."라고 거듭 아뢰었다. 세조가 경회루 아래에서 활쏘는 것을 구경한 뒤 정인지를 불러 책망하고 파직을 명했다. 의금부에 지시해 정인지의 고신을 거두고 부여현으로 외방종편(外方從便 : 죄인을 서울 이외의 외방에 자원에 따라 어느 한 곳을 지정하고 머물게 함)시켰다.

8월 4일, 충훈부에서 정인지의 죄는 무거운 데 형벌은 가벼우므로 죄를 더 주라고 아뢰었다. 세조는 취중의 일은 논할 것이 못 된다고 잘랐다. 11월 6일, 충청도 부여에 갇혀 지내던 정인지를 불러 올렸다. 역마를 내려주었다. 11월 15일, 강맹경을 영의정, 신숙주를 좌의정, 권람을 우의정으로 삼았다.

매월당이 쓴 『월인천강지곡』·『석보상절』의 편찬 내력　　매월당 김시습(金時習, 1435~1493)은 1463년(세조 9) 가을, 효령대군의 초청으로 경주에서 서울로 올라와 경복궁 백악산 자락의 내불당에서 열흘 동안 머물며 『묘법연화경』 언해에 동참했다. 이때 내불당의 창건과 불전佛殿의 장엄, 『월인천강지곡』·『석보상절』·『월인석보』의 편찬 내력을 듣고 본 그대로 적었다.

　　우리 임금 수나라 문제보다 불교를 더 좋아해　　　　我王好佛邁隋文

탑을 쌓고 상서 부름 그만 못할 것 없다.	建塔致瑞那擅美
왕성의 동북쪽 산기슭에 땅의 정기 서려 있어	王城艮麓釀坤靈
상서 어린 그 터는 하늘과 땅도 아꼈었다.	地秘天慳毓祥祉
우뚝 솟은 보전에는 화려한 단청 빛나고	寶殿崢嶸聳金碧
용은 머리 돌려 동자기둥 받치고 있다.	天龍矯首棒侏蘖
육시의 법라 음악에 휘날리는 하늘 꽃	六時梵樂雨天花
한 곡조 울리고 나면 오색 구름 일어난다.	一聲吹後五雲起

세종 치세 말년, 소헌왕후가 세상을 버린 뒤 온 나라가 슬픔에 잠겼다. 세종은 그로 인해 불교를 믿고, 불경을 깊게 읽었다. 가곡[歌曲:『월인천강지곡』] 수백 편을 지어서 왕후를 그리는 애끓는 마음을 담았다. 헛헛함으로 슬픔을 달래겠다는 뜻이었다. 이때 효령·안평대군이 세종의 마음을 따라 보필했고, 신미와 학열 등의 승려들이 주상의 총애를 얻었다. 중생의 선도善導를 위해 왕의 마음을 돌려 경복궁의 동북편, 삼청궁 서쪽에 터를 잡고[실은 백악白岳의 남쪽 기슭 대궐 뒤 언덕의 반곡盤谷이다.] 목수·미장·단청장·기와장 등을 뽑아 공역工役을 독려했다. 얼마 지나지 않아 새 절을 완공했다. 하늘나라 옥황상제가 머무는 궁궐도 이보다 앞설 수 없었다. 건물을 돌아 이어지는 난간[欄], 하늘로 솟은 포작包作과 금단청, 검푸르게 솟구친 팔작지붕의 용마루, 주옥으로 진설한 불전佛殿은 보는 이들을 놀라게 했다. 세상 사람이 자랑하듯 말하는 내불당이다. 진정 옛날과 오늘에 없는 일이었다. 이때 세종께서 수양대군에게 명해 가곡을 풀이하고, 『석보』를 번역해서 사대부와 여인네들에게 나눠주라고 명했다. 지금의 주상[세조]이 왕위에 오른 뒤 그 뜻을 이어받아 많은 불경을 훈민정음으로 번역했다. 나랏일을 보는 중에도 짬짬이, 더욱 마음을 내어 성은을 베풀고 선법善法을 닦았다.

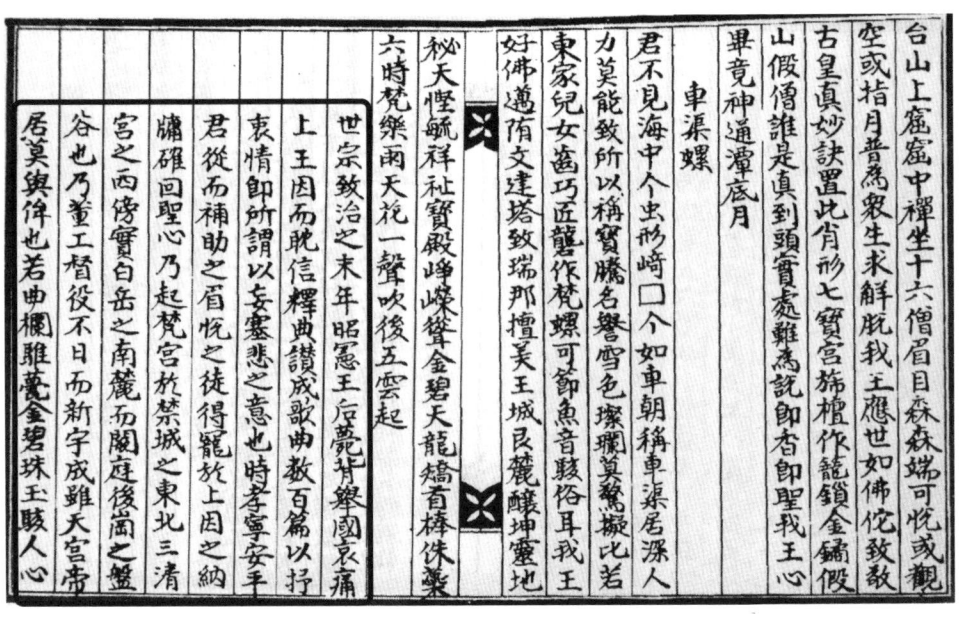

김시습의 글을 모은 『매월당속집』에 실린 경복궁 내불당 조성 내력

김시습은 세종이 내불당을 완공한 뒤 수양대군에게 "가곡을 풀이하고, 부처의 일대기를 사대부와 여인네들에게 나눠주라."고 한 다음, 『월인천강지곡』과 『석보상절』을 묶어 『월인석보』를 편찬하라고 지시했고, 세조가 유훈을 받들어 완성했다고 밝혔다.

『석보상절』은 소헌왕후의 추천 의식과 내불당의 낙성식에서 전경傳經의 대본으로 활용했다. 초간본 『석보상절』의 권6·9·13·19는 본문이 내용의 단락에 따라 잘려 있고, 『월인천강지곡』의 낱장이 권6, 권9의 해당 부분에 끼워져 있다. 『월인석보』는 의식용 대본인 『석보상절』을 보완하여 다른 성격의 불서佛書로 만들려는 의도에서 기획, 편찬한 것이다.

『월인천강지곡』의 찬성 때 참여한 신미·학열 등이 세종의 총애를 받은 사실도 확인할 수 있다. 왕실과 불교계가 훈민정음 불경 간행으로 긴밀하게 연결되어 있는 반증이다.

> 세종이 만년에 불교를 깊게 믿어 英陵晩好釋迦談
> 북악산 기슭에 내불당을 지었다. 城北山腰創一菴
> 월인천강지곡을 지어 사녀에게 나누어 주었으나
> 爲製歌謠頒士女[卽月印千江等曲]
> 다만 진한 술을 만들었지 주흥은 몰랐다. 只緣醇酎不知酣

월인천강지곡이 경복궁 내불당에서 연행됐음을 확인할 수 있다.

세조, 월인천강지곡을 들으며 울다 세조는 1468년(세조 14) 죽기 세 달 전인 5월 12일, 사정전 연회에서 월인천강지곡의 노래를 듣고 회한의 눈물을 쏟았다. 『세조실록』에 실린 유일한 '월인천강지곡' 기사다.

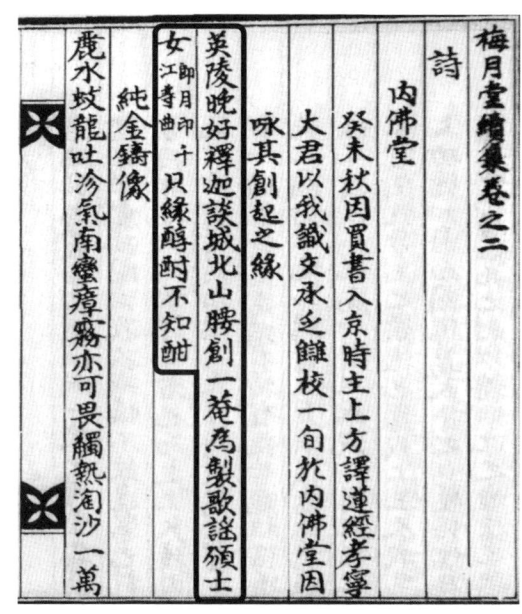

『매월당속집』에 실린 시 「내불당」 속의 월인천강지곡

임금이 사정전에서 종친과 조정의 신료, 장수들과 이야기를 나누고 술을 올리게 했다. 영순군 이부李溥를 불러 8명의 기녀에게 언문 가사를 주어 노래를 부르라고 명했다. 세종께서 만든 월인천강지곡이었다. 임금이 호조판서 노사신을 불러 담소를 나누다가 세종을 사모하는 마음 사무쳐 묵연히 눈물을 떨구었다. 노사신도 무릎을 꿇은 채 울었다. 모든 좌우 신료의 얼굴빛이 변했다. 조금 뒤 호위군사, 노래를 부른 기녀와 악공들을 후하게 대접하라고 일렀다.

『세조실록』의 월인천강지곡 기사. 세조가 눈물 흘리며 노래를 들었다. ⓒ 국사편찬위원회

세조는 아버지 세종과 함께 추진했던 『석보상절』과 『월인석보』의 편찬사업을 자신이 마무리지은 것에 대한 감흥을 감추지 않았다. 『월인천강지곡』은 세조의 손에 찍힌 '달의 손금'이었다. 8명의 기녀들이 부르는 맑고, 고운 노래가 사정전 담장과 지붕을 돌아 강녕전 뜨락으로 낮게 내려앉았다. 노랫말 속에 깨달음으로 가는 먼 길이 보였고, 세종과 소헌왕후가 생전에 굳세고 고운 마음으로 일러준 말씀이 물결치고 있었다. 기녀들이 언문 가사를 받고 바로 노래를 부를 수 있었던 것은 음률을 정리한 악보가 있었기에 가능한 일이었다. 세조는 1460년(세조 6) 봄에 친히 글을 내려 악공들이 항상 익혀야 할 『용비어

천가』의 「여민락」·「치화평」·「취풍형」 등의 곡명을 지정해 둔 적이 있었다. 8명의 기녀들은 평소에도 『월인천강지곡』의 가사를 넣은 악보를 보며 노래를 익히고 있었다.

> 태어나실 달이 차거늘 어머님이 비람원을 보러 가시니
> 상서가 많거늘 아버님 무우수에 또 가시니 - 17곡

> 서러운 일 중에도 이별이 심하니 어미와 아들의 이별이 어떠한가요.
> 도리를 이루어 자비를 펴신다 하시니 이런 일이 자비의 어느 것에 속하는 가요. - 144곡

세종은 새로운 음악을 만들고 보완하는 일에 직접 관여했고, 수양대군에게 관리, 감독을 맡겼다.

임금은 음률을 깊이 깨닫고 계셨다. 신악新樂의 절주節奏는 모두 임금이 제정했다. 막대기를 짚고 땅을 치는 것으로 음절을 삼아 하루저녁에 제정했다. 수양대군이 성악聲樂에 밝았으므로 그 일을 관장하도록 했다. 기생 수십 명을 데리고 가끔 금중禁中에서 이를 익혔다. 그 춤은 칠덕무七德舞를 모방했다. 궁시弓矢와 창검槍劍으로 치고 찌르는 형상이 다 갖추어져 있었다.

세조는 음악이론과 실기에 밝았다. 『세조실록』 1권에 음악 관련 기사 하나가 실려 있다. 세조가 진평대군 때의 일이다.

진평대군은 세종께서 거문고를 탄다는 말을 듣고 기뻐하며 배우기 시작했다.

어느 날, 세종이 진평대군에게 안평·임영대군과 함께 향금鄕琴을 타라고 명했다. 진평대군은 배우지 않았으나 안평이 따라가지 못해 세종과 세자가 크게 웃었다. 또 어느 날, 진평대군이 가야금을 타는 것을 보고 세종께서 "진평대군의 기상으로 무슨 일인들 이루지 못할까. 진평대군이 만일 비파를 탄다면 능히 쇠약한 기운도 다시 일게 할 것이다. 음악을 아는 자는 조선에서 오직 진평대군뿐이다. 이는 앞에도 뒤에도 있지 않을 것이다."고 말했다. 또 어느 날, 진평대군이 피리를 불었다. 자리에 있던 모든 종친이 감탄했다. 학이 날아와 뜰 가운데에서 춤췄다. 어린 금성대군이 이를 보고 갑자기 일어나 학과 마주서서 춤췄다. 누군가 세조에게 "음악의 궁극적인 효과는 무엇인가."라고 물었을 때 이렇게 대답했다. "고요한 가운데 능히 당겨서 끌고, 약하면서도 강한 것을 이기고, 낮아도 함부로 하지 못하고, 태극을 품고, 지극한 도를 함축하고, 조화를 운용하는 것이 음악의 힘이다."

서거정, 월인천강지곡을 읽다 『월인석보』를 유학자들도 읽었다. 당시 두 번째 가라면 서러워할 정도로 책을 많이 읽었고, 문장가로 이름난 서거정(徐居正, 1420~1488)은 이 책을 통해 불교의 묘리妙理를 이해했다. '유학과 불교가 둘이 아님'을 파악한 그는 평소 산사에 들러 덕담을 나누며 친하게 지내던 스님에게 훈민정음으로 새긴 월인천강지곡을 읽어보라고 권했다.(「제회월헌시축題淮月軒詩軸」, 『속동문선』 권4) 조선의 생활풍속을 집대성한 『필원잡기筆苑雜記』의 저자다운 행보였다.

달은 하늘 위, 물은 땅에	月在天上水在地
그 중간의 거리가 9만 8천 리	中間九萬八千里
달은 어찌 물속에 있는지	月胡爲乎在水中

그 까닭을 나는 모른다.	我自不知其所以
달도 몸을 천 백 억에 나누니	月亦分身千百億
물이 여기 있으면 달도 있다.	有水於是亦有月
회의 물이 맑고 또 잔물결 이는데	淮之水淸且漣漪
달이 와서 어리니 빛이 더 희다.	月來印之光更白
모든 사물은 한 이치에 바탕을 두어	由來萬殊本一理
하나의 달이 천으로 나뉨은 자연의 이치	一月分千理自爾
대사는 가서 월인천강곡을 읽어보라.	師乎去讀月印千江曲
도는 본디 하나도 아니고 둘도 아니다.	道本不一亦不二

『월인석보』는 '불교 억압'의 회오리바람에 휘말렸어도 백성의 삶속으로 스며들고 있었다.
『한국시조대사전』에「월인천강」을 노래한 시조 한 수가 전한다.[박을수(1992)]

한 달이 갓이 업어 千江의 낯낯이라
千江月 제일마다 一月의 影子로다
아마도 無碍大譜는 月印千江

세조 때 역경사업에 깊게 관여한 사람이 지은 시조일 가능성이 높다. 마지막 줄의 '무애대보無碍大譜'는 『월인석보』다.[전재강(2001)]

7

효령대군과 부안 실상사 삼존불 속의 『월인천강지곡』상권

『월인천강지곡』은 상·중·하 3권으로 간행되었다. 지금은 상권만 남아 2013년 한국학중앙연구원 장서각에 기탁되어 있다. 달이 뜨고 지듯 살아남은 기막힌 사연이 『월인천강지곡』을 감싸고 돈다. 안승준(한국학중앙연구원 책임연구원)·유학영(㈜미래엔박물관 관장)의 「『월인천강지곡』의 실상사 봉안과 그 전래 과정」(2014, 장서각)을 요약, 정리했다.

『월인천강지곡』과 부안 실상사 불사   효령대군은 1462년(세조 8)과 1466년(세조 12)에 세조의 원찰인 전북 부안 능가산楞伽山 실상사實相寺의 삼존불[비로자나불·약사여래·무량수불] 조성과 중창 불사를 후원했다. 이때 『월인천강지곡』을 삼존불에 복장腹藏했다. 효령대군과 예성부인 정씨, 영응대군과 대방부인 송씨 등이 동참했다.
효령대군의 후손 이강제가 『감선록感先錄』(권11)에 「능가산 실상사 사적기事蹟記」를 쓸 때 권선문을 찾아내 실었다. 1462년 3월, 효령대군이 쓴 「보권사普勸詞」.

    시방정토에서 환호하는 이　　　　十方淨土歡娛者
    모두 전생에 복을 지은 사람들　　盡是前生作福人
    선행은 불상 조성이 으뜸　　　　作善無如成佛像
    단월은 비장한 보물 아끼지 말라　丹那母惜舊秘珍
    - 삼가 봉축하노니 우리 임금의 목숨 무궁하시고, 가르침 내려 동방의 백성을 제도하소서[因玆奉祝, 吾君壽億載, 垂示度靑春]

동학농민들의 실상사 삼존불 파괴   1894년 일본이 조선을 무력 침략했다. 동학농민들이 부안의 실상사로 밀려와 불상을 부수는 사건이 벌어졌다. 불상 속에 금은보화가 숨겨져 있다는 풍문이 빚은 참사였다. 이때 『월인천강지곡』 등 많은 고서와 고문서가 불상에서 쏟아져 나왔다. 1914년 봄, 실상사의 법당이 퇴락하고 본존불도 수리할 수 없을 지경이었다. 내소사來蘇寺 주지 백학명白鶴鳴 스님이 『월인천강지곡』 상권 1책을 찾아내 실상사에 보관했다. 1918년 10월, 내소사 국묵담(鞠默潭, 1896~1981) 스님이 실상사 김성연金性蓮 주지로부터 인수했다. 이후 국묵담 스님의 주석처를 따라 백양사 청류암, 담양 용화사에서 보관, 관리했다.

최남선(崔南善, 1890~1957)은 1925년 50일 동안 호남지역을 돌아본 뒤 동아일보에 쓴 「심춘순례尋春巡禮」의 글에서 실상사를 다뤘다.

(실상사가) 수십년 전까지도 당우가 여러 채 더 있고 불상도 오래된 것이 많았는데, 집들은 불타 없어지고 부처는 많이 파손되어 이렇게 소잔하여 졌다고 한다. 그 중에서도 한 불상은 보화가 많이 들어있다 하여 일찍이 도적이 들었었다. 도적은 별다른 것이 나오지 않자 실망하고 돌아갔으나, 그 복장에서 효령대군의 원문願文과 고사경古寫經과 고인경古印經이 수백권 나왔는데, 더러는 도난당하고 아직 남아있는 대부분은 높이 쌓아두고 있다. 대개 해인본인 제종경론이요, 그밖에 고려판 화엄경소 같은 희귀본도 몇 가지 끼어 있다. 이 밖에 법화경 판목이 한켠에 쌓여있을 뿐이요, 다른 아무 불상이 없음은 미상불 소조한 생각이 든다.

『월인천강지곡』(상권)   1953년 좌익들의 빨치산 활동과 국군의 토벌 과정에서 실상사가 불탔지만 『월인천강지곡』은 천행으로 화를 피할 수 있었다. 1961년 1월 23일, 국묵담 스님이 『월인천강지곡』을 당시 광주

체신청 진기홍 청장에게 인계했다. 1963년 9월 2일, 보물 제398호로 지정됐다. 1972년 7월 21일, 대한교과서 주식회사(현 ㈜미래엔) 김광수 사장이 진기홍 청장으로부터 인수, 수장收藏했다. 2013년 6월 26일, ㈜미래엔에서 한국학중앙연구원 장서각에 기탁했다. 『월인천강지곡』(상권)은 2017년 1월 2일 국보로 승격됐다.

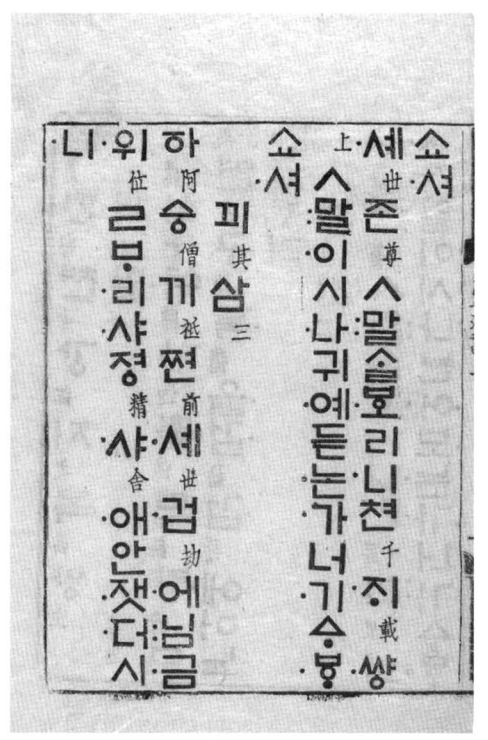

『월인천강지곡』의 2, 3곡 부분 ⓒ 국가유산청 국가유산포털

『월인석보』에 수록된 『월인천강지곡』

- 권1 : 11곡(1~11)
- 권2 : 18곡(12~29)
- 권3 : 37곡(30~66으로 추정). 전하지 않음
- 권4 : 27곡(67~93)
- 권5 : 44곡(94~137). 전하지 않음
- 권6 : 39곡(138~176). 전하지 않음
- 권7 : 35곡(177~211). 『월인천강지곡』 상권에는 194곡이 수록되어 있다.
- 권8 : 39곡(212~250)
- 권9 : 10곡(251~260). 251~259곡까지 낙장. 260수는 반절만 남아 있다.
- 권10 : 11곡(261~271)
- 권11 : 4곡(272~275)
- 권12 : 3곡(276~278)
- 권13 : 4곡(279~282). 279~280 2곡 낙장. 281~282 온전
- 권14 : 11곡(283~293)
- 권15 : 9곡(294~302)
- 권16 : 7곡(303~309). 전하지 않음
- 권17 : 8곡(310~317)
- 권18 : 7곡(318~324)
- 권19 : 16곡(325~340)
- 권20 : 71곡(341~411)
- 권21 : 18곡(412~429)
- 권22 : 50곡(430~494). 430~444 15곡 낙장
- 권23 : 28곡(495~524). 495~496 2곡은 복각본(1559년, 영광 불갑사)에 실려 있다.

- 권24 : 52곡(525~576). 전하지 않음
- 권25 : 7곡(577~583)
- 한편 『석보상절』 권6에 145~154, 174~175의 12곡, 『석보상절』 권9에 254~255 2곡, 『석보상절』 권13에 275 1곡이 편집본을 새로 만드는데 참고하기 위해 잘린 상태로 남아 있다.

월인천강지곡

원문과 풀이

『월인석보』로 『월인천강지곡』 상권(194곡)이 편입되며 협주를 보강한 노래는 13곡(1, 2, 7, 8, 14, 15, 19, 20, 22, 27, 75, 182, 191)이다. 『월인천강지곡』은 훈민정음을 앞세우고, 한자를 뒤에 뒀다. 『월인석보』는 반대다. 여기서는 가독성을 위해 『월인석보』 형식으로 통일했으며, 한자의 독음과 사성점(또는 방점)은 생략했다.

『월인천강지곡』 상권 – 국보

1
높고 높은 석가모니 부처의 한없고 가이 없는 공덕을 세상이 다할 때까지 어찌 다 여쭐 수 있으리【외외巍巍는 높고 큰 것이다. 변邊은 가이다.】

巍巍 釋迦佛 無量無邊 功德을 劫劫에 어느 다 ᄉᆞᆲᄫᅳ리【巍巍는 놉고 클씨라 邊은 ᄀᆞᇫ이라】

2
세존의 일 여쭈려고 하니 만리 밖의 일이시나 눈에 보는 듯이 여기옵소서【만리외는 만리 밖이다.】

세존의 말 여쭈려고 하니 천년 전의 말이시나 귀에 듣는 듯이 여기옵소서【천재상은 천년 위이다.】

世尊ㅅ 일 ᄉᆞᆯᄫᅩ리니 萬里外ㅅ 일이시나 눈에 보논가 너기ᅀᆞᄫᅡ쇼셔【萬里外ᄂᆞᆫ 萬里 밧기라】

世尊ㅅ 말 ᄉᆞᆯᄫᅩ리니 千載上ㅅ 말이시나 귀예 듣논가 너기ᅀᆞᄫᅡ쇼셔【千載上ᄋᆞᆫ 즈믄 힛 우히라】

3
아승기 전세 겁에 임금의 자리를 버리시어 정사에 앉아 있으시더니

전세의 5백명의 원수가 나라의 재물을 훔쳐 정사 앞을 지나가니

阿僧祇[1] 前世劫에 님금 位ㄹ ᄇᆞ리샤 精舍애 안잿더시니

---

[1] '아승기阿僧祇'가 『월인석보』에서는 '아승지阿僧祇'로 수정됐다. 범어梵語로는 '아승기'이고, 제방諸方에서는 '아승지'라고 한다.

五百 前世 怨讐ㅣ 나랏 천 일버사 精舍를 디나아 가니

4

형님인 줄 모르는 까닭에 발자취를 밟아 나무에 꿰어 생명을 마치시니

자식 없으신 까닭에 몸의 피를 모아 그릇에 담아 남녀를 만들어 내시니

몟님을 모롤씨 발자칠 바다 남기 뻬여 性命을 무츠시니
子息 업스실씨 몸앳 필 뫼화 그르세 담아 男女를 내수봇니

5

가련하게 생명 마친 다음에 감자씨가 이으심을 대구담이 이루셨습니다.

아득한 후세에 석가불이 되실 것을 보광불이 이르셨습니다.

어엿브신 命終에 甘蔗氏 니수샤몰 大瞿曇이 일우니이다
아독훈 後世예 釋迦佛 두외싫돌 普光佛이 니르시니이다

●**감자씨甘蔗氏** 석가씨釋迦氏의 전 세상의 조상. 죽은 소구담의 피가 화하여 된 남자의 성으로 구담씨瞿曇氏라고도 한다.

●**보광불普光佛** 넓은 광명이라는 뜻. 부처가 나실 때 온 몸에 불빛이 등불같이 빛났다고 하여 정광불錠光佛·연등불燃燈佛이라고도 한다.

6

외도인 5백 사람이 선혜의 덕 입어 제자 되어 은돈을 바치니

꽃 파는 여인 구이가 선혜의 뜻을 알고 부부가 되길 바라며 꽃을 바치시니

外道人 五百이 善慧ㅅ 德 닙스방 弟子ㅣ 두외야 銀돈을 받즈봇니
賣花女 俱夷 善慧ㅅ 뜯 아수바 夫妻願으로 고졸 받즈봇시니

7

다섯 꽃과 두 꽃이 공중에 머물거늘 천룡팔부가 찬탄하시니

옷과 머리카락을 길 한 가운데에 펴시거늘 보광불이 또 수기하시니【노중路中은 길 한가운데다.】

●**천룡팔부天龍八部**
불법을 지키는 신장神將. 천天·용龍·야차夜叉·아수라阿修羅·가루라迦樓羅·건달바乾達婆·긴나라緊那羅·마후라가摩睺羅伽의 8신神

다슷 곶 두 고지 空中에 머믈어늘 天龍八部ㅣ 讚嘆ᄒᆞᅀᆞᄫᆞ니
옷과 마리를 路中에 펴아시ᄂᆞᆯ 普光佛이 또 授記ᄒᆞ시니【路中은 긼가온ᄃᆡ라】

8

일곱 송이 꽃으로 말미암아 믿음의 맹세 깊으시어 대대로 세존의 아내가 되시니【서誓는 맹세다.】

다섯 가지 꿈을 꾸므로 말미암아 수기가 밝으시므로 오늘날에 세존이 되시니

닐굽 고즐 因ᄒᆞ야 信誓 기프실ᄊᆡ 世世예 妻眷이 ᄃᆞ외시니【誓ᄂᆞᆫ 盟誓라】
다ᄉᆞᆺ ᄭᅮ믈 因ᄒᆞ야 授記 ᄇᆞᆯᄀᆞ실ᄊᆡ 今日에 世尊이 ᄃᆞ외시니

● 처권妻眷 아내로서의 겨레붙이

9

명현겁이 열릴 때 후세의 일을 보이려고 일천 송이 푸른 연꽃이 돋아나 피더니
사선천이 보고 지난 일로 헤아려 일천 세존이 나실 줄을 아니

名賢劫이 엻제 後ㅅ일을 뵈요리라 一千 靑蓮이 도다 펫더니
四禪天이 보고 디나건 일로 혜야 一千 世尊이 나싫 ᄃᆞᆯ 아니

● 명현겁名賢劫 보통 현겁이라 한다 범어 Bhadra-Kalpa의 한역漢譯이다. 세계는 이루어져〔成〕, 머물러 있다가〔住〕, 무너져서〔壞〕, 텅 비어 있는〔空〕 유전을 되풀이 한다. 이 4기를 '대겁大劫'이라고 한다. 과거의 대겁을 '장엄겁莊嚴劫', 현재의 대겁을 '현겁賢劫', 미래의 대겁을 '성수겁星宿劫'이라 한다.

● 사선천四禪天 색계의 네 번째 하늘인 정거천의 천주天主

10

중생이 다투므로 평등왕을 세우시니 구담씨가 그 성이시니
계집이 고자질하므로 니루가 나가시니 석가씨가 이로 말미암아 나시니

衆生이 ᄃᆞ톨ᄊᆡ 平等王ᄋᆞᆯ 셰ᅀᆞᄫᆞ니 瞿曇氏 그 姓이시니
겨지비 하라ᄂᆞᆯ 尼樓ㅣ 나가시니 釋迦氏 일로 나시니

● 구담씨瞿曇氏 전세 겁에 대구담大瞿曇이 소구담小瞿曇의 피에서 왕생시킨 종족의 성씨로 석가족의 조상

● 니루尼樓 정반왕의 백대 조상인 고마왕敁摩王의 둘째 부인의 넷째 아들. 석가씨의 시조始祖다.

11

장생이는 못난 사람이므로 남이 나가도 백성들이 다 남을 따라가니

니루는 어질므로 내가 나간들 아버님이 나를 옳다고 하시니

長生인 不肖홀씨 ᄂᆞᆷ이 나아간ᄃᆞᆯ 百姓들히 ᄂᆞᆷ을 다 조ᄎᆞ니
尼樓는 賢홀씨 내 나아간ᄃᆞᆯ 아바님이 나ᄅᆞᆯ 올타 ᄒᆞ시니

12

보처가 되시어 도솔천에 계시어 시방세계에 법을 이르시더니

석가씨의 종족이 번성하므로 가이국에 내려오시어 시방세계에 법을 펴려 하시니

補處ㅣ ᄃᆞ외샤 兜率天에 겨샤 十方 世界예 法을 니ᄅᆞ더시니
釋種이 盛홀씨 迦夷國에 ᄂᆞ리샤 十方 世界예 法을 펴려 ᄒᆞ시니

●가이국迦夷國 부처의 탄생지. 迦夷羅國의 준말

13

오쇠와 오서를 보이시어 염부제에 나실 것이므로 제천이 다 측은히 여기니

법당과 법회를 세우시어 천인이 모일 것이므로 제천이 다 기뻐하시니

五衰 五瑞ᄅᆞᆯ 뵈샤 閻浮提 나시릴씨 諸天이 다 츠기 너기니
法幢 法會ᄅᆞᆯ 세샤 天人이 모ᄃᆞ릴씨 諸天이 다 깃ᄉᆞᄫᆞ니

14

불성이 돋을 때 흰 코끼리를 타시고 해의 광명을 꿰시었습니다.[2]

●오쇠五衰 천인이 세상을 떠나려 할 때 나타나는 다섯 가지 좋지 않은 모습. 『열반경』에는 ▲옷에 때가 묻고 ▲머리에 꽃이 시들고 ▲몸에서 나쁜 냄새가 나고 ▲겨드랑이에 땀이 나고 ▲제 자리가 즐겁지 않다.
●오서五瑞 좋은 일이 있을 다섯 가지 상서祥瑞

천악을 연주하니 제천이 따라오니 하늘의 꽃이 떨어졌습니다. 【악樂은 풍류(음악)다. 주奏는 풍류를 하는 것이다.】

沸星 도ᄃᆞᆶ 제 白象을 ᄐᆞ시니 힛 光明을 ᄢᅦ시니이다

2 『월인석보』 권2에는 노래를 고쳤다. "沸星 도ᄃᆞᆶ 제 白象을 ᄐᆞ시고 光明을 ᄢᅦ시니이다/天樂을 奏커늘 諸天이 조ᄍᆞᆸ고 하ᄂᆞᆳ 고지 드르니이다."

天樂을 奏커늘 諸天이 조쯔ᄫ니 하ᄂᆞᆳ 고지 드르니이다【樂은 풍류라 奏는 풍류홀씨라】

● 불성沸星 이 별이 뜨는 2월 8일에 부처가 출가하고, 성도 했다. 복덕이 있는 상서로운 별로 28수宿 중의 귀성鬼星

15

마야부인의 꿈속에 오른쪽 겨드랑이로 들어오시니 밖의 그림자가 유리 같으시니【우협右脇은 오른쪽 옆구리다.】
정반왕이 해몽을 물으시매 점쟁이가 판단하되 성자가 태어나시어 정각을 이루시리【점자占者는 점치는 사람이다.】

● 마야摩耶 세존의 어머니. 마하마야摩訶摩耶. 구리성주拘利城主 선각왕善覺王의 누이. 가비라성주 정반왕의 왕비. 왕자를 낳고 이레 만에 죽었다.

● 정반淨飯 세존의 아버지 숫도다나. 마하라사摩訶羅闍, 중인도 가비라위국의 왕으로 정반왕이라고도 한다. 구리성의 왕인 선각왕의 누이동생 마야를 왕비로 맞았다. 왕비가 싯다르타를 낳고 죽자 그녀의 동생을 후계 왕비로 맞아들여 싯다르타를 기르게 했다. 그 뒤에 난타難陁가 태어났다.

摩耶ㅅ ᄭᅮᆷ 안해 右脇으로 드르시니 밧긧 그르메 瑠璃 ᄀᆞᆮ더시니【右脇은 올ᄒᆞᆫ 녀비라】
淨飯이 무러시ᄂᆞᆯ 占者ㅣ 判ᄒᆞᅀᆞᄫᅩ디 聖子ㅣ 나샤 正覺 일우시리【占者ᄂᆞᆫ 占卜ᄒᆞᄂᆞᆫ 사ᄅᆞ미라】

16

삼천대천이 밝으며 누각과 궁전이 이루어지거늘 앉거나 걸어도 어머님은 모르시니
여러 부처와 보살이 오시며 하늘과 귀신이 듣거늘 밤과 낮으로 법을 말씀하시니

三千大千이 붉ᄀᆞ며 樓殿이 일어늘 안좀 걷뇨매 어마님 모ᄅᆞ시니
諸佛菩薩이 오시며 天과 鬼왜 듣ᄌᆞᆸ거늘 밤과 낮과 法을 니ᄅᆞ시니

17

태어나실 날과 달이 차거늘 어머님이 비람원을 보러 가시니
상서가 많거늘 아버님이 무우수에 또 가시니

● 비람원毘藍園 부처가 태어난 가비라성의 남비니원藍毘尼園

● 무우수無憂樹 부처를 낳을 때 마야부인이 잡았던 근심 걱정이 없는 나무

날 둘이 추거늘 어마님이 毘藍園을 보라 가시니
祥瑞 하거늘 아바님이 無憂樹에 쏘 가시니

18
본래 많으신 경사에 지옥도 비며 불성 별도 내립니다.
본래 밝은 광명에 모든 부처도 비추시며 명월주도 달았습니다.

本來 하신 吉慶에 地獄도 뷔며 沸星 별도 ᄂᆞ리니이다
本來 불ᄀᆞᆫ 光明에 諸佛도 비취시며 明月珠도 ᄃᆞᆺᄫᅳ니이다

19
무우수 가지 굽어져 내려오니 어머님이 잡으시어 오른쪽 옆구리에서 나신 것이 4월 8일이시니【탄생誕生은 난다는 것이다.】
연꽃이 솟아나거늘 세존이 딛으시고 사방을 향하시어 두루 일곱 걸음을 걸으시니【주행周行은 두루 걸어간다는 것, 보步는 걸음이다.】

無憂樹ㅅ 가지 굽거늘 어마님 자ᄇᆞ샤 右脇 誕生이 四月 八日이시니【誕生ᄋᆞᆫ 나실 씨라】
蓮花ㅅ 고지 나거늘 世尊이 드듸샤 四方 向ᄒᆞ샤 周行 七步ᄒᆞ시니【周行ᄋᆞᆫ 두루 녀실씨라 步는 거르미라】

20
오른손과 왼손으로 하늘과 땅을 가리키시며 홀로 내가 존귀하다 하시니
따뜻한 물과 찬물로 좌우에 내려와 아홉 용이 모여 씻기니【온溫은 따뜻하다는 것이다.】

右手 左手로 天地 ᄀᆞᄅᆞ치샤 ᄒᆞ오ᅀᅡ 내 尊호라 ᄒᆞ시니
溫水 冷水로 左右에 ᄂᆞ리와 九龍이 모다 싯기ᅀᆞᄫᅳ니【溫ᄋᆞᆫ 덧훌씨라】

21

삼계가 괴로움을 받고 있노라 하시어 인자한 마음이 깊으시므로 하늘과 땅이 매우 진동하니

삼계를 편안하게 하리라는 발원이 깊으시므로 대천세계가 매우 밝으니

三界 受苦ㅣ라 ᄒ᠊샤 仁慈ㅣ 기프실씨 하늘 짜히 ᄀ장 震動ᄒ니

三界 便安케 호리라 發願이 기프실씨 大千世界 ᄀ장 붉ᄀ니

22

천룡팔부가 큰 덕을 생각하여 노래 불러 기뻐하더니

마왕 파순이 큰 덕을 새암하여 앉지 못하고 시름하더니

【파순波旬은 마왕의 이름으로 모질다는 뜻이다.】

天龍八部ㅣ 큰 德을 ᄉ랑ᄒᅀᄫᅡ 놀애를 블러 깃거ᄒ더니

魔王 波旬이 큰 德을 새오ᅀᄫᅡ 앉디 몯ᄒ야 시름ᄒ더니

【波旬은 魔王 일후미니 모디다 ᄒ논 ᄠᅳ디라】

● **파순波旬** 사마四魔의 하나. 천마天魔·하늘마군. 선인善人이나 수행자가 자신의 궁전과 권속을 없앨 것이라 하여 정법의 수행을 방해하는 마왕이다. 부처가 보리수 아래에서 성도成道할 때도 파순의 방해를 받아 먼저 혜정에 들어 마왕을 굴복시키고 대각大覺을 이뤘다.

23

채녀가 비단에 안아서 어머님께 오더니 대신들이 뫼시니

청의가 소식을 아뢰거늘 아버님이 기뻐하시니 종친들을 데려 가시니

婇女ㅣ 기베 안ᅀᄫᅡ 어마닚긔 오ᅀᆸ더니 大神돌히 뫼시ᅀᄫᄫ니

靑衣 긔별을 ᄉᆞᆲᄫᅡ눌 아바님 깃그시니 宗親돌ᄒᆞᆯ ᄃᆞ려 가시니

● **채녀婇女** 잘 꾸민 여인
● **청의靑衣** 신분이 낮은 사람이 입는 옷

24

여러 왕과 청의와 장자가 아들을 낳고, 여러 석가족의 아들도 또 낳았습니다.

코끼리와 소와 양과 마굿간의 말이 새끼를 낳고, 건특이도 또 낳았습니다.

諸王과 靑衣와 長者ㅣ 아들 나ᄒ며 諸釋 아들도 ᄯᅩ 나니이다

象과 쇼와 羊과 廐馬ㅣ 삿기 나ᄒᆞ며 蹇特이도 ᄯᅩ 나니이다　●**건특蹇特** 태자가 타던 말

25

범지 외도가 부처의 덕을 알아 만세를 부르시니
우담바라가 부처의 나심을 나타내어 금꽃을 피우니

梵志 外道ㅣ 부텻 德을 아ᅀᆞᄫᅡ 萬歲를 브르ᅀᆞᄫᆞ니
優曇鉢羅ㅣ 부텨 나샤ᄆᆞᆯ 나토아 金고지 퍼디ᅀᆞᄫᆞ니

●**범지梵志** 바라문의 생활 4기期 가운데 1기. 8세부터 16세, 11세부터 22세까지 스승에게 가서 수행하는 동안. 이 범지를 외도外道라고도 한다.
●**우담바라優曇鉢羅** 상서라는 뜻으로 염부제 안에 가장 존귀한 나무. 늘 꽃이 피지 않고 열매가 열다가 금빛의 꽃이 피면 부처가 나시는 것이다.

26

상서도 많으시며 광명도 많으시나 끝이 없으므로 오늘 다 말하지 못합니다.
천룡과 사람이나 귀신도 많이 모였으나 수 없으므로 오늘 다 말하지 못합니다.

祥瑞도 하시며 光明도 하시나 ᄀᆞᇫ 업스실씨 오늘 몯 ᄉᆞᆲ뇌
天龍도 해 모ᄃᆞ며 人鬼도 하나 數 업슬씨 오늘 몯 ᄉᆞᆲ뇌

27

주나라 소왕의 아름다운 상서를 소유가 알고 아뢰거늘 남쪽 성 밖에 돌을 묻으시니【가서嘉瑞는 아름다운 상서祥瑞다.】
한나라 명제의 길몽을 부의가 알고 아뢰거늘 서천에 사자를 보내시니【길몽吉夢은 길경吉慶을 암시하는 꿈이다.】

周昭王 嘉瑞를 蘇由ㅣ 아라 ᄉᆞᆯᄫᅡ눌 南郊애 돌흘 무드시니【嘉瑞는 아ᄅᆞᆷ다ᄫᆞᆫ 祥瑞라】
漢明帝ㅅ 吉夢을 傅毅 아라 ᄉᆞᆯᄫᅡ눌 西天에 使者 보내시니【吉夢은 吉慶엣 ᄭᅮ미라】

28

마른 못 가운데 몸이 커 뒹구는 용을 얼마나 많은 벌레가 비늘을 빨았는가.

오색구름 가운데에서 상서로운 모습 보이시는 여래께 얼마나 많은 중생이 머리 조아렸는가.

여윈 못 가온디 몸 커 그우닐 龍을 현맛 벌에 비느를 샌라뇨
五色雲ㅅ 가온디 瑞相 뵈시논 如來ㅅ긔 현맛 衆生이 머리 좃ᄉ봐뇨

29
세존 오심을 알고 땅에서 솟아 보이니 옛날 뜻을 고치라고 하시니
세존의 말을 듣고 돌아보아 그대로 하니 제 몸이 고쳐 되니

世尊 오샤물 아ᅀᆞᆸ고 소사 뵈ᅀᆞᄫ니 녯 ᄠᅳ들 고티라 ᄒᆞ시니
世尊ㅅ 말을 듣ᄌᆞᆸ고 도라보아 ᄒᆞ니 제 몸이 고텨 ᄃᆞ외니

30
대보전에 모인 상사가 뵈옵고 출가 성불할 것을 아니
향산에 사는 아사타가 뵈옵고 자신의 늙음을 한탄하며 우니

大寶殿에 뫼호샨 相師ㅣ 보ᅀᆞᆸ고 出家 成佛을 아ᅀᆞᄫ니
香山애 사논 阿私陁ㅣ 보ᅀᆞᆸ고 저의 늘구믈 우ᅀᆞᄫ니

● **아사타阿私陁** 가비라국에 있던 선인의 이름. 석가모니가 태어났을 때 관상을 보았다.

31
어머님 명이 짧으시나 열 달이 충분하므로 7월 보름에 세상에 내려오시니
아드님 탄생하시고 이레가 남았으므로 4월 보름에 천상에 오르시니

어마님 短命ᄒᆞ시나 열 ᄃᆞ리 ᄌᆞ랄ᄊᆡ 七月ㅅ 보로매 天下애 ᄂᆞ리시니
아ᄃᆞ님 誕生ᄒᆞ시고 닐웨 기틀ᄊᆡ 四月ㅅ 보로매 天上애 오ᄅᆞ시니

32
바라문이 아뢴 말씀을 천신이 좋다고 하므로 살바실달이 이름이시니

174

아버님의 명에 의한 절을 천신이 말리므로 천중천이 이름이시니

婆羅門 술븐 말을 天神이 됴타 훌씨 薩婆悉達이 일훔이시니
아바님 命엣 절을 天神이 말이ᄉᆞᄫᆞᆯ씨 天中天이 일훔이시니

33

상사도 태자가 출가 성불할 것을 아뢰며 선인도 말하므로 밤낮으로 염려하시더니

칠보전을 꾸미며 5백 기녀를 고르시어 밤낮으로 달래시더니

相師도 술ᄫᆞ며 仙人도 니를씨 밤나줄 分別ᄒᆞ더시니
七寶殿 꾸미며 五百 女妓 ᄀᆞᆯᄒᆡ샤 밤나줄 달애더시니

34

온 바다의 물을 이고 오거늘 머리에 붓고 태자를 세우시니

금륜보가 날아다니므로 천하가 알고 나라가 다 오니

四海ㅅ 믈 이여 오나ᄂᆞᆯ 마리예 븟ᄉᆞᆸ고 太子ᄅᆞᆯ 셰ᅀᆞᄫᆞ시니
金輪寶ㅣ ᄂᆞ라 니거늘 天下ㅣ 아ᅀᆞᆸ고 나라히 다 오ᅀᆞᄫᆞ니

35

밀다라는 두 글을 배워야 알므로 태자께 말을 아뢰지 못하니

태자는 예순 네 가지 글을 배우지 않아도 아시므로 밀다라를 거꾸로 가르치시니

● **밀다라蜜多羅** 대바라문의 한 사람으로 태자에게 문무文武를 가르친 스승

蜜多羅ᄂᆞᆫ 두 글을 비화ᅀᅡ 알씨 太子ㅅ긔 말을 몯 ᄉᆞᆲᄫᆞ니
太子ᄂᆞᆫ 여쉰 네 글을 아니 비화 아ᄅᆞ실씨 蜜多羅ᄅᆞᆯ 쏘 ᄀᆞᄅᆞ치시니

36

석가족의 장자들이 아뢰되 태자가 출가하시면 자손이 끊어질 것입니다.

아버님이 말씀하시되 누구의 딸을 가려야만 며느리 되어 오겠느냐.

釋種이 술보디 太子ㅣ 出家ㅎ시면 子孫이 그츠리이다

아바님 니ᄅ샤디 뉘 ᄯᆞᆯ을 ᄀᆞᆯ히야ᅀᅡ 며놀이 ᄃᆞ외야 오리야

37

태자가 태자비의 금상을 만드시어 부덕을 쓰셨습니다.

집장석의 딸이 금상과 같으시어 수정을 받으셨습니다. ● **집장석執杖釋** 부처의 장인

太子ㅣ 妃子ㅅ 金像을 밍ᄀᆞᄅ샤 婦德을 쓰시니이다

執杖釋의 ᄯᆞᆯ이 金像이 ᄀᆞᆮᄒᆞ샤 水精을 바ᄃᆞ시니이다

38

사위를 가리어 재주를 믿지 못하여 임금의 말을 거스르니

아버님이 의심하시어 재주를 물으시어 나라 사람들을 다 모으시니

사회를 ᄀᆞᆯ히야 지조를 몯 미다 님금 말을 거스ᅀᆞᄫᆞ니

아바님이 疑心ᄒᆞ샤 지조를 무르샤 나랏 사ᄅᆞᆷ을 다 뫼호시니

39

난타와 조달은 코끼리를 솟구쳐 차며 굴리어 끌고 하여 두 사람의 힘이 다름이 없더니

태자는 홀로 코끼리를 넘어뜨리며 받으시고 하여 두 사람의 힘을 한꺼번에 이기시니

難陁 調達은 象을 티츠며 그우리혀고 둘희 힘이 달오미 업더니

太子는 ᄒᆞ오ᅀᅡ 象을 나ᄆᆞ티며 바ᄃᆞ시고 둘희 힘을 ᄒᆞᄢᅴ 이기시니

40

제 분수를 저리도 몰랐으므로 두 사람이 쏜 화살에 세 개의 북만 꿰뚫려지니

신력이 이리도 세시므로 한번 쏘신 살에 스물여덟 개의 북이 꿰뚫려지니

제 간을 뎌리 모룷씨 둘희 쏜 살이 세 낱 붚쏜 뻬여디니
神力이 이리 세실씨 흔번 쏘신 살이 네닐굽 부피 뻬여디니

41

땅에 화살이 꿰뚫리거늘 예천이 솟아나 중생을 구하시더니

산에 화살이 박히거늘 하늘 위의 탑에 감추어 길이 세상에 유전하게 하시니

짜해 살이 뻬여늘 醴泉이 소사나아 衆生을 救ᄒᆞ더시니
뫼해 살이 박거늘 天上塔애 ᄀ초아 永世를 流傳ᄒᆞᅀᆞᆸ니

42

꽃을 놓으시며 흰 털 담요를 놓으시어 두 분이 한 곳에 앉으시니

꽃이슬이 젖으리라 흰 털 담요에 때가 묻으리라 두 분이 갈라 앉으시니

고졸 노ᄒᆞ시며 白氎을 노ᄒᆞ샤 兩分이 ᄒᆞᆫ디 안ᄌᆞ시니
곳 이슬 저즈리라 白氎 ᄯᅴ 무드리라 兩分이 갈아 안ᄌᆞ시니

43

무량겁부터 부처이시니 죽어가는 것의 일을 보지 않는다고 어찌 모르시리

정거천 조병이 죽은 벌레가 되거늘 보시고서야 아는 듯이 하시니

無量劫 부톄시니 주거가는 거싀 일을 몯 보신ᄃᆞᆯ 매 모ᄅᆞ시리
淨居天 澡缾이 주근 벌에 ᄃᆞ외야ᄂᆞᆯ 보시고ᅀᅡ 안디시 ᄒᆞ시니

● **정거천淨居天** 색계色界의 네 번째 하늘. 무번천無煩天·무열천無熱天·선견천善見天·선현천善現天·색구경천色究竟天이 있다. 조병澡缾(맑은 두레박)은 정거천에 거처하는 다른 천신의 이름.

44

동문과 남문 밖에서 노시다가 늙은이와 병든 이를 보시고 마음을 내시니

서문과 북문 밖에서 노시다가 죽은 이와 비구승을 보시고 더욱 바빠하시니

東南門 노니샤매 늘그니 病ㅎ니를 보시고 ᄆᆞᅀᆞᆷ을 내시니

西北門 노니샤매 주그니 比丘僧을 보시고 더욱 바ᄎᆞ시니

45

아버님께 말씀드려 네 가지 원을 청하시어 집을 나가려 하시니

태자의 손을 잡으시어 두 눈에 눈물지으시며 문을 잡아 막으시니

아바닚긔 말 ᄉᆞᆲ바 네 願을 請ᄒᆞ샤 지블 나아가려 터시니

太子ㅅ 손 자ᄇᆞ샤 두 눉믈 디샤 門을 자펴 막ᄌᆞᄅᆞ시니

46

효도하실 마음에 뒷날을 헤아리시어 구이의 배를 가리키시니

가련하신 마음에 나가실까 두려워하시어 태자의 곁에 앉으시니

● **구이俱夷** 태자의 비. 아들 나후라를 낳았다.

孝道ᄒᆞ실 ᄆᆞᅀᆞ매 後ㅅ날을 分別ᄒᆞ샤 俱夷 비를 ᄀᆞᄅᆞ치시니

어엿브신 ᄆᆞᅀᆞ매 나가싫가 저ᄒᆞ샤 太子ㅅ 겨틔 안ᄍᆞᄫᆞ시니

47

아버님이 생각하시어 고운 여인들과 노래 소리로 선심을 막으시니

정거천의 신력으로 더러운 여인들과 노래 소리로 욕심을 막으시니

아바님 分別ᄒᆞ샤 고ᄫᆞᆫ 각시돌콰 風流ㅅ 소리로 善心을 마ᄀᆞ시니

淨居天의 神力에 더러ᄫᆞᆫ 각시돌콰 風流ㅅ 소리로 欲心을 막ᄉᆞᄫᆞ니

48
칠보로 꾸민 대궐에서 많은 아들 두고 네 천하를 다스림이 아버님 뜻이시니
정각을 이루어 대천세계를 밝히는 것이 아드님 뜻이시니

七寶 千子로 四天下 다ᄉᆞ료미 아바님 ᄠᅳ디시니
正覺을 일워 大千世界 불교미 아ᄃᆞ님 ᄠᅳ디시니

49
여인이 유혹하려 얼굴 곱게 꾸미고 들어와 말리화만을 몸에 매지만
태자의 덕이 굳으시므로 눈 똑바로 뜨고 보시니 말리화만을 도로 내다버리니

각시 쇠노라 ᄂᆞᆾ 고ᄫᅵ 빗여 드라 末利花鬘을 몸애 미ᄉᆞᄫᆞ나
太子ㅅ 德 구드실ᄊᆡ 눈 ᄢᆞ아 보신대 末利花鬘을 도로 내야ᄇᆞ리니

● 말리화만末利花鬘 말리나무의 꽃으로 만든 꽃다발. 산스크리트어와 한자어가 섞였다.

50
출가하려 하시니 하늘에 광명이 뻗으시어 여러 천신이 내려옵니다.
출가하실 때이므로 성 안의 사람들을 재우려고 오소만이 또 옵니다.

出家호려 ᄒᆞ시니 하ᄂᆞᆯ해 放光ᄒᆞ샤 諸天神이 ᄂᆞ려오니이다
出家ᄒᆞ싫 ᄢᅢ실ᄊᆡ 城 안흘 재요리라 烏蘇慢이 ᄯᅩ 오니이다

● 오소만烏蘇慢 졸음의 신령. 염신厭神이라고도 함

51
분과 연지와 꽃으로 꾸민 여인이 이 세상의 풍류를 들려주더니
보병과 화주와 불성이 비칠 날에 하늘의 풍류가 어떠하십니까.

粉과 燕脂와 고ᄌᆞ로 비ᄉᆞᆫ 각시 世間ㅅ 風流를 들이ᅀᆞᆸ더니
寶瓶과 火珠와 沸星이 비췰 날애 하ᄂᆞᆳ 風流ㅣ 엇더ᄒᆞ시니

52
종과 말이 얼마인 줄 알리오 어느 누구를 데리고 가시려는가.
차닉이와 건특이는 한 날에 났으므로 이 둘만을 데리고 가시니

죵과 ᄆᆞᆯ와ᄅᆞᆯ 현맨ᄃᆞᆯ 알리오 어느 누를 더브르시려뇨
車匿이 蹇特이ᄂᆞᆫ ᄒᆞᆫ 날애 나ᅀᆞᄫᆞᆯᄊᆡ 이 둘흘ᅀᅡ 더브르시니

53
지난 무량 겁에 수행이 익으시므로 이루지 못할까 하는 의심이 없으시나
미래의 중생들을 위하여 정진을 보이시려고 돌아오지 않으리라 맹세하십니다.

디나건 無量劫에 修行이 니그실ᄊᆡ 몯 일우ᅀᆞᄫᆞᆯ갓 疑心이 업스시나
未來 衆生ᄃᆞᆯ흘 精進을 뵈시릴ᄊᆡ 아니 오리라 盟誓ᄒᆞ시니이다

54
시방세계가 밝고 사자와 같은 큰 소리로 말씀하시어 성을 넘어 산으로 향하시니
사천왕이 모시고 말의 발을 제천이 받들어 허공을 타시어 산에 이르시니

十方世界 붉고 獅子聲ㅅ 말ᄒᆞ샤 城을 남아 山을 向ᄒᆞ시니
四天王이 뫼ᅀᆞᆸ고 ᄆᆞᆯ 발을 諸天이 바다 虛空 ᄐᆞ샤 山이 니르르시니

55
설산의 고행림에서 머리를 깎으시고 번뇌를 쓸어버리려 하시니
보관과 영락을 차닉이에게 주시며 정각을 이루어 돌아가려 하시니

雪山 苦行林애 마리를 무지시며 煩惱 ᄡᅳ러ᄇᆞ료려 ᄒᆞ시니
寶冠 瓔珞을 車匿일 주시며 正覺 일워 도라가려 ᄒᆞ시니

56

야수가 우시건만 제석은 뜻이 달라 태자의 머리카락을 탑 속에 감추시니

아버님이 서러워 하신들 정거천은 뜻이 달라 태자의 몸에 가사를 입히시니

耶輸ㅣ 울어신마론 帝釋은 ᄠᅳᆮ 달아 太子ㅅ 마리를 塔애 ᄀᆞ초ᅀᆞᄫᆞ니
아바님 슬ᄒᆞ신ᄃᆞᆯ 淨居天은 ᄠᅳᆮ 달아 太子ㅅ 몸애 袈裟 니피ᅀᆞᄫᆞ니

● **가사袈裟** 승려가 입는 법의法衣

57

보관이 오거늘 아버님이 보시고 땅에 넘어져 울으시니

건특이가 오거늘 태자비가 보시고 고개를 안아 울으시니

寶冠이 오나ᄂᆞᆯ 아바님 보시고 ᄯᅡ해 디여 우르시니
蹇特이 오나ᄂᆞᆯ 妃子ㅣ 보시고 고갤 안아 우르시니

58

아람가란에게서 불용처정을 3년을 익히시니

울두람불에게서 비비상처정을 3년을 또 익히시니

阿藍迦蘭이 그에 不用處定을 三年을 니기시니
鬱頭藍弗의그에 非非想處定을 三年을 ᄯᅩ 니기시니

● **아람가란阿藍迦蘭** 고대 인도 철학인 수론파數論派의 지도자. 태자가 출가해서 처음으로 세상을 초월하여 해탈하는 법을 배웠다. 태자는 그 경지에 만족하지 않고 그를 떠나 수행을 이어갔다.

● **불용처정不用處定** 무소유처정無所有處定이라 한다. 십이문선十二門禪의 네 번째 선禪으로 무색계 네 하늘 중 세 번째다.

● **비비상처정非非想處定** 무색계無色界 4선禪 중의 하나. 아무 것도 존재하지 않는다는 생각에서 벗어나 상想은 존재하는 것도 아니고, 존재하지 않는 것도 아니라는 생각에 의식이 머물러 있는 상태다.

59

야수가 전생에 6리를 가도록 떨어지게 했으므로 6년을 못 낳으시니

나운이 전생에 엿새 동안을 잊으셨으므로 6년을 못 나오시더니

耶輸ㅣ 前世예 六里를 ᄠᅥ디실ᄊᆡ 六年을 몯 나ᄒᆞ시니
羅雲이 前世예 六日을 니ᄌᆞ실ᄊᆡ 六年을 몯 나앳더시니

60

나운이 나시거늘 구덩이를 파고 불을 피우니 임금과 신하가 의심하더니

야수가 들어가시니 물이 고이고 연꽃이 피니 임금과 신하가 의심하지 않으시니

羅雲이 나거시놀 굳프고 블퓌 우니 님금 臣下ㅅ 疑心 이러시니

耶輸ㅣ 드르신대 믈 굡고 蓮이 프니 님금 臣下ㅣ 疑心 아니 ᄒᆞ시니

61

가사산의 고행에 6년을 앉으시어 머리 위에 까치가 새끼를 치니

교진여의 소식에 세 분이 슬퍼하시어 수레 위에 재물을 실어 보내시니

伽闍山 苦行애 六年을 안ᄌᆞ샤 마리 우희 가치 샷기 치니

憍陳如 유무에 三分이 슬ᄒᆞ샤 술위 우희 쳔 시러 보내시니

62

잡초와 나무 꺾어다가 얼굴을 거역한들 마음이야 움직이시겠는가.

한 톨의 쌀을 잡수시어 살이 여위신들 금빛이야 변하시겠는가.

雜草木 것거다가 ᄂᆞ츨 거우ᅀᆞᄫᆞᆫ돌 ᄆᆞᅀᆞᆷ 잇든 뮈우시리여

ᄒᆞᆫ 낟 ᄡᆞᆯ 좌샤 ᄉᆞᆯ히 여위신돌 金色잇든 가시시리여

● 니련수尼連水 항하恒河의 지류로 니련선하尼連禪河와 같음. 부처가 6년 고행 끝에 이 강에서 목욕하고 강 건너 부다가야로 가서 보리수 아래에서 정각을 이루었다.

63

니련수에 목욕하시어 나가려고 생각하시니 큰 나무가 가지를 굽히니

보리수에 가려 하시어 잡수실 것 생각하시니 장자의 딸이 죽을 바치니

尼連水예 沐浴ᄒᆞ샤 나리라 너기시니 즘게 남기 가지를 구피니

菩提樹에 가려 ᄒᆞ샤 좌샳 것 ᄉᆞ랑ᄒᆞ시니 長者ㅣ ᄯᆞᆯ이 粥을 받ᄌᆞᄫᆞ니

64

가지를 잡으시어 뭍으로 나오시거늘 도솔천이 가사를 입히시니

죽을 자시고 바리를 던지시니 천제석이 탑에 모시니

가지를 자ᄇᆞ샤 무틔 나거시늘 兜率天이 袈裟 니피ᅀᆞᄫᅳ니

粥을 좌시고 바리를 더뎌시늘 天帝釋이 塔애 ᄀᆞ초ᅀᆞᄫᅳ니

65

금강좌를 꾸미고 사자좌를 세워 8만 부처가 앉아서 제각기 보이시니

눈 먼 용이 눈 뜨고 가도룡이 보아 네 부처의 공양을 이어서 하니

金剛座 빗이고 獅子座ᄅᆞᆯ 셰ᅀᆞ바 八萬 부톄 안자 제여곰 뵈시니

盲龍이 눈 뜨고 迦荼龍이 보ᅀᆞᄫᅡ 네 부텨 供養ᄋᆞᆯ 니서 ᄒᆞᅀᆞᄫᅳ니

● **가도룡迦荼龍** 잠을 자고 있다가 부처가 보리수로 향하는 사자걸음에 놀라 깨었다는 용

66

필발라수에 혼자 가실 때 덕이 중하시어 땅이 흔들리니

길상의 띠풀을 손으로 까실 때 덕이 중하시어 땅이 또 흔들리니

畢鉢羅樹에 ᄒᆞ오ᅀᅡ 가싫제 德 重ᄒᆞ샤 싸히 드러치니

吉祥茅草ᄅᆞᆯ 손ᄋᆞ로 ᄭᆞᆯ싫제 德 重ᄒᆞ샤 싸히 ᄯᅩ 드러치니

● **필발라수畢鉢羅樹** 겨울에도 잎이 지지 않는 나무. 석가가 이 나무 아래에서 정각을 이루어 보리수菩提樹라고도 함

67

정각을 이루실 것이므로 마왕궁에 방광하시어 파순이를 항복하게 하리라

파순이 꿈을 꾸고 신하와 의논하여 구담을 항복하게 하리라

正覺을 일우시릴씨 魔宮에 放光ᄒᆞ샤 波旬이ᄅᆞᆯ 降히요리라

波旬이 ᄭᅮᆷ을 ᄭᅮ고 臣下와 議論ᄒᆞ야 瞿曇ᄋᆞᆯ 降히요리라

● **구담瞿曇** 세존. 산스크리트어 'Gotama'의 음역

68

세 딸을 보내어 여러 말을 아뢰며 감로를 권하니

많은 군사를 모아 백 가지 모양이 되어 정병을 흔들려 하니

세 ᄯᆞᆯ을 보내야 여러 말 ᄉᆞᆲ며 甘露를 勸ᄒᆞᅀᆞᆸ니

衆兵을 뫼화 온 樣子ㅣ ᄃᆞ외야 淨甁을 무우려 ᄒᆞ니

69

백호를 겨누시니 여인의 더러운 아랫도리가 가린 것이 없어지게 되니

조금도 움직이지 않고 귀병의 모진 무기가 나아가 대들지 못하게 되니

白毫로 견지시니 각시 더러븐 아래 ᄀᆞ린 거시 업게 ᄃᆞ외니

一毫도 아니 뮈시니 鬼兵 모딘 잠개 나ᅀᅡ 드디 몯게 ᄃᆞ외니

70

여인의 배에는 큰 벌레, 골수에는 작은 벌레, 아랫도리에는 엉긴 벌레이더니

여인의 가운데는 개, 어깨에는 뱀과 여우, 앞뒤에는 아이와 할미이더니

각시 ᄡᅩ 비옌 큰 벌에 骨髓옌 효근 벌에 미틔ᄂᆞᆫ 얼읜 벌에러니

각시 ᄡᅩ 가온ᄃᆡᆫ 가히 엇게옌 ᄇᆞ얌 여ᅀᆞ 앒뒤헨 아히 할미러니

71

마왕이 노한들 도리가 거칠므로 무수한 군인이 정병을 흔들지 못하니

세존이 자심으로 삼매에 들으시니 무수한 날이 연꽃이 되니

魔王이 怒ᄒᆞᆫ들 道理 거츨씨 無數ᄒᆞᆫ 軍이 淨甁을 몯 무우니

世尊이 慈心ᄋᆞ로 三昧예 드르시니 無數ᄒᆞᆫ 놀히 蓮花ㅣ ᄃᆞ외니

72

육천과 팔부의 귀병이 파순의 말을 듣고 와서 모진 뜻 이루려 하더니

무수한 천자와 천녀가 부처의 광명을 보아 좋은 마음을 내니

六天 八部 鬼兵이 波旬의 말 드러 와 모딘 쁘들 일우오려 터니

無數 天子 天女ㅣ 부텻 光明 보ᄉᆞ바 됴ᄒᆞᆫ ᄆᆞᄉᆞᄆᆞᆯ 내ᅘᅡᄉᆞᄫᅳ니

73

보관을 벗어서 겨누어 지옥의 무기를 모아 구담이를 꼭 잡으라 하더니

백호를 들어 겨누시어 지옥이 물이 되어 죄인들이 모두 인간 세상에 나오니

寶冠ᄋᆞᆯ 바사 견져 地獄 잠개 뫼화 瞿曇이를 모디 자ᄇᆞ라터니

白毫를 드러 견지샤 地獄이 믈이 ᄃᆞ외야 罪人ᄃᆞᆯ히 다 人間애 나니

74

마왕이 말이 가벼워 부처께 나아가 대드니 오랜 날이 지난들 미혹을 어찌 풀리

부처의 지혜의 힘으로 마왕이 엎드리니 2월 8일에 정각을 이루시니

魔王이 말 재야 부텻긔 나ᅀᅡ 드니 현날인ᄃᆞᆯ 迷惑 어느 플리

부텻 智力으로 魔王이 업더디니 二月ㅅ 八日에 正覺 일우시니

75

우바국다 존자가 묘법을 펴거늘 마왕이 덤볐습니다.【묘법은 미묘한 법이다. 나타나지 않아서 찬찬히 깊은 것이 미微, 지극하여 말로 다 이르지 못하는 것이 묘妙다.】

대자비 세존께 버릇 없던 일을 마왕이 뉘우쳤습니다.

優婆毱多 尊者ㅣ 妙法을 펴거늘 魔王이 골외니이다【妙法은 微妙ᄒᆞᆫ 法이니 나다 나디 아니ᄒᆞ야 ᄎᆞᄎᆞ니 기푸미 微오 至極ᄒᆞ야 말로 몯다 닐오미 妙ㅣ라】

大慈悲 世尊ㅅ긔 버릇 업습던 일을 魔王이 뉘으츠니이다

76
큰 용을 만들어 세존의 몸에 감거늘 자비심으로 말을 하지 않으시니

꽃다발을 만들어 존자의 머리에 얹거늘 신통한 힘으로 목을 굳게 졸라매니

큰 龍을 지사 世尊ㅅ 몸애 감아눌 慈悲心으로 말 아니ᄒᆞ시니

花鬘을 밍ᄀᆞ라 尊者ㅅ 머리예 연자눌 神通力으로 모골 구디 미니

● 화만花鬘 꽃으로 만든 꽃다발. 목이나 몸에 장식함

77
바리를 깨뜨리는 소가 허망하건만 자비심으로 꾸짖음을 모르시니

숲에서 나오는 부처가 허망하건만 공경심으로 기약을 잊으니

바리 ᄲᅳ리ᄂᆞᆫ 쇠 거츨언마ᄅᆞᆫ 慈悲心으로 구지돔 모ᄅᆞ시니

수플에 나ᄂᆞᆫ 부톄 거츨언마ᄅᆞᆫ 恭敬心으로 期約을 니즈니

78
꾸짖음을 모르시어도 세존의 덕을 입어서 죄를 벗어 지옥에서 갈아 나오니

기약을 잊어도 존자의 말에 항복하여 절하고 하늘에 돌아가니

구지돔 모ᄅᆞ샤도 世尊ㅅ 德 닙ᄉᆞ바 罪를 버서 地獄을 ᄀᆞ라 나니

期約을 니저도 尊者ㅅ 말 降服ᄒᆞ야 절ᄒᆞ고 하ᄂᆞᆯ해 도라가니

79
선정에 들어 방광하시어 삼명을 얻으시며 육통을 또 갖추시니

명성이 비추거늘 십팔법을 얻으시며 십신력을 또 실으시니

● 삼명三明 아라한의 지혜에 갖춰 있는 자재하는 묘한 작용. ▲자기와 남의 지난 세상의 일을 앎〔宿命明〕▲자기나 남의 다음 세상의 일을 앎〔天眼明〕▲지금 세상의 번뇌를 알아 번뇌를 끊음〔漏盡明〕

● 명성明星 샛별. 부처가 이 별이 돋을 때 깨달았다.

● 십신력十神力 부처만이 가진 열 가지 지혜의 힘. ▲도리에 맞는 것과 맞지 않는 것을 변별하는 힘 ▲하나하나 업인業因과 과보와의 관계를 여실히 알 수 있는 힘 ▲사선四禪 · 해탈解脫 · 삼삼매三三昧 · 팔등지八等至 등의 선정禪定을 아는 것 ▲중생의 기근機根의 상하 우열을 아는 힘 ▲중생의 갖가지 희망을 아는 힘 ▲중생이나 모든 법의 본성을 아는 힘 ▲중생이 지옥이나 열반 등으로 향하여 가는 것을 아는 힘 ▲자타自他의 과거세의 일을 생각나게 하는 힘 ▲중생이 여기서 죽어 그 곳에 태어나는 것을 아는 힘 ▲번뇌를 끊은 경지와 거기에 도달하기 위한 수단을 여실히 알 수 있는 힘

入定 放光ᄒᆞ샤 三明을 得ᄒᆞ시며 六通이 ᄯᅩ ᄀᆞᄌᆞ시니
明星 비취어늘 十八法을 得ᄒᆞ시며 十神力을 ᄯᅩ 시르시니

80
세계의 일을 보시어 앎이 훤하시며 땅의 상이 진동하니
지혜 밝으시어 두려움이 없으시며 하늘의 북이 저절로 울리니

世界ㅅ 일을 보샤 아로미 훤ᄒᆞ시며 ᄯᅡᆺ 相이 드러치니
智慧 ᄇᆞᆯᄀᆞ샤 저푸미 업스시며 하ᄂᆞᆳ 부피 절로 우니

81
팔부가 둘러서며 정거천이 기뻐하며 상서의 구름과 꽃비도 내리니
제천이 모두 오며 오통을 갖춘 선인들이 기뻐하며 하늘의 풍류와 감로도 내리니

八部ㅣ 둘어셔며 淨居天이 깃그며 祥瑞ㅅ 구룸과 곳비도 ᄂᆞ리니
諸天이 모다 오며 五通仙이 깃그며 하ᄂᆞᆳ 風流와 甘露도 ᄂᆞ리니

82
부처의 증명을 탄왕이 묻거늘 대지를 맡은 신이 솟아나와 말하니
부처의 기별을 지신이 말하거늘 공신과 천신이 또 위에 알리니

부텻 본증을 彈王이 묻ᄌᆞᄫᅡᄂᆞᆯ 堅牢地神이 솟나아 니ᄅᆞ니
부텻 긔별을 地神이 닐어늘 空神 天神이 ᄯᅩ 우희 알외니

● **탄왕彈王** 마왕의 별칭
● **견뢰지신堅牢地神** 대지를 맡은 신. 언제나 교법이 유포되는 곳에 가서 법좌 아래 있으며 설법하는 이를 호위함. 부처의 성불을 처음 증명한 신

83
전생에 수행 깊으신 문수, 보현들이 달님께 구름 모이듯 하시더니
온 세상에 묘법을 펴리라 하여 원만보신 노사나

● **돈교頓敎** 화엄종에서 유마경維摩經과 같이 문자나 언어를 여의고 수행의 차례를 말하지 않고, 말이 끊어진 진여를 가리킨 교법. 부처가 깨달은 바로 그 경지를 말씀한 가르침

불이 화엄경을 돈교로 말씀하시니

前生애 修行 기프신 文殊 普賢돌히 둘낧긔 구룸 몯듯더시니[3]
世界예 妙法 펴리라 圓滿報身 盧舍那ㅣ 華嚴經을 頓敎로 니르시니

84

큰 법을 알아듣지 못하므로 열반하려 하시더니 제천이 청하니

방편으로 알게 하시어 삼승을 말씀하실 것이므로 모든 부처가 찬탄하시니

大法을 몰라 드를씨 涅槃ᄒ려 터시니 諸天이 請ᄒᆞᄫᆞ니
方便으로 알에 ᄒ샤 三乘을 니르시릴씨 諸佛이 讚歎ᄒ시니

85

도를 이룬 뒤 14일에 타화자재천에 가시어 십지경을 말씀하시니

도를 이룬 뒤 49일에 차리니가에 가시어 가부좌 하고 앉으시니

● **타화자재천他化自在天** 타화천他化天·제6천. 6욕천欲天의 하나. 욕계의 가장 높은 데에 있는 하늘. 욕계천의 임금인 마왕이 있는 곳. 이 하늘은 남이 변해 나타내는 낙사樂事를 자유롭게 자기의 쾌락으로 삼는 까닭에 타화자재천이라 한다. 이 하늘의 남녀는 서로 마주 보는 것만으로 음행이 만족하고, 아들을 낳으려는 생각을 일으키기만 해도 아들이 무릎 위에 나타난다고 한다.

● **차리니가差梨尼迦** 부처가 성도한 뒤에 앉아 있던 숲 이름

成道 後 二七日에 他化自在天에 가샤 十地經을 니르시니
成道 後 四十九日에 差梨尼迦애 가샤 加趺坐를 안ᄌ시니

86

장사꾼들이 길을 가지 못해 천신께 빌었습니다.

숲의 신령이 길에 나와 보이어 세존을 알게 했습니다.

흥정바지둘히 길흘 몯녀아 天神ㅅ긔 비더니이다
수픐 神靈이 길헤 나아 뵈야 世尊을 아ᅀᆞᆸ게 ᄒ니이다

---

3 『월인석보』 권4(45:ㄱ)에는 "寂滅훈 道場애 法身 大士돌히 둘낧긔 구룸 몯듯더시니〔적멸한 도량에 법신 대사들이 달닙께 구름 모이듯 하시더니〕"로 노랫말이 바뀌었다.

87

세 가지 공양을 올릴 그릇이 없으므로 전세불을 생각하시더니

칠보 바리에 공양을 담으심이 사천왕의 청이시니

세 가짓 供養이 그르시 업슬씨 前世佛을 스랑터시니

七寶 바리예 供養을 담ᄋᆞ샤미 四天王이 請이ᅀᆞᄫᆞ니

● 칠보七寶 일곱 가지 보옥寶玉. ▲금金 ▲은銀 ▲유리(琉璃 : 검푸른 보옥) ▲파려(玻瓈 : 수정) ▲자거(硨磲 : 백산호) ▲적주(赤珠 : 적진주) ▲마노(碼碯 : 짙은 녹색의 보옥)

88

옛날에 바리를 얻어서 비로자나의 말로 오늘의 일을 기다리더니

오늘날 뜻을 이루지 못해 비사문왕의 말로 옛날의 원을 이루니

녯날애 바리를 어더 毗盧遮那ㅅ 말로 오ᄂᆞᆳ 일을 기드리ᅀᆞᆸ더니

오ᄂᆞᆳ날 ᄠᅳ들 몯 일워 毗沙門王이 말로 녯낤 願을 일우ᅀᆞᄫᆞ니

● 비로자나毗盧遮那 부처의 진신眞身을 나타내는 칭호. 부처의 신광身光과 지광智光이 이사무애리사무애理事無礙의 법계에 두루 비추어 원명圓明한 것을 뜻함

● 비사문왕毗沙門王 수미산 중턱 제4층에 있는 수정타水精埵에 있는 사천왕. 늘 부처의 도량을 수호하며 불법을 들어 다문천왕多聞天王이라고도 함

89

세존의 자비심에 하나를 받으면 네 마음이 고르지 못하리

세존의 신통력으로 한데 누르시니 네 바리가 붙어 어울어지니

世尊ㅅ 慈悲心에 ᄒᆞ나ᄒᆞᆯ 바ᄃᆞ면 네 ᄆᆞᅀᆞᆷ이 고ᄅᆞ디 몯ᄒᆞ리

世尊ㅅ 神通力에 ᄒᆞᆫ디 누르시니 네 바리 브터 어우니

90

뜻을 옳게 여기시어 불법승을 이르시고 게송을 지어 또 말씀하시니

말을 옳게 여기시어 털을 떼어 주시고 손톱을 또 주시니

ᄠᅳ들 올히[4] 너기샤 佛法僧 니ᄅᆞ시고 偈지ᅀᅥ 쏘 니ᄅᆞ시니

---

4 '올'은 『월인석보』권4(51-ㄴ)에서는 '욜'로 잘못 새겼다〔誤刻〕.

말을 올히 너기샤 터리 뻬혀 주시고 손토블 또 주시니

91
무량겁 전에 연등여래를 뵙고 보리심으로 출가하시더니
한낱 머리터럭을 모든 하늘이 얻어서 10억의 하늘에 공양하니

無量劫 우희 燃燈如來ㄹ 보ᅀᆞ바 菩提心으로 出家ᄒᆞ더시니
ᄒᆞᆫ낱 머릿터러글 모든 하늘히 얻ᄌᆞᄫᅡ 十億天에 供養ᄒᆞᅀᆞᄫᅡ니

● **무량겁** 셀 수 없이 오랜 겁

● **연등여래燃燈如來** 정광불錠光佛의 번역. 석존이 전세前世에 보살로 있을 적에 이 부처님에게서 "미래세에 반드시 성불하리라."는 수기授記를 받음

92
탐욕심이 계시건만 한 올의 머리터럭만을 공양한 공덕에 열반을 얻었으니
깨달은 부처이시니 한 터럭과 한 손톱인들 공양한 공덕이 어찌 끝이 있으리

貪欲心 겨시건마른 ᄒᆞᆫ 낱 터럭 ᄲᅳ늘 供養 功德에 涅槃ᄋᆞᆯ 得ᄒᆞ야니
三藐三佛陀ㅣ어시니 ᄒᆞᆫ 터럭 ᄒᆞᆫ 토빈ᄃᆞᆯ 供養 功德이 어느 ᄀᆞᆮ이시리

● **삼막삼불타三藐三佛陀** 부처의 10호號의 하나. 부처의 깨달음을 정변지正遍知·등정각等正覺·정등각正等覺이라 번역한다.

93
선록왕이시므로 목숨을 버리려 하시어 범마달을 가르치시니
인욕선인이시므로 손발을 베나 가리를 구하려 하시니

善鹿王이실씨 목숨을 ᄇᆞ료려ᄒᆞ샤 梵摩達ᄋᆞᆯ ᄀᆞᄅᆞ치시니
忍辱仙人이실씨 손발ᄋᆞᆯ 바히ᅀᆞᄫᆞ나 歌利를 救호려 ᄒᆞ시니

● **선록왕善鹿王** 부처가 전세에 사슴의 왕이었음

● **범마달梵摩達** 제바달다提婆達多의 전세의 이름

● **인욕선인忍辱仙人** 석존의 전세상 이름. 온갖 모욕과 번뇌를 참고 노여움을 일으키지 않는 선인이라는 뜻

● **가리歌利** 인욕선인의 팔, 다리를 끊을 정도로 포악한 전 세상의 왕

94
전세의 인연이시므로 법을 전하시되 녹야원에서 가장 먼저 말씀하시니
전세의 말씀이시므로 중생을 제도하시되 교진여를 가장 먼저 구하시니

前世옛 因緣이실씨 法을 轉ᄒ샤디 鹿野苑에 못 몬져 니ᄅ시니
前世옛 말이실씨 衆生ᄋᆞᆯ 濟渡ᄒ샤디 憍陳如를 못 몬져 救ᄒ시니

95

4천 리를 감은 용이 도사가 되어 삼귀의를 받으니

8만 나유타의 하늘 사람들이 사성제를 듣고 법안을 얻으니

四千里 감은 龍이 道士ㅣ 두외야 三歸依를 受ᄒᆞᄫ니
八萬 那由天이 四諦를 듣ᄌᆞᆸ고 法眼ᄋᆞᆯ 得ᄒᆞᄫ니

- **나유천那由天** 나유타천那由他天의 준말. 나유타는 아주 많은 수數를 표시하는 수량의 이름
- **사제四諦** 사성제四聖諦, 불교의 원리인 강격綱格으로 고집멸도苦集滅道를 이름. 제諦는 불변여실不變如實의 참된 상이라는 뜻

96

불보를 넓히시며 법보를 넓히시며 승보를 또 넓히시니

지신이 찬탄하며 천공이 찬탄하며 천룡팔부가 또 찬탄하니

佛寶를 너피시며 法寶를 너피시며 僧寶를 ᄯᅩ 너피시니
地神이 讚歎ᄒ며 空天이 讚歎ᄒ며 天龍八部ㅣ ᄯᅩ 讚歎ᄒᆞᄫ니

97

노사나의 몸을 보이시어 보배로 만든 옷을 입으시어
돈교를 누가 알아듣겠는가.

장육신의 몸을 보이시어 헌 옷을 입으시어 점교를 다
알아들으니

舍那身이 뵈샤 보ᄇᆡ옷 니브샤 頓敎를 뉘 아라 듣ᄌᆞᄫ리
丈六身이 뵈샤 헌오ᄉᆞᆯ 니브샤 漸敎를ᅀᅡ 다 아라 듣ᄌᆞᄫ니

- **점교漸敎** 화엄종에서 5교 중 시교始敎와 종교終敎를 이름. 문자로 이치를 나타내고 수행하는 계급을 세워 점차로 증교함을 말한 법문이므로 점교라고 함
- **장륙신丈六身** 부처의 몸. 장륙은 키가 1장丈 6척尺이라는 뜻. 당시 평균 신장은 약 8척이었다.

98

마갈타국의 병사왕이 세존께 여쭈되 도를 이루시어 나를 구해 주소서 하니

가섭울비라가 나라 사람에게 보이려고 집을 지어 용을 기르더니

摩竭陁ㅅ 瓶沙ㅣ 世尊ㅅ긔 술ᄫ오디 道ᄅᆞᆯ 일우샤 날 救ᄒᆞ쇼셔 ᄒᆞ니
迦葉鬱卑羅ㅣ 國人ᄋᆞᆯ 뵈요리라 지블 지서 龍ᄋᆞᆯ 치더니

● **가섭울비라**迦葉鬱卑羅 마갈타국 출신. 머리를 딴 5백 명의 배화교도拜火敎徒를 거느리고 있다가 뒷날 부처에게 항복하고 제자가 됨

99

나무가 높아도 뿌리를 베면 열매를 모두 따서 먹을 수 있나니
술법이 높다고 한들 용을 항복시키면 외도인들 따르지 않으리

남기 높고도 불휘를 바히면 여름을 다 ᄠᅡ먹ᄂᆞ니
術法이 놉다ᄒᆞᆫᄃᆞᆯ 龍ᄋᆞᆯ 降服히면 外道ᅵᆫᄃᆞᆯ 아니 조ᄍᆞᄫᆞ리

100

안부를 묻고 진지를 잡수소서 청하거늘 자리를 빌려 달라 하시니
방을 바치지 않고 법으로 막거늘 용당을 빌려 달라 하시니

安否를 묻ᄌᆞᆸ고 飯 자쇼셔 請커늘 자리를 빌이라 ᄒᆞ시니
房ᄋᆞᆯ 아니 받ᄌᆞᄫᅡ 法으로 막ᄉᆞᆸ거늘 龍堂ᄋᆞᆯ 빌이라 ᄒᆞ시니

101

용이 불을 토하여 나쁜 일을 하므로 용당을 빌리는 걸 말리시더니
욕심의 불을 이미 끄시어 해칠 사람이 없으므로 용당에 들어가시니

龍이 블을 吐ᄒᆞ야 모딘 일을 ᄒᆞᆯᄊᆡ 龍堂ᄋᆞᆯ 말이ᄉᆞᆸ더니
欲火를 ᄒᆞ마 ᄢᅳ샤 害ᄒᆞᅀᆞᄫᆞ리 업슬ᄊᆡ 龍堂이 드러 가시니

102

독기를 내니 꽃이 되거늘 모진 용이 노여움을 더하니
불이 도로 떨어지고 찬바람이 불거늘 모진 용이 노여움을 그치니

毒氣를 내니 고지 드외어늘 모딘 龍이 怒를 더하니

블이 도라 디고 찬 바람 불어늘 모딘 龍이 怒를 그치니

103

바리때에 들거늘 모르고 눈물을 흘리니 그것이 어리석지 않습니까.

광명을 보고 모르고 죽으려 하니 그것이 가련하지 않습니까.

바리예 들어늘 몰라 눈믈 디니 긔 아니 어리니잇가

光明을 보숩고 몰라 주구려 하니 긔 아니 어엿브니잇가

104

불우체와 염부제, 구야니와 울단월에 다녀오시어 가섭에게 보이시니

염핍과 가려륵과 아마륵이 제일 좋은 쌀을 가져오시어 가섭에게 먹이시니

弗于逮 閻浮提와 瞿耶尼 鬱單越에 녀러 오샤 迦葉일 뵈시니

閻逼 呵蠡勒과 阿摩勒 自然 粳米를 가져오샤 迦葉일 머기시니

● **불우체弗于逮** 수미산 동쪽 함수醎水 바다에 있는 섬. 구야니瞿耶尼는 수미산 서쪽에 있는 섬. 울단월鬱單越은 수미산 북쪽에 있는 섬

● **염핍閻逼** 염부제, 가려륵呵蠡勒은 구야니, 아마륵阿摩勒은 불우체에서 제일 맛있는 과일

105

양칫물 하려 하시니 예전에 없던 못을 제석천이 이루어 내시니

옷을 빨고자 하시니 예전에 없던 돌을 제석천이 옮겨오니

楊枝ㅅ 믈 호려 하시니 녜 업던 모슬 帝釋이 일워내니

오슬 쌜오져 하시니 녜 업던 돌흘 帝釋이 옮겨오니

106

사천왕과 제석범천의 빛이란 걸 듣고서야 사실을 아니

켜는 불과 끄는 불이며 매달린 도끼를 빌려야만 뜻을 이루니

四天王 天帝釋 梵天의 비츨 듣즙고사 實을 아ᅀᆞᄫ니
혀는 블 ᄢᅳ는 블 메윤 돗귀ᄅᆞᆯ 비ᅀᆞ봐ᅀᅡ ᄠᅳ들 일우니

107

못에 들어가시니 큰 나무가 굽거늘 가지를 잡아 나오시니

강에 들어가시니 물결이 갈라지거늘 티끌에서 솟아 나오시니

모새 드르시니 즘게 남기 굽거늘 가지ᄅᆞᆯ 자바 나시니
ᄀᆞᄅᆞᆷ애 드르시니 믌결이 갈아디거늘 드틀에 소사 나시니

108

이바지를 먹으리라 하여 새암하는 마음을 내니 이레 동안 숨어 있더시니

공양을 하려고 좋은 마음을 내니 즉시에 나오시니

이바딜 머구리라 새옴 ᄆᆞᅀᆞᆷ을 낸대 닐웨ᄅᆞᆯ 숨엣더시니
供養을 ᄒᆞᅀᆞᄫ오려 됴ᄒᆞᆫ ᄆᆞᅀᆞᆷ을 낸대 即時예 나ᅀᅡ오시니

109

몇 천, 몇 백억의 변화이시어 정도가 높으신 줄 전부터 마음으로 알았으되

제 도리를 부ㄲ러워하다가 1천 명의 범지를 데리고 이 날에야 머리 조아리니

千百億 變化ㅣ샤 正道ㅣ 노ᄑᆞ신들 아래브터 ᄆᆞᅀᆞᆷ애 아ᅀᆞᄫ오ᄃᆡ
제 道理 붓그리다가 一千 梵志 더블오 이 날애ᅀᅡ 머리 좃ᄉᆞᄫ니

110

몸이 없어지시어 오방에 보이시거늘 1천 명의 비구가 우러러보더니

몸이 돌아오시어 삼시현을 말씀하시거늘 1천 명의 비구가 나한이 되니

몸이 업스샤 五方애 뵈어시ᄂᆞᆯ 一千 比丘ㅣ 울워ᅀᆞᄫᆡᆳ더니

● **삼시현三示現** 신身·구口·의意의 3업業을 나타내 보이는 것

몸이 도라오샤 三示現 닐어시놀 一千 比丘ㅣ 羅漢이 두외니

111

죽원에 병사왕이 들어와 내 몸에 욕심이 없거늘 세존이 알아 오시니

죽원에 부처가 들어가시어 중생의 욕심이 없을 것을 아난에게 일러주시니

竹園에 瓶沙ㅣ 드러 내 몸애 欲心 업거늘 世尊이 아라 오시니

竹園에 부톄 드르샤 衆生이 欲心 업슳들 阿難이 드려 니르시니

112

마승이 사리불을 보아 한 게송을 일러 들려 자기의 스승을 곧 잊게 하니

목련이 사리불을 보아 한 게송을 알아들어 새 스승께 곧 모여 오니

馬勝이 舍利弗 보아 흔 偈를 닐어 들여 제 스승을 곧 닛긔 ᄒ니

目連이 舍利弗 보아 흔 偈를 아라드러 새 스슳긔 곧 모다 오니

● **마승馬勝** 다섯 비구의 한 명. 위의威儀가 단정하기로 유명. 사리불을 인도하여 부처에 귀의시킴

● **목련目連** 목건련目犍連의 약칭. 사리불과 둘도 없는 친구. 왕사성 근방의 구리가 촌에서 나서 처음에는 외도인에게 도를 배웠으나 뒤에 죽림정사에 가서 부처의 신통神通 제일의 제자가 됨

113

아드님이 성불하시거늘 아버님이 그리시어 범지 우타야를 알리라 하여 부리시니

아드님이 성불하시어 아버님을 뵈리라 나한 우타야를 돌려보내시니

아들님 成佛커시놀 아바님 그리샤 梵志 優陁耶를 술ᄫᅡ라 브리시니

아들님 成佛ᄒ샤 아바님 보ᅀᆞ보리라 羅漢 優陁耶를 돌아 보내시니

114

아버님의 기별 보시어 첫 맹서를 이루리라 하여 우타야에게 날아가라 하시니

아드님의 대답 들으시어 첫 맹서를 이룰 것을 아시어 우타야에게 울며 말씀하시니

아바님 유무 보샤 첫 盟誓 일우리라 優陁耶 드려 누라가라 ᄒᆞ시니
아ᄃᆞᆯ님 對答 드르샤 첫 盟誓잎ᄃᆞᆯ 아ᄅᆞ샤 優陁耶 드려 우러 말ᄊᆞᆷᄒᆞ시니

115

끝없는 지난 날에 고행하시어 이제야 이루신 것을 우타야가 여쭈었습니다.
열두 해를 그리워하다가 오늘에야 들으신 것을 아버님이 말씀하셨습니다.

過劫에 苦行ᄒᆞ샤 이제ᅀᅡ 일우샨ᄃᆞᆯ 優陁耶ㅣ 술ᄫᆞ니이다
열 두힐 그리다가 오늘ᅀᅡ 드르샨ᄃᆞᆯ 아바님이 니ᄅᆞ시니이다

116

어렸을 때 일을 말씀하시거늘 우타야가 듣자오며 아드님이 또 들으시니
오늘날 일을 모르시므로 우타야가 말씀드리며 아드님이 또 말씀하시니

少時事 닐어시ᄂᆞᆯ 優陁耶ㅣ 듣ᄌᆞᄫᆞ며 아ᄃᆞᆯ님이 쏘 듣ᄌᆞᄫᆞ시니
今日事 모ᄅᆞ실ᄊᆡ 優陁耶ㅣ 술ᄫᆞ며 아ᄃᆞᆯ님이 쏘 술ᄫᆞ시니

117

집을 꾸미게 하되 칠보로 꾸미시며 수놓은 비단 요를 펴고 앉으시더니
나무 아래 앉으시어 여러 하늘 부처가 오며 보배 침상과 가사를 천룡이 바치니

지블 빗이샤ᄃᆡ 七寶로 ᄭᅮ미시며 錦繡 쇼ᄒᆞᆯ 펴고 앉더시니
나모 아래 안ᄌᆞ샤 諸天이 오ᅀᆞᄫᆞ며 寶床 袈裟ᄅᆞᆯ 天龍이 받ᄌᆞᆸᄂᆞ니

118

좋은 음식과 성찬을 맛있게 잡수시며 잠을 주무실 때는 풍류가 어울리더니
바리를 들고 걸식하시어 중생을 위하시며 삼매 선정에 제석과 범천이 뵈러 오니

珎羞盛饌을 사 맛내 좌시며 즈무싫 제 風流ㅣ 궁밧숩더니
持鉢 乞食ᄒᆞ샤 衆生을 爲ᄒᆞ시며 三昧定에 釋梵이 뵈ᅀᆞᆸᄂᆞ니

119

보배로 꾸민 수레를 코끼리가 메더니 발을 벗어 어찌 아니 아프시리
다섯 신통력으로 메인 수레는 막히는 길이 없으니 코끼리가 끄는 수레는 험하면 가지 못하니

보비 ᄭᅮ문 술위예 象이 메더니 발을 바사매 아니 알ᄑᆞ시리
五通 메윤 술위ᄂᆞᆫ 마곤 길 업스니 象 술위ᄂᆞᆫ 머흘면 몯 가ᄂᆞ니

120

옷을 꾸미시되 칠보로 꾸미시므로 고우시고 위용이 당당하시더니
머리를 깎으시고 누비옷을 입으시어 부끄러움이 어찌 없으신가

오ᄉᆞᆯ 빗이샤ᄃᆡ 七寶로 ᄭᅮ미실ᄊᆡ 고ᄫᆞ시고 쳔쳔ᄒᆞ더시니
마리를 갓ᄀᆞ시고 누비옷 니브샤 븟그료미 엇뎨 업스신가

121

마음은 아니 닦고 옷으로 꾸미는 것을 이런 것만을 부끄러워하더니
아무리 칠보로 꾸며도 좋다 하겠습니까 법의 옷이야말로 진실의 옷이니

ᄆᆞᅀᆞᄆᆞ란 아니 닷고 오ᄉᆞ로 빗오ᄆᆞᆯ 이를ᅀᅡ 븟그리다니
현마 七寶로 ᄭᅮ며도 됴타 ᄒᆞ리잇가 法엣 오시ᅀᅡ 眞實ㅅ 오시니

122

금과 은으로 만든 그릇에 담은 여러 가지 음식이더니 빌어 온 밥을 어찌 잡수시는가.

법이 맛이 되어서 음식의 맛을 잊되 중생을 구하리라 밥을 빌어 먹습니다.

金銀 그르세 담온 種種 차반이러니 비론 바볼 엇뎨 좌시는가
法이 마시 드외야 차반올 니조디 衆生 救호리라 밥 비러 먹노이다

123

삼시전을 꾸미고 채녀가 따르더니 깊은 산골에서 얼마나 두려우신가.

죽음과 삶을 덜어 시름이 없거니 두려운 뜻이 어찌 있겠습니까.

三時殿 꾸미고 婇女ㅣ 조쫍더니 深谷深山애 언마 저프거시뇨
주굼 사로몰 더라 시름이 업거니 저픈 뜨디 어느 이시리잇고

● **삼시전三時殿** 싯달태자가 정반왕궁에 있을 때 열제熱際·우제雨際·한제寒際의 때에 맞추기 위해 알맞게 꾸민 궁전

124

향수에 목욕하시더니 초목 사이에 계시어 무슨 물로 때를 씻으시는가.

정도가 못이 되어 그 물에 목욕하므로 삼독이 없어서 쾌락이 끝이 없으니

香水예 沐浴더시니 草木 서리예 겨샤 므슴물로 띡 시스시는가
正道ㅣ 모시 드외야 그 므레 沐浴홀씨 三毒이 업사 快樂이 곳 업스니

● **삼독三毒** 사람의 마음에 해를 끼치는 탐욕·성냄·어리석음의 세 가지 번뇌

125

자식을 사랑하시어 정법을 모르시므로 세간의 티끌 같은 일을 비교하여 말씀하시니

삼계를 구하려 하시어 육신 이루신 것을 세간의 티끌 같은 일을 무엇만큼 여기시리

子息을 두스샤 正法 모르실씨 世間ㅅ 드틀을 가줄벼 니르시니
三界 救호려 ᄒᆞ샤 肉身 일우신돌 世間ㅅ 드틀을 므슴만 너기시리

126
조달이 성질이 모질므로 허공을 걷는 것을 보이시어 다른 사람을 구하려 하시니
부처의 걸음을 본들 본디의 성질이 모질어 나도 같이 술법을 하리라 하니

調達이 性이 모딜씨 虛空애 거러 뵈샤 년글 ᄀᆞ티 救호려 ᄒᆞ시니
부텻 거름 보ᅀᆞᄫᆞᆫ들 本來ㅅ 性이 모디라 나도 ᄀᆞ티 術을 호려 ᄒᆞ니

127
천룡이 따르며 꽃향기가 내리니 그날의 장엄을 모두 말씀하리까.
마른 나무에 열매 열며 말라붙은 내에 샘이 솟으니 그날의 상서를 모두 말씀하리까.

天龍이 조ᄍᆞᄫᆞ며 花香이 ᄂᆞ리니 그 낤 莊嚴을 다 ᄉᆞᆯᄫᆞ리잇가
枯樹에 여름 열며 竭川에 ᄉᆡᆷ이 나니 그 낤 祥瑞를 다 ᄉᆞᆯᄫᆞ리잇가

128
아드님을 반갑게 보시어 은혜와 사랑이 계시기에 공경하는 마음이 온전하지 못하시더니
아버님을 구하리라 변화를 보이시니 그지없는 도리에 깨달음을 구하려는 마음을 내시니

아ᄃᆞᆯ님 반가ᄫᅵ 보샤 恩愛 겨실씨 敬心이 몯 오ᄋᆞ더시니
아바님 救호리라 變化를 뵈ᅀᆞᄫᆞ신대 無上 道理예 發心ᄒᆞ시니

129

부처의 말씀을 들어서 아버님 명령으로 여인들까지도 법안을 얻으니

범지의 얼굴을 보시어 아버님 명령으로 종친들도 사문이 되니

부텻 말쏨 듣즈바 아바님 出슈으로 겨집돌토 法眼을 得ㅎ니

梵志 즁을 보샤 아바닚 긔걸로 宗親돌토 沙門이 두외니

130

조달이 고깔을 벗고 오역의 마음을 이기지 못해 아비지옥에 들어가니

화리는 코끼리가 걷지 못하고 사리불을 속이고 희롱하여 연화지옥에 들어가니

調達인 곳갈올 밧고 五逆 모숨을 계와 阿鼻地獄애 드르가니

和離는 象이 몯 걷고 舍利弗 欺弄ㅎ야 蓮花地獄애 드르가니

● 오역五逆 불교에 대한 다섯 가지 역적의 중죄

● 화리和離 조달의 벗. 나쁜 짓을 하여 지옥으로 간 사람

131

조달이 위로하러 목련이 가거늘 지옥에 피곤함이 없다 하니

조달의 안부를 세존이 묻게 하시거늘 삼선천에 즐거움과 같다 하니

調達이 慰勞를 目連이 니거늘 地獄애 잇부미 업다 ㅎ니

調達이 安否를 世尊이 물여시눌 三禪天에 즐거붐 곧다 ㅎ니

132

나가고 싶으냐 아난이를 부리신 즉 세존이 오셔야만 내가 나가겠습니다.

어찌 오실까 아난이 대답한 즉 오시지 않으면 나는 있으리라.

나고져 식브녀 阿難일 브리신대 오샤사 내 나리이다

엇뎨 오시리오 阿難이 對答ㅎ대 아니 오시면 내 이쇼리라

133

남을 위한 마음은 만복이 모이나니 기바조의 좋은 일을 여쭈리

독하게 먹은 마음은 한 개의 복도 없으니 기바조의 모진 일을 여쭈리

                                                        ● **기바조耆婆鳥** 머리가 둘, 몸뚱이가 하나인 새. 공명조共命鳥. 하나가 죽으면 다른 하나도 죽는 공동의 생명

놈 爲훈 ᄆᆞᅀᆞᆷ은 萬福이 몯ᄂᆞ니 耆婆鳥이 됴훈 일 솔ᄫᅩ리

ᄆᆞᆫ 졈 머근 ᄆᆞᅀᆞᆷ은 훈 福도 업ᄂᆞ니 耆婆鳥이 모딘 일 솔ᄫᅩ리

134

몸이 합해져도 머리가 제각기이므로 마음 먹음도 제각기 다르더니

머리가 둘이라도 몸이 하나이므로 배부름도 한가지더니

몸이 어울오도 머리 제여고밀씨 ᄆᆞᅀᆞᆷ 머굼도 제여고미러니

머리 둘히라도 몸이 ᄒᆞ나힐씨 비블옴도 ᄒᆞᆫ가지러니

135

한 머리가 자거늘 한 머리가 깨어 있어 좋은 꽃 먹어 남을 위하니

두 머리가 깨어 있어 한 머리를 자라고 하여 독 있는 꽃 먹고 저도 죽으니

ᄒᆞᆫ 머리 자거늘 ᄒᆞᆫ 머리 ᄀᆞᄫᅡ이샤 됴훈 곳 머거 ᄂᆞᆷ을 爲ᄒᆞ니

두 머리 ᄀᆞᄫᅡ이셔 ᄒᆞᆫ 머릴 자라 ᄒᆞ야 모딘 곳 먹고 저도 주그니

136

좋은 꽃 먹은 머리는 이름이 가루다이더니 세존의 몸이 이 넋이시니

모진 꽃 먹은 머리는 우바가루다이더니 조달의 몸이 저 넋이니

됴훈 곳 머근 머리는 일훔이 迦嘍茶ㅣ러니 世尊ㅅ몸이 이 넉시러시니

모딘 곳 머근 머리는 優婆迦嘍茶ㅣ러니 調達이 몸이 뎌 넉시러니

137

많은 종친 앞에서 연꽃에 앉아 보이시므로 나라 사람의 의심이 이미 없어졌거니와

많은 부처 가운데에서 아버님을 알아보시므로 나라 사람의 의심이 더욱 없어졌습니다.

한 宗親ㅅ 알픽 蓮ㅅ고지 안자 뵈실씨 國人ㅅ 疑心이 ᄒᆞ마 업서니와
한 부텻 서리예 아바님 아라 보실씨 國人ㅅ 疑心이 더욱 업스니이다

138

목련이를 보내시어 야수께 기별하시어 나운이를 반드시 보내라

목련이 오는 줄 야수가 들으신 까닭에 나운이를 깊이 감추시니

目連 일 보내샤 耶輸ㅅ긔 유무ᄒᆞ샤 羅雲이를 모디 보내라
目連이 오ᄂᆞᆫ 둘 耶輸ㅣ 드르실씨 羅雲이를 기피 ᄀᆞ초시니

139

목련의 신통한 힘이 눈앞에 보이고 영원한 쾌락을 힘주어 말씀드려도

야수의 자비심에 먼 생각하심이 없으시므로 평생의 서러운 뜻을 힘주어 말씀하시니

目連의 神通力이 눈 알픽 뵈ᅀᆞᆸ고 永世 快樂ᄋᆞᆯ ᄀᆞ장 ᄉᆞᆲ바도
耶輸ㅅ 慈悲心에 먼 혜미 업스실씨 一生 셜븐 ᄠᅳᆮ ᄀᆞ장 니ᄅᆞ시니

140

아내가 되어 하늘같이 섬기더니 3년이 못 차서 세간을 버리시니

차닉을 돌려보내시어 맹서로 알리시기를 도리를 이루어 돌아오려 하시니

妻眷이 드외ᅀᆞᄫᅡ 하ᄂᆞᆯ 곧 셤기ᅀᆞᆸ다니 三年이 몯 차 世間 ᄇᆞ리시니
車匿이 돌아 보내샤 盟誓로 알외샤ᄃᆡ 道理 일워 도라오려 ᄒᆞ시니

141

녹피 옷을 입으시어 산골에서 고행하신 뒤 6년 만에 돌아오시되
은혜를 잊으시어 친근히 아니 하시고 길 가는 사람 보듯 하시니

鹿皮옷 니브샤 묏골애 苦行ᄒᆞ샤 六年에 도라오샤ᄃᆡ
恩惠를 니ᄌᆞ샤 親近히 아니ᄒᆞ샤 路人을 ᄀᆞ티 ᄒᆞ시니

142

어버이 여의옵고 남을 의지하여 있되 어미와 아들이 혼미하게 살고 있습니다.
인생을 즐기겠습니까 죽음만 기다리고 있으니 목숨이 무거워 손수 죽지 못하고 있습니다.

어버ᅀᅵ 여희ᅀᆞᆸ고 ᄂᆞᆷ 울 브터 이쇼ᄃᆡ 어ᅀᅵ 아ᄃᆞᆯ이 입게 사노이다
人生을 즐기리잇가 주구믈 기드리노니 목숨 므거ᄫᅥ 손ᅀᅩ 몯 죽노이다

143

서럽고 애달픈 뜻이여 누구를 비교하여 말하리까 사람이라도 짐승만 못하오이다.
사는 것이 이러하거늘 아들을 이별해야 겠습니까 아내가 되어 서러움이 이러함이어

셟고 애받븐 ᄠᅳ디여 누를 가ᄌᆞᆯ빓가 사ᄅᆞ미라도 즁ᄉᆡᆼ만 몯ᄒᆞ이다
사로미 이러커늘ᅀᅡ 아ᄃᆞᆯ을 여희리잇가 妻眷 드외여 셜부미 이러ᄒᆞᆯ쎠

144

서러운 일 중에서도 이별이 심하니 어미와 아들의 이별이 어떠한가요.
도리를 이루시어 자비를 펴신다고 하니 이런 일이 자비의 어느 것에 속하는가요.

셜븐 잃 中에 離別이 甚ᄒᆞ니 어ᄉᆡ 아ᄃᆞᆯ 離別이 엇던고
道理를 일우샤 慈悲를 펴시ᄂᆞ니 이런 일이 慈悲 어늬신고

145

정반왕의 말씀을 대애도가 여쭈되 아직도 모르시어 구태여 두셨더니
세존의 말씀을 화인이 여쭈거늘 즉시 아시어 눈물로 이별하시니

淨飯王 말ᄊᆞ믈 大愛道ㅣ 솔ᄫᅩ디 ᄉᆞᆫ직 모ᄅᆞ샤 구틔여 뒷더시니 ● 화인化人 변화로 만든 사람
世尊 말ᄊᆞ믈 化人이 솔ᄫᅡ놀 고대 아ᄅᆞ샤 눈믈로 여희시니

146

야수를 기쁘게 하리라 쉰 명의 아이가 출가하니 부왕의 선심이 어떠하십니까.
나운이 덤비시거늘 다시 설법하시니 세존의 자비심이 어떠하십니까.

耶輸를 깃교리라 쉰 아히 出家ᄒᆞ니 父王ㅅ 善心이 엇더ᄒᆞ시니
羅雲이 골외어시ᄂᆞᆯ 다시 說法ᄒᆞ시니 世尊ㅅ 慈心이 엇더ᄒᆞ시니

147

가섭의 좋은 뜻 알아 허공의 말로 듣게 하니 죽원 길을 즉시에 향하니
가섭이 올 줄 아시어 부처가 나와 보시니 나한과를 즉일에 얻으니

迦葉의 됴ᄒᆞᆫ ᄠᅳᆮ 아라 虛空이 말로 들이니 竹園ㅅ 길흘 卽時예 向ᄒᆞ니 ● 나한과羅漢果 아라한
迦葉의 옳ᄃᆞᆯ 아ᄅᆞ샤 부톄 나아 보시니 羅漢果를 卽日에 得ᄒᆞ니   이 될 수 있는 과보果報

148

사위국의 수달이 바라문을 부려 어린 아들의 아내를 구하더니
왕사성의 호미가 바라문을 알고 어린 딸이 보시하게 하니

舍衛國 須達이 婆羅門을 브려 아기아들이 각시를 求ᄒ더니
王舍城 護彌 婆羅門을 알오 아기 ᄯᆞ리 布施ᄒ게 ᄒ니

● **호미護彌** 왕사성의 부호富豪. 수달의 일곱째 며느리의 아버지

149

바라문의 말을 호미가 듣고 기뻐 수달의 아들에게 딸을 시집보내려 하더니
바라문의 소식을 수달이 보고 기뻐 호미의 딸에게 아들을 장가들이러 가니

婆羅門이 말을 護彌 듣고 깃거 須達이 아ᄃᆞᆯ을 ᄯᆞᆯ을 얼유려 터니
婆羅門이 유무를 須達이 보고 깃거 護彌 ᄯᆞᆯ을 아ᄃᆞᆯ 얼이라 가니

150

이바지 듣고 그 뜻을 묻거늘 부처의 공덕을 호미가 자세하게 말하니
제단을 보다가 제 눈이 어둡거늘 부처의 공경을 벗이 다시 알리니

이바딜 듣고 그 ᄠᅳ들 무러늘 부텻 功德을 護彌 ᄀᆞ장 니ᄅᆞ니
祭壇을 보다가 제 눈이 어듭거늘 부텨 恭敬을 버디 다시 알외니

151

수달이 예의를 몰라 한 번도 감돌지 않거늘 정거천이 가르치려 하니
정거천이 예의를 알아 세 번을 감돌거늘 수달이 보아 배우니

須達이 禮를 몰라 ᄒᆞᆫ 번도 아니 도라놀 淨居天이 ᄀᆞᄅᆞ쵸려 ᄒ니
淨居天이 禮를 아라 세 브를 값도라놀 須達이 보아 비호니

152

정성으로 뵈오므로 사제를 일러 주시거늘 수다원을 곧 이루니

정성으로 청하옵고 정사를 지으려 하거늘 사리불을 곧 보내시니

情誠으로 뵈ᅀᆞ볼씨 四諦를 닐어시놀 須陁洹을 곧 일우ᅀᆞᄫ니
情誠으로 請ᄒᆞᅀᆞᆸ고 精舍 지ᅀᅮ려커늘 舍利弗을 곧 보내시니

● **수다원須陁洹** 성문聲聞 사과四果의 하나. 번뇌가 없는 도리(無漏道)에 처음 참례해 들어간 증과證果

153

사리불에게 물어 두 노정마다 정사를 셋씩 지으니

기타에게 청하여 80경의 동산에 황금을 모두 깔려 하니

舍利弗의 그에 무러 두 즈ᇝ겟길마다 亭舍를 세콤 지ᅀᆞ니
祇陁ㅣ 그에 請ᄒᆞ야 八十頃 東山애 黃金을 채 ᄭᆞ로려 ᄒᆞ니

● **기타祇陁** 사위국의 태자 이름. 자기 소유의 기림祇林을 부처께 바침
● **경頃** 논과 밭의 면적 단위. 경은 백 묘畝 한 묘는 240보步

154

기타가 관청에 송사하더니 정거천의 말을 듣고 동산을 마지못해 내어 파니

기타가 값을 받더니 수달의 뜻을 알고 나무를 부러 팔지 않으니

祇陁ㅣ 官訟이러니 淨居天의 말 듣고 東山ᄋᆞᆯ 구쳐 내야 ᄑᆞ니
祇陁ㅣ 빋 받더니 須達이 ᄠᅳ들 알오 즘게를 부러 아니 ᄑᆞ니

155

육사가 임금께 말씀드려 사리불을 업신여겨 새 집 짓기를 못하게 하려 하더니

수달이 임금께 들어 사리불을 믿지 못해 낡은 옷을 입고 매우 걱정하니

六師ㅣ 王ㅅ긔 닐어 舍利弗을 업시봐 새 집 지실 몯게 호려터니
須達이 王ㅅ긔 드러 舍利弗을 몯 미다 눌근 옷 니버 시름 ᄀᆞ장 ᄒᆞ니

● **육사六師** 육사외도六師外道라고 한다. 부처의 생존 당시 중인도에서 가장 세력이 크던 외도인의 철학자

156
염부제에 가득한 외도인이 한 터럭도 흔들지 못할 것을 수달이 듣고 목욕 감고 나오니

내 집에 와 있는 사문이 육사와 겨룰 것을 임금께 알리거늘 북을 쳐 모으니

閻浮提 ㄱ둑훈 外道ㅣ 훈 터럭 몯 무읋 둘 須達이 듣고 沐浴 ㄱ마 나니
내 지븨 왯눈 沙門이 六師와 겻귫 둘 王ㅅ긔 닐어늘 부플 텨 뫼호니

157
사리불 한 몸이 나무 밑에 앉아 선정에 들어 고요하더니

외도인 3억만 명이 왕의 앞에 들어와 말이 많아 떠벌리더니

舍利弗 훈 몸이 즘게 미틔 안자 入定ᄒᆞ야 괴외ᄒᆞ더니
外道 三億萬이 王ㅅ 알ᄑᆡ 드라 말이 재야 숫두버리더니

158
노도차가 엷은 뜻이라 한 나무를 내니 꽃잎이 피어 모든 사람을 다 덮으니

사리불은 신력이라 선람풍이 부니 뿌리 빼내어 땅에다가 모두 부서 뜨리니

勞度差ㅣ 열븐 ᄠᅳ디라 훈 남글 내니 곳니피 펴 衆人ᄋᆞᆯ 다 두프니
舍利弗 神力이라 旋嵐風이 부니 불휘 ᄲᅡ혀 ᄯᅡ해 다 ᄇᆞ아디니

● **노도차勞度差** 외도인外道人으로 환술에 능함. 사리불과 재주를 겨루어 진 다음에 그의 제자가 됨

159
한 못을 만들어 내니 사면이 다 칠보이고 그 가운데 여러 가지 꽃이 피더니

여섯 어금니의 흰 코끼리 나오니 어금니마다 꽃과 옥녀이고 물을 다 마셔 그 못이 사라지니

훈 모ᄉᆞᆯ 내니 四面이 다 七寶ㅣ오 그 가온ᄃᆡ 種種 고지러니
六牙 白象이 나니 엄마다 곳과 玉女ㅣ오 므를 다 마셔 그 모시 스러디니

160

칠보산을 만들어 내니 물과 나무가 있으며 꽃과 열매가 모두 갖춰 있더니

금강역사가 나오니 금강저를 잡아 멀리에서 겨누니 금방 무너지니

七寶山을 내니 믈와 남기 이시며 곶과 여름이 다 ᄀ초 잇더니
金剛力士ㅣ 나니 金剛杵를 자바 머리 견지니 고대 믈어디니

● **금강저金剛杵** 스님들이 수법修法할 때 쓰는 도구

161

머리가 열 개인 용을 만들어 내니 여러 가지 보배 비와 천둥 번개를 쳐 사람이 놀라더니

금시조가 나오니 그 용을 잡아서 가닥가닥 찢어 다 먹어 버리니

열 머리 龍을 내니 種種 보비 비와 天動 번개를 사ᄅᆞᆷ이 놀라더니
金翅鳥ㅣ 나니 그 龍을 자바 올오리 ᄯᅳ저 다 머거 ᄇᆞ리니

● **금시金翅** 금시조. 용을 잡아먹는 조류의 괴수

162

큰 소를 만들어 내니 몸이 크고 다리가 크고 두 뿔이 칼같이 날카롭고,

소리 지르고 땅을 후비며 달려들어 오더니 사자가 나와 잡아서 다 먹으니

한 쇼를 내니 몸 크고 다리 크고 두 ᄲᅳᆯ이 갈곧 눌캅고
소리코 ᄯᅡ 허위여 드리ᄃᆞ라 오더니 獅子ㅣ 나아 자바 다 머그니

163

노도차의 환술이 점점 글러 가므로 제 몸이 도깨비가 되니

사리불의 신력이 점점 넉넉하므로 스스로 비사문의 모습을 하게 되니

勞度差이 幻術이 漸漸 외야갈씨 돗가비를 제 몸이 ᄃᆞ외니
舍利弗 神力이 漸漸 有餘ᄒᆞᆯ씨 毘沙門을 자내 ᄃᆞ외니

164

머리와 입이 불이며 손톱, 발톱이 길며 어금니가 길고 피같은 눈이 무서워도
사방에 불이 일어나 갈 길이 아득하므로 엎드려 살려 주소서 하니

머리와 입괘 블이며 톱길며 엄이길 오피 굳흔 눈이 므싀엽고도
四面에 블이 니러 갏 길히 이블씨 업더디여 사ᄅᆞ쇼셔 ᄒᆞ니

165

다니며, 머물며, 앉으며, 누우며 공중에 천만 가지 변화이더니
수다원 · 사다함 · 아나함 · 아라한의 증과를 그날에 천만 사람이 이루니

ᄃᆞ니며 머믈며 안ᄌᆞ며 누부ᄆᆞ 空中에 千萬 變化ㅣ러니
須陁洹 斯陁含 阿那含 阿羅漢ᄋᆞᆯ 即日에 千萬人이 일우니

166

신력이 넉넉하므로 환술을 이길 뿐 아니라 제도한 중생이 몇 천만인가.
환술이 혼미하게 되므로 신력에 항복할 뿐 아니라 사문이 되고자 원하는 사람 몇 천만인가.

神力이 有餘ᄒᆞᆯ씨 幻術 이길 ᄲᅮᆫ 아니라 濟渡 衆生이 幾千萬이어뇨
幻術이 입게 ᄃᆞ욀씨 神力 降服 ᄲᅮᆫ 아니라 願爲沙門이 幾千萬이어뇨

167

버마재비 벌레가 수레바퀴에 거스리는 것을 세상 사람이 다 웃습니다.
노도차와 같은 외도인이 사리불과 겨루던 것을 이내 마음에 더욱 웃습니다.

ᄃᆞᆼ이아지 벌에 술위ᄢᅵ 거스는 ᄃᆞᆯ 世間ㅅ 사ᄅᆞᆷ이 다 웃ᄂᆞ니이다
勞度差 外道ㅣ 舍利弗 겻구던ᄃᆞᆯ 이내 ᄆᆞ숨애 더욱 웃노이다

168

마주 줄을 잡아 정사 터를 재더니 여섯 하늘에 집을 지으니

혼자 웃음을 웃어 정사의 공덕을 말하고 중천에 집을 두게 하니

마조 줄을 자바 精舍 터흘 되더니 六天에 지블 지스니

ᄒᆞ오사 우ᅀᅮ믈 우ᅀᅡ 精舍ㅅ 功德 니ᄅᆞ고 中天에 지블 두게 ᄒᆞ니

169

아흔 한 겁 전부터 이 장자가 발심이 넓어 어느 겁엔들 공덕이 적을까.

일곱 부처 위하여 이 땅에 정사를 지어 어느 부처께 공경함이 덜하겠습니까.

아ᄒᆞᆫ ᄒᆞᆫ 劫을 브터 이 長者ㅣ 發心 너버 어느 劫에 功德이 져ᄀᆞᆯ가

닐굽 부텨 爲ᄒᆞᅀᆞᄫᅡ 이 따해 精舍 지ᅀᅥ 어느 부텻긔 恭敬이 덜리잇가

170

개미의 삶이 오래고 몸 닦기를 모르는 것을 사리불이 슬프게 여기니

개미의 삶을 보이고 몸 닦기를 권하거늘 수달이도 슬프게 여기니

가야미 사리 오라고 몸 닷기 모ᄅᆞᄂᆞᆫ 돌 舍利弗이 슬피 너기니

가야미 사릴 뵈오 몸 닷길 勸ᄒᆞ야ᄂᆞᆯ 須達이도 슬피 너기니

171

천 개의 별실과 백 개의 종실을 장엄 다하고 왕사성에 임금의 말로 여쭈니

중천계와 대천계에 광명이 비추시고 사위국에 임금의 말로 오시니

千別室 百鍾室을 莊嚴을 다ᄒᆞ고 王舍城에 님금 말로 ᄉᆞᆯᄫᅳ니

中千界 大千界예 光明이 비취시고 舍衛國에 님금 말로 오시니

172

하늘도 움직이고, 땅도 움직이더니 세계의 상서를 어찌 다 여쭐 수 있으리

음악 소리도 일어나며 앓던 사람도 좋더니 중생의 이익을 어찌 다 여쭐 수 있으리

하늘토 뮈며 따토 뮈더니 世界ㅅ 祥瑞를 어느 다 솔ᄫ리

風流ㅅ 소리도 닐며 病ᄒ니도 됴터니 衆生 利益을 어느 다 솔ᄫ리

173

수달이 정성이므로 18억 중생을 위하시어 묘법을 이르시니

공주가 정성이므로 무비신을 보이시어 승만경을 이르시니

須達이 情誠일씨 十八億衆 爲ᄒ샤 妙法을 니ᄅ시니

公主ㅣ 情誠일씨 無比身이 뵈샤 勝鬘經을 니ᄅ시니

● 무비신無比身 세간에 견줄 것이 없는 몸으로 부처의 몸
● 승만경勝鬘經 사위국 파사닉왕의 딸. 아유저국으로 시집간 승만부인이 세존께 자기의 생각을 여쭙고 세존께서 이를 기쁘게 받아들인 것이 경의 내용

174

수달이 그리워하더니 세존께 말씀드려 손톱과 머리털을 받아 감추어 두더니

수달이 병을 앓고 있더니 세존께서 가 보시어 아나함을 수기하시니

須達이 그리숩더니 世尊ㅅ긔 솔바 톱과 터리를 바다 ᄀ초ᅀᄫ니

須達이 病ᄒ얏더니 世尊이 가 보샤 阿那含ᄋᆞᆯ 授記ᄒ시니

175

도솔천에 올라가 몸이 천자가 되어 공덕을 기려 뵙고자 하니

세존께 내려와 몸에서 광채를 내고 게송을 지어 찬탄하니

兜率天에 올아가 몸이 天子ㅣ 두외오 德을 그려 보ᅀᆞᆸ고져 ᄒ니

世尊ㅅ긔 ᄂᆞ려와 몸애 放光ᄒ고 偈를 지서 讚歎ᄒᅀᆞᄫ니⁵

---

5 『석보상절』 권6에 실린 '월인천강지곡' 其174~175 2곡은 『월인천강지곡』 상권과 일치한다.

176

7년을 물리고자 하여 출가를 거스르니 발제의 말이 그 아니 우스운가.

7일을 물리고자 하여 출가를 이루니 아나율의 말이 그 아니 옳은가.

七年을 믈리져 ᄒᆞ야 出家를 거스니 跋提 말이 그 아니 웃브니
七日을 믈리져 ᄒᆞ야 出家를 일우니 阿那律 말이 그 아니 올ᄒᆞ니[6]

- **발제跋提** 부처의 사촌 아우. 출가하여 부처의 5대 제자 가운데의 한 사람
- **아나율阿那律** 부처의 사촌 아우. 출가하여 부처의 10대 제자 가운데의 한 사람

177

난타를 구하려고 비구를 만드시고 빈 방을 지키라 하시니

아내가 그리우므로 세존께서 나가신 사이에 옛 집에 가려고 하니

難陁를 救호리라 比丘 밍ᄀᆞ르시고 뷘 房을 딕ᄒᆞ라 ᄒᆞ시니
가시 그리블씨 世尊 나신 ᄉᆞ시로 녯 지븨 가리라 ᄒᆞ니

178

병의 물이 넘치며 닫은 문이 열리거늘 일부러 빈 길을 찾아가더니

세존을 만나며 큰 나무가 들리거늘 부득이 뵈옵고 따라오니

瓶읫 므리 ᄢᅵ며 다돈 이피 열어늘 부러 뷘 길흘 ᄎᆞ자 가더니
世尊을 맞나ᅀᆞᄫᆞ며 즘게 남기 들여늘 구처 뵈ᅀᆞᆸ고 조ᄍᆞ바오니

179

아내의 얼굴을 물으시고 눈 먼 원숭이 물으시거늘 세존의 말을 우습게 여기니

다만 교정이 된 내용은 음성운의 한자음 표기법이 『훈민정음』 해례본과 동일하게 'ㅇ'으로 표기되어 있고 'ㆁ'을 첨부하여 교정한 차이가 있다.

6 『월인천강지곡』의 176곡이 『월인석보』 권7에서는 '177곡'으로 바뀌었다. 지금까지 찾지 못한 권5와 권6 사이에 한 곡이 더 늘어났거나, 노래의 곡차만 바뀌어 실린 것으로 추정하고 있다. '웃브니'는 '웃ᄇᆞ니'로 고쳤고, '올ᄒᆞ니'는 '을ᄒᆞ니'로 잘못 새겼다.

도리천을 보이시고 지옥을 보이시거늘 세존의 말을 기쁘게 여기니

가시 揉무르시고 눈먼 납 무러시놀 世尊ㅅ 말올 웃비 너기니
忉利天을 뵈시고 地獄올 뵈여시놀 世尊ㅅ 말올 깃비 너기니

● 도리천 욕계欲界 6천의 제2천. 33천. 수미산 꼭대기에 있음

180

이레가 차지 못해 나한과를 얻거늘 비구들이 찬탄하니

오늘날 뿐 아니라 가시국을 구하신 걸 비구들에게 이르시니

닐웨 추디 몯호야 羅漢果롤 得호야놀 比丘돌히 讚歎호니[7]
오놄날 쑨 아니라 迦尸國 救호신돌 比丘드려 니르시니

● 가시국迦尸國 전 세상에 있었던 나라 이름

181

나건하라국이 독룡과 나찰을 이기지 못해 물리칠 재주가 없더니

불파부제왕이 범지와 공신의 말로 정성어린 향이 금개가 되니

那乾訶羅國이 毒龍 羅刹올 계워 方攘앳 術이 쇽절업더니
弗波浮提王이 梵志 空神이 말로 精誠엣[8] 香이 金蓋 드외니

● 나찰羅刹 몹시 날래고 사람을 잡아먹는다는 귀신. 야차夜叉와 함께 비사문천毘沙門天의 권속

● 불파부제왕 인도 토후국 나건하라국那乾訶羅國의 왕

182

유리산 위의 못가 칠보로 늘어선 나무 사이에 은굴 한 가운데 금상이 이루어져 있더니 【간間은 사이다.】

금상에 가섭이 앉고 5백 제자들이 열두 가지 두타행을 또 닦게 하니

瑠璃山 우흿 모새 七寶 行樹間애 銀堀ㅅ 가온디 金床이 이렛더니【間은 스시라】
金床애 迦葉이 앉고 五百 弟子돌히 十二 頭陁行올 쏘 닷긔 호니

---

7 『월인천강지곡』의 원문은 '歎讚'이다. 판을 잘못 짰음〔誤植〕으로 바로 잡는다.『월인석보』권7에는 '讚歎'으로 고쳤다.

8 『월인천강지곡』의 원문은 '情誠'이다.『월인석보』권7에는 '精誠'으로 고쳤다.

183
백 천 마리의 용이 서리어 앉을 것이 되고 입의 불이 칠보상이 되니
보배로 된 휘장과 번개와 당번 아래 대목건연이 앉으니 유리 같아서 안팎이 비치니

百千 龍이 서리여 안좋 거시 ᄃ외야 이뻿 블이 七寶床이러니
寶帳 蓋幢幡 아래 大目犍連이 안자 瑠璃 곧ᄒ야 안팟기 비취니

184
설산의 백옥굴에 사리불이 앉고 5백 사미는 칠보굴에 앉으니
사리불의 금빛으로 빛나는 몸이 금빛을 내고 불법을 일러 사미들이 들으니

雪山 白玉堀애 舍利弗이 앉고 五百 沙彌 七寶堀애 안ᄌ니
舍利弗 金色身이 金色放光ᄒ고 法을 닐어 沙彌ᄅᆞᆯ 들이니

185
연꽃이 황금 대가 되고 위에는 금빛 보개더니 5백 비구를 가전연이 데리고 가니
연화대 위에 모여 앉아 몸에서 물이 나되 꽃 사이에 흘러도 땅이 젖지 않으니

蓮ㅅ고지 黃金臺오 우희 金蓋러니 五百 比丘를 迦旃延이 드리니
臺上애 모다 안자 몸애 믈이 나디 花間애 흘러 짜히 아니 저즈니

186
이 네 제자들이 5백 비구를 데리고 이렇게 앉아 날아가니
1,250명의 제자가 또 신통력을 내어 기러기 떼 같이 날아가니

이 네 弟子들히 五百 比丘 옴ᄃᆞ려 이리 안자 ᄂᆞ라가니
千二百 五十 弟子ㅣ ᄯᅩ 神力을 내여 鴈王ᄀᆞ티 ᄂᆞ라가니

● 안왕鴈王 기러기

187

제자들 보내시고 옷과 바리를 지니시어 아난과 더불어 가시니

제천들이 따르거늘 광명을 넓히시어 모든 부처가 함께 가시니

弟子ᄃᆞᆯ 보내시고 衣鉢ᄋᆞᆯ 디니샤 阿難이ᄅᆞᆯ 더브러 가시니
諸天ᄃᆞᆯ 조ᄍᆞᆸ거늘 光明을 너피샤 諸佛이 ᄒᆞᆫᄢᅴ 가시니

188

열여섯 독룡이 모진 성을 내어 몸에서 불을 내고 우박을 뿌리니

다섯 나찰녀가 꼴사나운 모양을 지어 눈에서 불이 나와 번개 같으니

열 여ᄉᆞᆺ 毒龍이 모딘 性을 펴아 몸애 블 나고 무뤼ᄅᆞᆯ 비ᄒᆞ니
다ᄉᆞᆺ 羅刹女ㅣ 골업슨 즈ᇫ을 지ᅀᅡ 눈에 블 나아 번게 ᄀᆞᆮᄒᆞ니

● **나찰녀羅刹女** 사람을 잡아먹는다는 귀녀鬼女

189

금강신의 금강저에서 불이 나거늘 독룡이 두려워하더니

세존의 그림자에 감로를 뿌리므로 독룡이 살아나니

金剛神 金剛杵에 블이 나거늘 毒龍이 두리여터니
世尊ㅅ 그르메예 甘露ᄅᆞᆯ ᄲᅳ리어늘 毒龍이 사라나ᅀᆞᄫᆞ니

● **금강신金剛神** 금강석처럼 견고하여 파괴할 수 없는 영원한 부처의 본체

190

허공에 가득한 금강신이 각각 금강저를 가졌으니 모진들 두렵지 않으리【만허공은 허공에 가득한 것이다.】

허공에 가득한 세존이 각각 빛을 내시니 모진들 기뻐하지 않으리

滿虛空 金剛神이 各各 金剛杵ㅣ 어니 모딘ᄃᆞᆯ 아니 저ᅀᆞᄫᆞ리【滿虛空ᄋᆞᆫ 虛空애 ᄀᆞ득ᄒᆞᆯ 씨라】
滿虛空 世尊이 各各 放光이어시니 모딘ᄃᆞᆯ 아니 깃ᅀᆞᄫᆞ리

191

용왕이 두려워하여 칠보 평상을 놓고 부처여 구하여 주소서 하니

국왕이 공경하여 흰 털로 간 담요와 진주 그물을 펴고 부처여 들어오소서 하니

龍王이 두리ᅀᄫᅡ 七寶 平床座 노ᄉᆞᆸ고 부텨하 救ᄒᆞ쇼셔 ᄒᆞ니

國王이 恭敬ᄒᆞᅀᆞᄫᅡ 白氎 眞珠網 펴ᅀᆞᆸ고 부텨하 드르쇼셔 ᄒᆞ니 ● 백첩白氎 흰 빛의 가는 모직

192

발을 드시니 다섯 가지 빛의 광명이 나서 꽃이 피고 보살이 나시니

팔을 드시니 보배의 꽃이 떨어져 금시조가 되어 용을 두렵게 하니

발ᄋᆞᆯ 드르시니 五色 光明이 나샤 고지 프고 菩薩이 나시니

ᄇᆞᆯᄒᆞᆯ 드르시니 보비옛 고지 ᄠᅳ러 金翅⁹ ᄃᆞ외야 龍ᄋᆞᆯ 저킈ᄒᆞ니

193

칠보 금대에 칠보 연꽃이 피거늘 얼마나 많은 부처가 가부좌를 하셨느냐.

유리굴 가운데 유리좌가 나거늘 얼마나 많은 비구가 화광삼매에 들어갔느냐.

七寶 金臺예 七寶蓮花ㅣ 일어늘 현맛 부톄 加趺坐ㅣ어시뇨

瑠璃崛ㅅ 가온ᄃᆡ 瑠璃座ㅣ 나거늘 현맛 比丘ㅣ 火光三昧어뇨   ● 화광삼매火光三昧 불을 내는 선정禪定

194

국왕이 변화를 보고 좋은 마음을 내니 신하들도 또 내셨습니다.

용왕이 금강저를 두려워하여 모진 마음을 고치니 나찰도 또 고쳤습니다.

國王이 變化 보ᅀᆞᄫᅡ 됴ᄒᆞᆫ ᄆᆞᅀᆞᆷ 내니 臣下도 ᄯᅩ 내니이다

龍王이 金剛杵 저허 모딘 ᄆᆞᅀᆞᆷ 고티니 羅刹도 ᄯᅩ 고티니이다

9 『월인천강지곡』의 원문은 '금혈金翅'이다. '혈翅'은 '시翅'를 잘못 새긴 것으로 보인다.

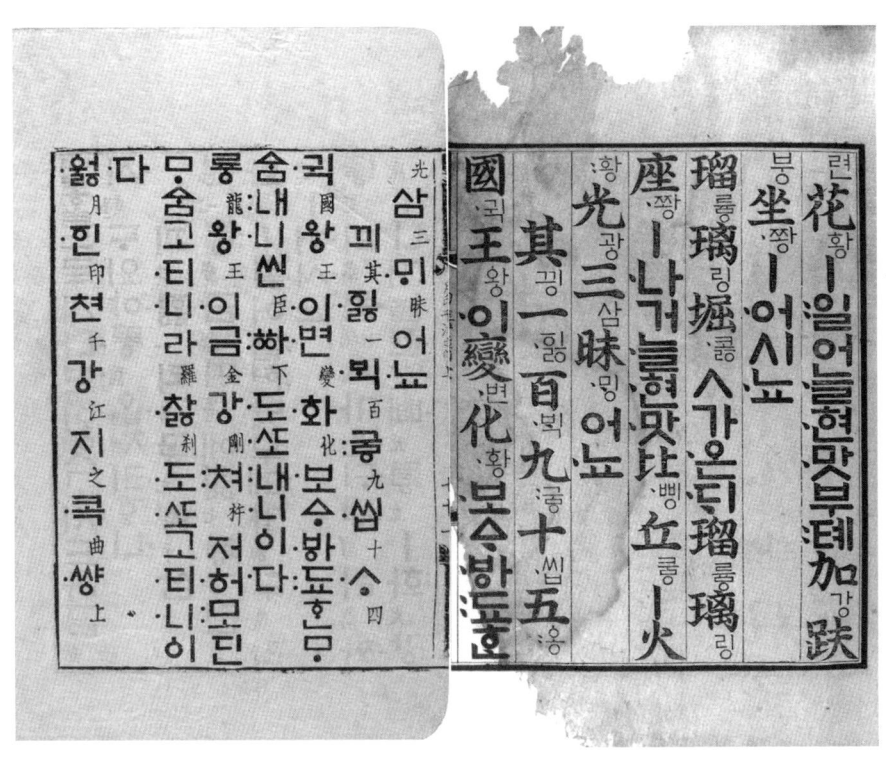

『월인천강지곡』 상권의 194곡(왼쪽). 『월인석보』 권7에서는 195곡으로 순서가 바뀌었다.
ⓒ 국가유산청 국가유산포털

『월인석보』권7 -보물[10]

196

빈 바리의 공양이더니 부처가 신력을 내시어 수없이 많은 대중을 충분히 겪으니

하늘나라 음식을 먹으니 염불삼매에 들어 여러 부처의 말을 다 들으니

빈 바리 供養이러니 부톄 神力 내샤 無量衆을 주래 겻그니
天食을 먹수븅니 念佛三昧예 드라 諸佛ㅅ 말올 다 듣ᄌᆞ븅니

● **염불삼매念佛三昧** 한마음으로 부처의 상호 장엄을 관하고 그 관이 성숙하여 법계에 두루한 이 법신리법신法身의 실상을 관하는데 이르는 삼매

197

국왕은 오소서 용왕은 계십시오 이 두 말 중 어느 것을 따르시려나

용왕에겐 있으리라 왕에게는 가리라 이 두 곳 중 어디에 계시려나

國王은 오쇼셔 龍王은 겨쇼셔 이 두 말올 어늘 從ᄒᆞ시려뇨
龍이그엔 이쇼리라 王ㅅ 그엔 가리라 이 두 고대 어듸 겨시려뇨

198

제천의 말에 웃으시어 입에서 방광하시니 무수한 여러 부처가 보살을 데리시니

용의 굴에 앉으시어 왕성에 들어가시니 무수한 나라에서 여래께서 설법하시더니

---

10 『월인천강지곡』상권에 기176~기194로 표기된 노래가 『월인석보』권7에는 한 곡차씩 뒤로 밀려 기177~기195로 되어 있다. 전하지 않는 『월인석보』권5, 권6 중 어느 곳인가에 한 곡이 새로 추가되었음을 알 수 있다. 현재로서는 그 정확한 사정을 확인하기가 어렵다. 『월인천강지곡』상권의 노래 차례에 따른다.

諸天의 말 우스샤 이베 放光ᄒ시니 無數諸佛이 菩薩ᄃ리시니
龍이 堀애 안ᄌ샤 王城에 드르시니 無數諸國에 如來 說法더시니

199

열여덟 가지 변화를 보이시고 그림자 비춰 모진 뜻을 고치라 하시니
제천이 모여 와서 그림자를 공양하여 좋은 법을 또 들으니

● **십팔변十八變** 부처가 선정에 들 때 나타나는 18가지 신기한 변화

十八變 뵈시고 그르멜 비취샤 모딘 ᄠ들 고티라 ᄒ시니
諸天이 모다 와 그르멜 供養ᄒᅀᆞᄫᅡ 됴ᄒᆞᆫ 法을 ᄯᅩ 듣ᄌᆞᄫᆞ니

200

극락세계에 아미타불 공덕을 세존이 말씀하시니
기환정사에 대중이 모였거늘 사리불이 들으니【기祇는 기타祇陀, 환桓은 숲으로 기타수祇陀樹와 한가지다.】

● **기환정사祇桓精舍** 기원정사. 수달장자가 부처께 기증한 절

極樂世界예 阿彌陀 功德을 世尊이 니ᄅ시니
祇桓精舍애 大衆이 모댓거늘 舍利弗이 듣ᄌᆞᄫᆞ니【祇ᄂᆞᆫ 祇陀ㅣ오 桓ᄋᆞᆫ 수프리니 祇陀樹ㅣ라 호미 ᄒᆞᆫ가지라】

201

10만억 불국토를 지나 한 세계가 있나니 이름이 극락이니
10겁을 내려오신 한 부처 계시니 이름이 아미타이시니

● **아미타阿彌陀** 무량수無量壽라는 말이다. 무량수는 한이 없는 목숨이다.

十萬億土 디나아 ᄒᆞᆫ 世界 잇ᄂᆞ니 일훔이 極樂이니
十劫을 ᄂᆞ려오신 ᄒᆞᆫ 부톄 겨시니 일훔이 阿彌陀ㅣ시니

202

부처의 광명이 시방에 비추시며 수명이 한이 없으시니

중생의 쾌락이 많은 괴로움 모르며 목숨이 가이 없으니【중고衆苦는 많은 괴로움이다.】

부텻 光明이 十方애 비취시며 壽命이 그슴 업스시니
衆生 快樂이 衆苦를 모ᄅ며 목숨이 ᄀᴅ 업스니【衆苦ᄂᆞᆫ 한 受苦ㅣ라】

203

난간이 일곱 겹이며 구슬그물이 일곱 겹이며 일곱 겹 늘어선 나무에 사보가 구비되니

● 나망羅網 불당을 장식하는 보배 구슬로 꿰어 만든 그물
● 사보四寶 금·은·유리·파려玻瓈

연못이 칠보이며 누각이 칠보이며 사방의 섬돌 길에 사보가 구비되니【계도階道는 섬돌 길이다.】

欄楯이 七重이며 羅綱이 七重이며 七重行樹에 四寶ㅣ ᄀᆞᄌᆞ니
蓮모시 七寶ㅣ며 樓閣이 七寶ㅣ며 四邊階道애 四寶ㅣ ᄀᆞᄌᆞ니【階道ᄂᆞᆫ 버텄 길히라】

204

팔공덕수에 연꽃이 피되 수레바퀴 같습니다.
청황백색에 청황적백색의 빛이 미묘하고 향기롭고 깨끗합니다.

八功德水예 蓮ㅅ 고지 푸디 술위ᄢᅵ ᄀᆞᄐᆞ니이다
靑黃赤白色애 靑黃赤白光이 微妙ᄒᆞ고 香潔ᄒᆞ니이다

● 팔공덕수八功德水 여덟 가지 공덕이 갖춰진 물. 맑고, 차고, 달고, 보드랍고, 흡족하고, 편안하고, 먹을 때 배고픔과 목마름과 일체의 근심 걱정이 다 없고, 먹은 뒤에 몸이 충실한 것이다.

205

밤낮으로 여섯 때에 만다라꽃이 떨어지거든 하늘 풍류가 그칠 사이 없으니
매일 맑은 아침에 만다라꽃 담아 여러 부처께 공양함이 그칠 사이 없으니
【청단淸旦은 맑은 아침이다.】

晝夜 六時예 曼陀羅花ㅣ 듣거든 하ᄂᆞᆳ 風流ㅣ 그츯 슷 업스니
每日 淸旦애 曼陀羅花ᄅᆞᆯ 담아 諸佛供養이 그츯 슷 업스니【淸旦은 ᄆᆞᆯ근 아ᄎᆞ미라】

206

중생이 아비발치이며 일생보처가 많으시니

악도의 이름이 있겠습니까.

아미타불의 변화로 법음을 넓히시므로 잡

색의 여러 새를 내셨습니다.【잡색雜色 중조衆鳥는 잡빛의 여러 새다.】

衆生이 阿鞞跋致며 一生補處ㅣ 하거시니 惡道ㅅ 일훔이 이시리잇가
阿彌陀佛ㅅ 變化로 法音을 너피실씨 雜色衆鳥를 내시니이다【雜色衆鳥는 雜비쳇 여러 새라】

● 아비발치阿鞞跋致 물러나지 않는다는 말이다. 물러나지 않음에 세 가지 뜻이 있다. 공위空位에 들어서 물러나지 않음, 가행假行에 들어 물러나지 않음, 중념中念에 들어 물러나지 않음이다.

● 일생보처一生補處 보살의 수행이 점점 나아가 최후에 도달한 보살로서 부처가 될 후보자

207

백학과 공작, 앵무새와 꾀꼬리, 가릉빈가와 공명새가 있어

오근과 오력과 칠보리와 팔성도분을 밤낮으로 널리 펴고 있습니다.

白鶴과 孔雀과 鸚鵡와 舍利와 迦陵頻伽 共命之鳥ㅣ 이샤
五根과 五力과 七菩提 八聖道分을 밤과 낮과 演暢ᄒᆞᄂᆞ니이다

● 사리舍利 봄의 꾀꼬리
● 팔성도분八聖道分 실천 수행을 위한 여덟 가지 방법. 팔정도八正道

208

미풍이 지나가니 나망과 늘어선 나무에 미묘한 소리 움직여 나나니

백 가지 천 가지 갖가지 풍류 소리가 일시에 이는 듯하니

微風이 디나니 羅綱 行樹에 微妙聲이 뮈여 나ᄂᆞ니
온 가지 즈믄 가지 種種 風流ㅅ 소리 一時예 니논 듯ᄒᆞ니

209

늘어선 나무의 소리와 구슬 그물의 소리와 새소리를 들어서

부처와 법을 생각하는 마음과 스님을 생각하는 마음을 내나이다.

行樹ㅅ 소리와 羅綱ㅅ 소리와 새소리를 드러이샤

念佛 ᄆᆞᅀᆞᆷ과 念法 ᄆᆞᅀᆞᆷ과 念僧 ᄆᆞᅀᆞᆷ을 내ᄂᆞ니이다

210

아미타불 이름 불러 생각함이 지성이면 공덕이 끝없을 것입니다.【칭념稱念은 칭송하여 생각하는 것이다.】

하루 이틀, 사흘·나흘·닷새·엿새·이레에 공덕이 가히 이루어질 것입니다.【약 1일은 하루이거나라는 말이다.】

阿彌陀ㅅ 일훔을 稱念이 至誠이면 功德이 ᄀᆞᆺ 업스리이다【稱念은 일ᄏᆞ라 念홀씨라】

若一日 若二日 三四五六七日에 功德이 어루 일리이다【若一日ᄋᆞᆫ 홀리어나 ᄒᆞ논 마리라】

211

이 목숨 마치는 날에 아미타불이 성자의 무리를 데리시고 갈 길을 알리시리【갈 길 알리심은 아래 책에 일러두었다.】

칠보 못 연꽃 위에 여자가 남자 되어 생사를 모르니【전녀위남轉女爲男은 여자의 몸이 옮아 남자가 되는 것이다. 이 세계의 여자가 저 세상에 가서 태어나는 사람은 연못에 방금 다다르면 남자가 되는 것이다.】

이 목숨 ᄆᆞᄎᆞᆯ 날애 阿彌陀ㅣ 聖衆 ᄃᆞ리샤 갏 길흘 알외시리【갏 길 알외샤ᄆᆞᆫ 아랫 卷에 닐어 겨시니라】

七寶池 蓮ㅅ 곶 우희 轉女爲男ᄒᆞ야 죽사릴 모ᄅᆞ리니【轉女爲男ᄋᆞᆫ 겨지비 모미 올마 남지니 ᄃᆞ욀씨라 이 世界ㅅ 겨지비 뎌가 낧 사ᄅᆞᄆᆞᆫ 蓮모새 ᄀᆞᆺ 다ᄃᆞᄅᆞ면 男子ㅣ ᄃᆞ외ᄂᆞ니라】

『월인석보』권8 −보물

212

위제희가 청해 정토에 가고 싶네요 하니 시방의 여러 나라를 보게 하시니

위제희가 원해 서방에 가고 싶네요 하니 십륙관경을 듣게 하시니

韋提希 請ᄒᆞᅀᆞᄫᅡ 淨土애 니거지이다 十方 諸國을 보긔 ᄒᆞ시니
韋提希 願ᄒᆞᅀᆞᄫᅡ 西方애 니거지이다 十六觀經을 듣ᅀᆞᆸ긔 ᄒᆞ시니

● 십륙관경十六觀經 『관무량수경』. 16관법을 말한 경. 십륙관은 아미타불의 불신과 국토를 마음에 떠오르게 하여 관찰하는 16가지 방법

213

보심이 먼 것입니까 선심이 온전하면 앉은 곳에서 맑게 보리니

가심이 먼 것입니까 선근이 깊으면 손가락 튕길 사이에 반드시 가리니

보샤미 멀리잇가 善心이 오ᄋᆞᆯ면 안존 고대셔 말가히 보리니
가샤미 멀리잇가 善根이 기프면 彈指ㅅ ᄉᆞᅀᅵ예 반ᄃᆞ기 가리니

● 탄지彈指 손가락을 튕김

214

초관과 이관은 일상 수상이시며 삼관은 지상이시니

사관과 오관은 수상·팔공덕수상, 육관은 총관상이시니

初觀과 二觀ᄋᆞᆫ 日想 水想이시며 三觀ᄋᆞᆫ 地想이시니
四觀과 五觀ᄋᆞᆫ 樹想 八功德水想 六觀ᄋᆞᆫ 總觀想이시니

215

칠관은 화좌상, 팔관은 상상, 구관은 색신상이시니

관세음보살 대세지보살이 십관 십일관이시며, 보관상이 십이관이시니

七觀은 花坐想 八觀은 像想이시며 九觀은 色身相이시니
觀世音 大勢至 十觀 十一觀이시며 普觀想이 十二觀이시니

216

잡상이 십삼관이며 상중하 삼배상이 느리건 빠르건 간에 쾌락이 같으리
공덕이 깊은 이는 상품 삼생에 나되 하루 뒤에 연꽃이 피리니

雜想이 十三觀이며 上中下 三輩想이 遲速間애 快樂이 곧ᄒᆞ리
功德이 기프니는 上品 三生애 나디 一日 後에 蓮ㅅ고지 프리니

● **상품삼생** 상품상생·상품중생·상품하생

217

공덕이 다음가는 이는 중품 삼생에 나되 칠일 뒤에 연꽃이 피리니
공덕이 또 그 다음 가는 이는 하품 삼생에 나되 49일 뒤에 연꽃이 피리니

功德이 버그니는 中品 三生애 나디 七日 後에 蓮ㅅ고지 프리니
功德이 쏘 버그니는 下品 三生애 나디 七七日 後에 蓮ㅅ고지 프리니

● **중품삼생** 중품상생·중품중생·중품하생
● **하품삼생** 하품상생·하품중생·하품하생. 이상은 염불 수행이 낫고 못함을 일의 많고 적음에 따라 9품으로 나눈 것이다.

218

세존이 신통력으로 이 말씀 이르실 때 무량수불이 허공에 보이시니
위제희가 공경심으로 이 말씀 들을 때 서방 세계를 꿰뚫어 보니

世尊 神通力에 이 말 니ᄅᆞ싫제 無量壽佛이 虛空애 뵈시니
韋提希 恭敬心에 이 말 듣ᄌᆞᇦ제 西方 世界를 ᄉᆞᄆᆞᆺ 보니

219

장엄이 저러하시구나 쾌락이 저러하시구나 극락세계를 바라옵니다.
윤회도 이러하구나 수고도 이러하구나 사바세계를 여의고 싶습니다.

莊嚴이 뎌러ᄒᆞ실쎠 快樂이 뎌러ᄒᆞ실쎠 極樂世界를 ᄇᆞ라ᅀᆞᆸ노이다
輪廻도 이러ᄒᆞᆯ쎠 受苦도 이러ᄒᆞᆯ쎠 娑婆世界를 여희야지이다

220
범마라국에 광유성인이 임정사에서 교화하시더니
서천국에 사라수왕이 4백국을 거느리셨더니

梵摩羅國에 光有聖人이 林淨寺애 敎化터시니
西天國에 沙羅樹王이 四百國ᄋᆞᆯ 거느렛더시니

● **광유성인光有聖人** 석가모니 전 세상의 이름
● **사라수왕沙羅樹王** 아미타여래 전 세상의 이름

221
승렬 바라문을 왕궁에 부리시어 석장을 흔드시더니
원앙부인이 왕의 말씀으로 재에 쓸 쌀을 바치시더니

勝熱 婆羅門ᄋᆞᆯ 王宮에 브리샤 錫杖ᄋᆞᆯ 후ᄂᆞ더시니
鴛鴦夫人이 王 말로 나샤 齋米를 받ᄌᆞᆸ더시니

● **재미齋米** 부처께 공양하는 재에 쓸 쌀

222
재에 쓸 쌀을 마다고 하시거늘 왕이 몸소 나가시어 바라문을 맞아들이시니
채녀를 청하시거늘 왕이 기뻐하시어 여덟 채녀를 보내시니

齋米를 마다커시ᄂᆞᆯ 王이 親히 나샤 婆羅門ᄋᆞᆯ 마자 드르시니
婇女를 請커시ᄂᆞᆯ 王이 깃그샤 八婇女를 보내ᅀᆞᄫᆞ시니

223
채녀가 금으로 된 두레박을 메시고 하루 5백 번을 전단정에서 물 긷더시니
채녀가 공덕을 닦으시어 3년을 채우시니 무상도에 가까우시더니

婇女ㅣ 金鑵子 메샤 ᄒᆞᄅᆞ 五百 디위를 栴檀井에 믈 긷더시니

婇女ㅣ 功德 닷ᄀᆞ샤 三年을 치오시니 無上道애 갓갑더시니

224

승렬 바라문이 왕궁에 또 오시어 석장을 흔드시더니
원앙부인이 왕의 말씀으로 또 나가시어 재에 쓸 쌀을 바치시더니

勝熱 婆羅門이 王宮에 쏘 오샤 錫杖읠 후느더시니
鴛鴦夫人이 王 말로 쏘 나샤 齋米를 받ᄌᆞᆸ더시니

225

재에 쓸 쌀 마다하시거늘 왕이 몸소 나가서 바라문을 맞아들이시니
유나를 삼으려고 왕을 청합니다 하니 임금이 매우 기뻐하시니

齋米를 마다커시ᄂᆞᆯ 王이 親히 나샤 婆羅門ᄋᆞᆯ 마자 드르시니
維那를 삼ᄉᆞᄫᆞ리라 王ᄋᆞᆯ 請ᄒᆞᅀᆞᆸ노이다 님금이 ᄀᆞ장 깃그시니

● 유나維那 절의 사물을 맡고 모든 일을 지휘하는 소임

226

4백 명의 부인을 여의고 가노라 하시어 눈물을 흘리시니
원앙부인이 여읨을 슬퍼하시어 모실 것을 청하시니

四百 夫人ᄋᆞᆯ 여희오 가노라 ᄒᆞ샤 눉믈을 흘리시니
鴛鴦夫人이 여희ᅀᆞᄫᆞᆷ 슬ᄒᆞ샤 뫼ᅀᆞᄫᆞᆯ 請ᄒᆞ시니

227

세 분이 길을 떠나시어 죽림국 지나실 때 부인이 움직이지 못하시더니
두 분께 여쭈시되 사람의 집을 찾아 내 몸을 팔게 해 주소서

세 分이 길 녀샤 竹林國 디나싫제 夫人이 몯 뮈더시니
兩分ㅅ긔 ᄉᆞᆯᄫᆞ샤ᄃᆡ 사ᄅᆞᆷ이 지블 어다 내 몸을 ᄑᆞ라지이다

228

값을 받으시어 내 이름도 함께 성인께 바치소서

파는 것도 서러우시며 저 말도 슬프시므로 두 분이 매우 울으시니

비들 바ᄃᆞ샤 내 일훔 조쳐 聖人ㅅ긔 받ᄌᆞᄫᆞ쇼셔
ᄑᆞ롬도 셜ᄫᆞ시며 뎌 말도 슬프실씨 兩分이 ᄀᆞ장 우르시니

229

자현 장자의 집에 세 분이 나가시어 계집종을 팔고 싶습니다.

자헌 장자가 듣고 세 분을 모시고 들어가 계집종의 값이 얼마인가.

子賢長者ㅣ 지븨 세 分이 나ᅀᅡ가샤 겨집죵을 ᄑᆞ라지이다
子賢長者ㅣ 듣고 세 分을 뫼셔드러 겨집죵이 비디 언메잇가

230

부인이 이르시되 내 몸의 값이 금 2천근입니다.

부인이 또 이르시되 잉태한 아기의 값이 또 금 2천근입니다.

夫人이 니ᄅᆞ샤디 내 몸앳 비디 二千斤ㅅ 金이니이다
夫人이 쏘 니ᄅᆞ샤디 ᄇᆡ욘 아기 비디 쏘 二千斤ㅅ 金이니이다

231

4천근의 금을 값으로 내어 두 분께 바치니

하룻밤 주무시고 문 밖에 나오시어 세 분이 슬퍼하시더니

四千斤ㅅ 金을 비드로 내야 兩分ㅅ긔 받ᄌᆞᄫᆞ니
ᄒᆞᄅᆞᆺ밤 자시고 門 밧긔 나샤 三分이 슬터시니

232

부인이 여쭈시되 꿈이 아니면 어느 길에서 다시 뵈오리

사람이 선을 닦으면 이익을 받으리니 왕생게를 가르치시니

夫人이 ᄉᆞᆯᄫᆞ샤디 ᄭᅮᆷ 븟 아니면 어느 길헤 다시 보ᅀᆞᄫᆞ리
사ᄅᆞ미 善을 닷ᄀᆞ면 利益을 受ᄒᆞᄂᆞ니 往生偈를 ᄀᆞᄅᆞ치ᅀᆞᆸ노니

● **왕생게往生偈** 정토에 날 것을 기원하는 게송

233

궁중에 계실 때 옷 허름한 것도 모르시며 배고픔도 없었습니다.

왕생게를 외우시면 헌 옷이 아물며 고픈 배도 부르리이다.

宮中에 겨싫 제 옷 허롬 모ᄅᆞ시며 비골폼도 업더시니이다
往生偈ᄅ 외오시면 헌 오시 암골며 골ᄑᆞᆫ 비도 브르리이다

234

아기의 이름을 아들이 나거나 딸이 나거나 어찌 지어야 하리이까.

자식의 이름을 아비 있고 어미 있을 때 정해 주기 바랍니다.

아기 일훔을 아ᄃᆞ리 나거나 ᄯᆞ리 나거나 엇뎨 ᄒᆞ리잇가
子息의 일훔을 아비 이시며 어미 이샤 一定ᄒᆞ사이다

235

왕이 들으시어 눈물을 흘리시고 부인 뜻을 가엾게 여기시어

아들을 낳거든 안락국이라 하고 딸이거든 효양이라 하라.

王이 드르샤 눉믈을 흘리시고 夫人ㅅ ᄠᅳ들 어엿비 너기샤
아ᄃᆞᆯ옷 나거든 安樂國이라 ᄒᆞ고 ᄯᆞ리어든 孝養이라 ᄒᆞ라

236

문 밖에 서 계시어 두 분이 이별하실 때 쓰러져 울며 가시니

임정사에 가시어 성인을 뵈시니 매우 기뻐하시어 물을 긷게 하시니

門 밧긔 셔어 겨샤 兩分이 여희싫제 슬하 디여 우러 녀시니

林淨寺애 가샤 聖人 뵈ᅀᆞ바시놀 ᄀᆞ장 깃거 믈을 길이시니

237

어깨 위에 금으로 된 두레박을 메시고 우물에서 물을 긷더시니

왼쪽 손으로 왕생게를 잡으시어 길 위에서도 외우시더니

엇게 우희 金鑵子 메샤 우믈에 믈 긷더시니

왼녁 손ᄋᆞ로 往生偈 자ᄇᆞ샤 길 우희 외오더시니

238

아드님이 나시어 나이가 일곱이거늘 아버님 일을 물으시니

어머님이 들으시고 목메어 울으시어 아버님 일을 이르시더니

아ᄃᆞᆯ님이 나샤 나히 닐구비어늘 아바님을 무르시니

어마님이 드르샤 목메여 우르샤 아바님을 니르시니

239

아기가 도망하시어 아버님 보려고 임정사로 향하시더니

큰 물에 다다라 짚단을 타시고 범마라국에 이르시니

아기 逃亡ᄒᆞ샤 아바님 보ᅀᆞᄫᆞ리라 林淨寺를 向ᄒᆞ더시니

큰 믈에 다ᄃᆞ라 딮동을 ᄐᆞ샤 梵摩羅國에 니르르시니

240

나아가시다가 여덟 채녀를 보시니 사라수왕이 오신다 하시니

또 나아가시다가 아버님을 만나시니 두 종아리를 안고 울으시니

나ᅀㅏ가시다가 八婇女 보시니 沙羅樹王이 오시ᄂ다 ᄒ시니
쏘 나ᅀㅏ가시다가 아바님 맞나시니 두 허튀를 안아 우르시니

241

왕이 물으시되 너는 어떤 아이기에 종아리를 안고 우느냐

아이가 말씀 여쭙고 왕생게를 외우시니 아버님이 안으셨습니다.

王이 무르샤디 네 엇던 아히완디 허튀를 안아 우는다
아기 말 ᄉᆞᆲ고 往生偈를 외오신대 아바님이 안ᄋᆞ시니이다

242

지난날 네 어미가 나를 여의고 시름으로 살고 지내거늘

오늘날 네 어미가 너를 여의고 눈물로 살고 지내니라.

아래 네 어미 나를 여희여 시름으로 사니거늘ᅀᅡ
오늘 네 어미 너를 여희여 눈믈로 사니ᄂ니라

243

아이가 하직하시어 아버님 헤어지실 때 눈물을 흘리시니

아버님이 슬퍼하시어 아이를 보내실 때 노래를 부르시니

아기 하딕ᄒᆞ샤 아바님 여희싫제 눈믈을 흘리시니
아바님 슬ᄒᆞ샤 아기 보내싫제 놀애를 브르시니

244

알고 가는 이도 끊어진 이런 험한 길에 누구를 보려고 울며 왔느냐.

대자비 원앙새와 공덕 닦는 내 몸이 정각하는 날에 마주 보리라.

아라 녀리 그츤 이런 이븐 길헤 눌 보리라 우러곰 온다
大慈悲 鴛鴦鳥와 功德 닷는 내 몸이 正覺 나래 마조 보리어다

245

돌아오는 길에 소 먹이는 아이를 보시니 노래를 부르더니

안락국이는 아버님 뵈러 가니 어머님 못 보아 시름 깊었네.

도라옳 길헤 쇼 칠 아힐 보시니 놀애롤 브르더니
安樂國이논 아비롤 보라 가니 어미 몯 보아 시름 깁거다

246

장자가 노하여 부인을 죽이려 하더니 노래를 부르시네요.

고운 님 못 뵈어 사르고 끊듯 울며 지내더니 오늘날에 넋이라고 하지 말아요.

長者ㅣ 怒ᄒᆞ야 夫人올 주기ᅀᆞᆸ더니 놀애롤 브르시니이다
고븐 님 몯 보ᅀᆞᄫᅡ 술옷 우니다니 오ᄂᆞᆳ날애 넉시라 마로렛다

247

부인이 죽어서 세 동강이 되시어 큰 나무 아래 던져지셨더니

아기가 우시어 세 동강을 모으시고 서방에 합장하시니

夫人이 업스샤 三동이 ᄃᆞ외샤 즘게 아래 더뎃더시니
아기 우르샤 三동올 뫼호시고 西方애 合掌ᄒᆞ시니

248

극락세계의 48 용선이 공중에서 날아오시니

중생을 인도하시는 여러 큰 보살들이 사자좌로 맞아 가시니

極樂世界옛 四十八 龍船이 空中에 ᄂᆞ라 오시니
接引眾生ᄒᆞ시논 諸大菩薩ᄃᆞᆯ히 獅子座로 마자 가시니

● 용선龍船 반야용선般若龍船. 죽은 자가 극락으로 갈 때 타고 가는 배

249

광유성인은 석가모니이시고 바라문은 문수사리이시니

사라수왕은 아미타여래이시고 부인은 관세음보살이시니

光有聖人ᄋᆞᆫ 釋迦牟尼시고 婆羅門ᄋᆞᆫ 文殊師利시니
沙羅樹王ᄋᆞᆫ 阿彌陀如來시고 夫人ᄋᆞᆫ 觀世音이시니

250

여덟 채녀는 8대 보살이시고 안락국은 대세지보살이시니

5백 제자는 5백 나한이시고 자현장자는 무간지옥에 드니

여듧 婇女는 八大菩薩이시고 安樂國은 大勢至시니
五百 弟子ᄂᆞᆫ 五百 羅漢이시고 子賢長者ᄂᆞᆫ 無間地獄애 드니

『월인천강지곡』중 ·『석보상절』권9[11]
『월인석보』권9 - 보물

251~253 낙장

254
믿음이 깨끗한 선남선녀를 문수보살이 맹서하시어 약사여래 이름을 모두 들으셨습니다.
자고 있는 선남선녀를 문수보살이 방편으로 약사여래 이름으로 모두 깨우셨습니다.

淨信ᄒᆞᆫ 善男女를 文殊ㅣ 盟誓ᄒᆞ샤 藥師ㅅ 일훔을 모디 들유리이다
ᄌᆞ오ᄂᆞᆫ 善男女를 文殊ㅣ 方便ᄒᆞ샤 藥師ㅅ 일훔을 모디 ᄭᅵ오리이다

255
약사경을 공경해서 정처에 여쭈시면 사천왕과 제천이 다 모일 것이니
약사여래의 본원을 지니며 이름을 들으면 횡사와 모든 질병이 다 없으리

藥師經 恭敬ᄒᆞ야 淨處에 연쭈ᄫᅳ면 四王 諸天이 다 모ᄃᆞ리
藥師 本願을 디니며 일훔을 듣ᄌᆞᄫᅳ면 橫死 諸疾이 다 업스리[12]

---

11 254, 255곡은 『월인천강지곡』 중권의 낙장으로 단행본 『석보상절』 권9의 해당 부분에 끼인 채 세상으로 나왔다. 『월인천강지곡』이 상·중·하권으로 편찬되었음을 확인할 수 있다. 두 노래는 『월인석보』 권9에서도 낙장이 되어 251~253의 3곡과 256~259까지 4곡을 찾아볼 수 없지만 흐름은 알 수 있다. 260은 후반절만 남아 있다.

12 『월인석보』 권9는 1~4장이 낙장이고, 251~260 1행까지의 내용도 남아 있지 않다. 『월인천강지곡』 중권의 몇몇 낙장이 『석보상절』 권9 사이에서 발견됐다. 여기에 254와 255와 권9 중 어느 곳인가에 한 곡이 새로 추가된 것이 분명하므로 254, 255도 『월인석보』 권9에는 255, 256으로 수록되었을 가능성이 높다. 『월인천강지곡』 중권의 노래 차례에 따라 원문을 배열했다.

256~259 낙장

260

▨..▨

약사유리광 여래의 12원에 정유리 세계가 이러하시니 왕생 쾌락이 다름 있겠습니까.

● 정유리淨瑠璃 약사여래가 머물며 중생을 제도하는 세계. 정토유리와 같이 청정한 세계

▨..▨

藥師 十二願에 淨瑠璃 이러커시니 徃生快樂이 달옴 이시리잇가[13]

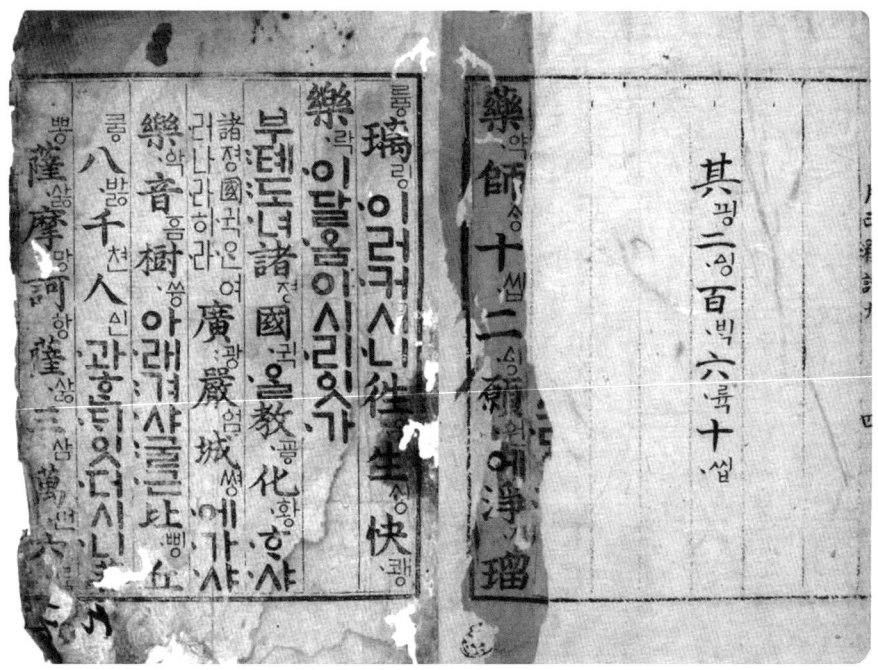

『월인석보』 권9 260곡 ⓒ 국가유산청 국가유산포털

13 『월인석보』 권9 9:5ㄱ. 앞의 노래가 떨어져 나가고 후절만 남아 있다.

『월인석보』권10 – 보물

261

아버님 서울에 계시어 아들과 손자를 그리워하시어 병중에 보고자 하시니
부처 영취산에 계시어 아우와 아들을 데리고 공중에서 날아오시니

아바님 셔울 겨샤 아ᄃᆞᆯ와 孫子 그리샤 病中에 보고져 ᄒᆞ시니
부톄 靈鷲山애 겨샤 아ᅀᆞ와 아ᄃᆞᆯ ᄃᆞ리샤 空中에 ᄂᆞ라 오시니

262

첫 방광 보고 백성들이 울거늘 생사의 수고를 여래께서 말씀하시니
세 광명 보시고 아버님 편안하시거늘 부처 오심을 대칭왕이 말하니

첫 放光 보ᅀᆞᆸ고 百姓ᄃᆞᆯ히 우숩거늘 生死 受苦를 如來 니ᄅᆞ시니
세 光明 보시고 아바님 便安커시ᄂᆞᆯ 부텨 오샤ᄆᆞᆯ 大稱王이 ᄉᆞᆲᄂᆞ니

263

아버님이 손을 드시어 부처의 발을 가리키시고 서러운 뜻이 없다 하시니
부처 손을 드시어 아버님 머리를 만지시고 좋은 법을 말씀하시니

아바님이 손 드르샤 부텻 발 ᄀᆞᄅᆞ치샤 셜븐 ᄠᅳᆮ 업다 ᄒᆞ시니
부톄 손 드르샤 아바님 머리 ᄆᆞ니샤 됴ᄒᆞᆫ 法 ᄉᆞᆲᄋᆞ시니

264

아버님 가슴 위에 부처가 손을 얹으셔도 날을 물리지 못해 정거천에 가시니
하물며 탐욕 못 이겨 목숨 재촉하고 인생 앗긴 것 그 아니
어리석으리

● **정거천淨居天** 색계의 제4 선천禪天 불환과를 증득한 성인이 나는 하늘

아바닚 가슴 우희 부텻 손 연즈샤도 날을 몯 믈려 淨居에 가시니

ᄒᆞ물며 貪欲 계워 목숨 催促ᄒᆞ고 人生 앗기리 긔 아니 어리니

265

소천계 · 중천계 · 대천계가 진동하며 욕계천이 또 오니

비사문 · 유제뢰타 · 비루륵차가 모이며 비류파차가 또 오니

小千界 中千界 大千界 드러치며 欲界天이 쏘 오ᅀᆞᄫ니

毗沙門 維提賴吒毗樓勒叉ㅣ 몯ᄌᆞᄫ며 毗留波叉ㅣ 쏘 오ᅀᆞᄫ니

- **소천小千 세계** 1세계인 해·달·수미산·4대주·4왕천·도리천·야마천·도솔천·화락천·타화자 재천과 색계의 선천을 일천 개 합한 것
- **중천中千 세계** 소천세계를 천 개 합한 것
- **대천大千 세계** 중천세계를 천 개 합한 것
- **비사문毗沙門** 유제뢰타·비루륵차·비루파차·사천왕
- **차叉** 사천왕 각각 북동남서방을 지킴

266

천왕이 관을 메어 나라 사람들이 다 울거늘 묘에 가실 때 부처가 앞서시니

나한이 단향 가져와 나라 사람들이 더욱 울거늘 불에 사르고 부처가 법을 이르시니

天王이 棺 메ᅀᆞᄫᅡ 國人이 다 울어늘 墓애 가싫 제 부톄 앞셔시니

羅漢이 檀香 가져와 國人이 더욱 울어늘 브레 ᄉᆞᆸ고 부톄 法 니르시니

267

여인의 머리 깎이는 걸 부처가 싫게 여기시므로 대애도의 청을 세 번 막으시니

대애도의 울음소리에 아난이 감동하므로 여인의 출가를 마침내 허락하시니

- **대애도大愛道** 부처의 이모. 마야부인이 죽은 뒤 석존을 양육. 부처의 교단에서 맨 처음으로 된 비구니

겨지븨 머리 갓길 부톄 슬히 너기실씨 大愛道ㅅ 請을 세 번 마ᄀᆞ시니

大愛道ㅅ 우룸 소릴 阿難이 感動홀씨 겨집 出家를 ᄆᆞᄎᆞ매 許ᄒᆞ시니

268

방편의 힘으로 만든 사람이 단기로 깊이 들어가시어 5백 도적의 무리가 한 화살에 넘어지니【단單은 혼자, 기騎는 말 타는 것이다.】

세존의 큰 광명이 시방을 사뭇 비추시어 일체 중생이 한 가지 병도 다 없으니

化人 方便力이 單騎로 기피 드르샤 五百 群賊이 ᄒᆞᆫ 사래 다 디니【單ᄋᆞᆫ ᄒᆞ오새오 騎ᄂᆞᆫ ᄆᆞᆯ ᄐᆞᆯ씨라】

世尊 大光明이 十方ᄋᆞᆯ ᄉᆞᄆᆞᆺ 비취샤 一切 衆生이 ᄒᆞᆫ 病도 다 업스니

269

난타 용왕궁에서 진실력을 내시어 일체 용왕을 다 모으시니

윤개 용왕에게 다라니를 이르시어 5종의 우장을 다 없어지게 하시니

難陁龍王宮에 眞實力 내샤 一切 龍王ᄋᆞᆯ 다 모도시니

輪盖龍王의게 陁羅尼ᄅᆞ 니ᄅᆞ샤 五種 雨障ᄋᆞᆯ 다 업게 ᄒᆞ시니

● 다라니陁羅尼 진언 범문梵文을 번역하지 않고 음 그대로 적어서 외우는 것

270

용왕이 연민심으로 중생을 위하여 염부제에 비 줄 일을 물으니

세존이 위신력으로 용왕에게 명하시어 기우국에 비 줄 일을 이르시니

龍王이 憐愍心으로 衆生ᄋᆞᆯ 爲ᄒᆞ야 閻浮提예 비 줄 일 묻ᄌᆞᄫᆞ니

世尊이 威神力으로 龍王ᄋᆞᆯ 勅ᄒᆞ샤 祈雨國에 비 줄 일 니ᄅᆞ시니

● 연민심憐愍心 가엾어 하는 마음
● 위신력威神力 불과 위에 있는 존엄하고 헤아릴 수 없는 불가사의한 힘

271

대자행을 이르시니 행할 사람이 있으면 내외의 도적이 다 침략 못하리

제불의 이름을 이르시니 지니는 사람이 있으면 셀 수 없는 고뇌가 다 없어지리

大慈行 니ᄅᆞ시니 行ᄒᆞ리 이시면 內外 怨賊이 다 侵掠 몯ᄒᆞ리

諸佛號 니ᄅᆞ시니 디니리 이시면 無量 苦惱ㅣ 다 滅除ᄒᆞ리

『월인석보』 권11 – 보물

272

영취산에 하늘 꽃이 떨어지거늘 1만 2천의 나한과 보살·천인귀들이 다 모여 있으시더니

동방에 백호상이 비치시어 1만 8천 세계와 지옥과 색계천이 다 밝으시니

靈山애 天花ㅣ 듣거늘 一萬二千 羅漢과 菩薩 天人鬼 다 모댓더시니

東方애 白毫ㅣ 비치샤 一萬八千 世界와 地獄 色界天이 다 볼ᄀ시니

- **영산靈山** 영취산靈鷲山의 약칭. 기사굴산. 중인도 마갈타국 왕사성 부근의 산. 부처가 설법하던 곳
- **백호白毫** 백호상. 부처의 두 눈 사이에 있는 희고 빛나는 가는 터럭

273

제불과 보살·비구와 중생을 보며 설법 음성을 또 들으니

보시와 수행 득도와 열반을 보며 사리 보탑을 또 보니

諸佛와 菩薩 比丘와 衆生을 보ᅀᄫ며 說法 音聲을 쏘 듣ᄌᄫ니

布施와 修行 得道와 涅槃을 보ᅀᄫ며 舍利 寶塔을 쏘 보ᅀᄫ니

274

변화 보이심을 미륵이 의심하시어 문수께 물으시니

큰 법 이르실 줄 문수가 아시고 미륵께 대답하시니

變化 뵈샤물 彌勒이 疑心ᄒᆞ샤 文殊ㅅ긔 무르시니

大法 니ᄅᆞ싫둘 文殊ㅣ 아ᄅᆞ샤 彌勒ㅅ긔 對答ᄒᆞ시니

- **대법大法** 부처의 교법을 공경하여 이름

275

삼매에서 일어나시어 묘법을 이르지 않으시므로 사리불이 청하더니

사중도 의심하므로 묘법을 이르려 하시더니 증상만이 물러나니

三昧로 니르샤 妙法 아니 니ᄅ실ᄊᆡ 舍利弗이 請ᄒᆞᆸ더니
四衆도 疑心ᄒᆞᆯᄊᆡ 妙法 닐오려 터시니 增上慢이 믈러나ᅀᆞᆸ니[14]

● 증상만增上慢 훌륭한 교법과 깨달음을 얻지 못하고서 얻었다고 생각해서 잘난 체하는 거만. 자기 자신을 가치 이상으로 생각함

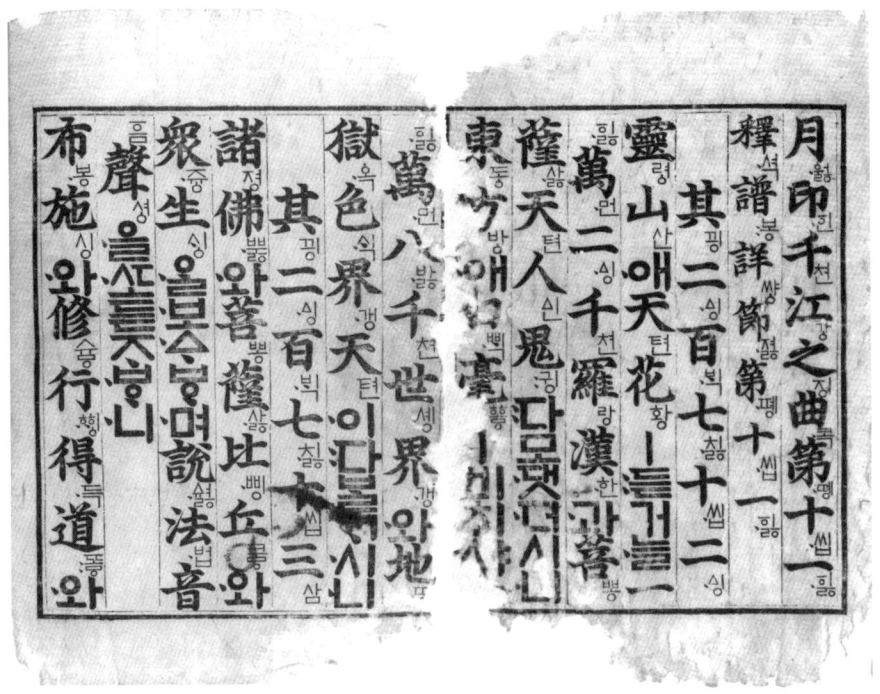

『월인석보』 권11 272, 273곡. 『묘법연화경』을 노래하고 있다. ⓒ 국가유산청 국가유산포털

14 『석보상절』 권6(국립중앙도서관 소장)의 책장 사이에 판심제가 없는 其275 1곡이 실려 있다. "삼三미昧로 니르샤 묠妙법法 아니 니ᄅ실ᄊᆡ 샤舍리利불弗이 쳥請ᄒᆞᆸ더니/ ᄉᆞ四즁衆도 의疑심心ᄒᆞᆯᄊᆡ 묠妙법法 닐오려 터시니 증增썅上만慢이 믈러나ᅀᆞᆸ니"

『월인석보』권12 –보물

276

장자 집의 불을 자식이 두려워하지 않으므로 아비의 말을 못 알아들으니

세간 번뇌의 불을 중생이 두려워하지 않으므로 부처의 말씀을 몰라 듣고만 있으니

長者ㅣ 지빗 블을 子息이 아니 저흘씨 아비 말을 몰라 드르니
世間 煩惱ㅅ 블을 衆生이 아니 저흘씨 부텻 말을 몰라 듣ᄌᆞᄫᆞ니

277

어리석음이 저러하므로 아비가 분별해 거짓말로 달랬습니다.

미혹이 이러하므로 부처님이 분별해 방편으로 가르쳤습니다.

어료미 뎌러흘씨 아비 分別ᄒᆞ야 거즛말로 달애니이다
迷惑이 이러흘씨 부톄 分別ᄒᆞ샤 方便으로 ᄀᆞᄅᆞ치시니이다

278

세 수레를 주겠다 하여 불 밖에 나와서야 큰 수레를 주어 기쁘게 하니

삼승을 이르시어 삼계 밖에 나와서야 일승을 일러 듣게 하시니

세 술윌 주려 ᄒᆞ야 블 밧긔 나거ᅀᅡ 큰 술위를 주어 깃기니
三乘을 니ᄅᆞ샤 三界 밧긔 나거ᅀᅡ 一乘을 닐어 들이시니

『월인석보』권13 –보물

279 낙장

280 낙장

281 〔노래의 차례 빠짐〕
아비의 방편으로 헌 옷을 입고 있으므로 아들이 친하게 여기니
부처의 방편으로 삼승을 말씀하시므로 성문이 쉽게 여기니

아비 方便에 헌 오술 니버늘 아들이 親히 너기니
부텻 方便에 三乘을 닐어시늘 聲聞이 수비 너기니

- **삼승三乘** 모든 중생이 행한 업 보에 따라 갚음을 받을 수 있는 과 지果地에 도착하게 하는 교법
- **성문聲聞** 부처의 말씀을 듣고 깨달은 사람

282
죽을 날 거의 되어 보배를 다 주니 아들이 가장 기뻐하니
열반이 거의 되어 일승을 말하시니 보살이 가장 기뻐하시니

命終이 거의어늘 보비를 다 주니 아들이 ᄀ장 깃그니
涅槃이 거의어시늘 一乘을 니ᄅ시니 菩薩이 ᄀ장 깃ᄉᄫ시니

『월인석보』권14 – 보물

283

지나간 무량 겁에 대통지승불이 도량에 앉아 계시더니

그때 범천왕과 사천왕·제천이 화려한 음악으로 공양하니

디나건 無量劫에 大通智勝佛이 道場애 안잿더시니
그ᄢᅴ 梵天王과 四王諸天이 華樂으로 供養ᄒᆞᅀᄫᆞ니

● 대통지승불大通智勝佛 3천 진점겁塵點劫 전에 세상에 나신 부처의 이름. 이 부처가 세상에 있을 때 아촉·아미타·서가 등 16부처가 왕자였다고 한다.

284

마군을 항복시키시되 불법 아니 보이시므로 열 소겁을 앉아 있으시니

출가를 하지 않으시어 세간에 계실 때 아들 열여섯을 낳으시니

魔軍 降服히샤디 佛法이 아니빌씨 열 小劫을 안ᄌᆞ시니
出家 아니ᄒᆞ샤 世間애 겨싫제 十六子ᄅᆞᆯ 나ᄒᆞ시니

285

깨달음 이루시거늘 열여섯 아드님이 나아가시어 전법을 청하시니

광명이 비추시니 시방의 범천들이 다 모여 와 공양하니

菩提ᄅᆞᆯ 일워시ᄂᆞᆯ 十六 아ᄃᆞᆯ님이 나ᅀᅡ오샤 轉法을 請ᄒᆞ시니
光明이 비취시니 十方 梵天ᄃᆞᆯ히 다 모다 와 供養ᄒᆞᅀᄫᆞ니

286

아드님 모두 동자로 출가하시어 법 듣기를 청하시니

부처 들으시고 2만 겁을 지나서 법화경을 말씀하시니

아ᄃᆞᆯ님내 모다 童子로 出家ᄒᆞ샤 聞法을 請ᄒᆞ시니

부톄 드르시고 二萬劫을 디나샤 法華經을 니르시니

287

8천 겁을 말씀하시고 8만 4천 겁을 선정에 들어 있으시더니
열여섯 사미가 8만 4천 겁 동안 법화경을 또 말씀하시니

八千劫 니르시고 八萬四千劫을 禪定에 드렛더시니
열 여슷 沙彌 八萬四千劫을 法華經을 또 니르시니

288

열여섯 분이 깨달음 이루시어 시방 세계에 나타나 계시니
맏아들 이름이 지적이더시니 아촉 여래이시어 환희국에 계시니

열여슷 分이 菩提를 일우샤 十方 世界예 現ᄒᆞ야 겨시니
몯 分 일훔이 智積이러시니 阿閦如來샤 歡喜國에 겨시니

289

아촉 여래와 수미정 여래는 동방에 나타나 계시니
사자음 여래와 사자상 여래는 동남방에 나타나 계시니

阿閦 如來와 須彌頂 如來ᄂᆞᆫ 東方애 現在ᄒᆞ시니
獅子音 如來와 獅子相 如來ᄂᆞᆫ 東南方애 現在ᄒᆞ시니

290

허공주 여래와 상멸 여래는 남방에 나와 계시니
제상 여래와 범상 여래는 서남방에 나와 계시니

虛空住 如來와 常滅 如來ᄂᆞᆫ 南方애 나아 겨시니
帝相 如來와 梵相 如來ᄂᆞᆫ 西南方애 나아 겨시니

291

서방에 계시는 이는 아미타 여래와 도일체세간고뇌 여래시니

다마라발전단향신통불과 수미상불이 서북방의 여래시니

西方애 겨시논 阿彌陁 如來와 度一切世間苦惱 如來시니

多摩羅跋旃檀香神通과 須彌相이 西北方 如來시니

292

운자재 여래와 운자재왕 여래는 북방에 보여 계시니

괴일체세간포외 여래는 동북방에 보여 계시니

雲自在 如來와 雲自在王 如來는 北方애 뵈야 겨시니

壞一切世間怖畏 如來는 東北方애 뵈야 겨시니

293

막내아우 분이 석가여래이시니 사바세계에 묘법을 펴시나니

열여섯 사미가 교화하신 중생이 미래세에 불도에 들어가리

못아ᅀᆞ 分이 釋迦如來시니 娑婆世界예 妙法을 펴시ᄂ니

열여슷 沙彌 敎化ᄒ신 衆生이 未來世예 佛道애 드ᅀᆞᄫ리

『월인석보』 권15 –보물

294

53불의 이름을 여래가 들으시니 3천인이 지나간 겁에 배우시니

화광불을 비롯해서 비사불에 이르기까지 일천 부처가 장엄겁에 나시니

五十三佛 일훔을 如來 드르시니 三千人이 過劫에 비호시니

華光佛로 비르서 毗舍佛 니르리 一千 부톄 莊嚴劫에 나시니

- **비사불毗舍佛** 비사부불毘舍浮佛이라고도 한다. 과거 칠불 중 제3불. 인수人壽 6만세 일 때 비사부불이 세상에 출현했다. 찰제리 종족으로 성은 구리야拘利若, 아버지는 선등善燈, 어머니는 칭계稱戒다. 무유성無喩城 바라수 아래에서 두 번의 설법으로 13만 사람을 제도했다. 두 제자는 부유扶遊와 울다라鬱多羅, 시자는 적멸寂滅 아들은 묘각妙覺이다.

295

구류손불로부터 비롯해 누지불에 이르도록 일천 부처가 명헌겁에 나시리

일광불로부터 비롯해 수미상불에 이르도록 일천 부처가 성수겁에 나시리

拘留孫佛로 비르서 樓至佛 니르리 一千 부톄 名賢劫에 나시리

日光佛로 비르서 須彌相佛 니르리 一千 부톄 星宿劫에 나시리

- **구류손불拘留孫佛** 현겁에 날 것으로 예언된 천이나 되는 부처 가운데 첫 부처
- **일광불日光佛** 성수겁에 성불할 것으로 예언된 첫 부처
- **수미상불須彌相佛** 미래의 겁인 성수겁에 성불할 것으로 예언된 첫 부처. 동방 세계에 있는 부처 이름
- **성수겁星宿劫** 아직 와 있지 않은 겁의 이름.

296

칠보로 꾸민 탑이 공중에 솟아 다보불이 들어 계시더니

석가 세존이 묘법을 펴시는 걸 다보불이 찬탄하시니

七寶 꾸뮨 塔이 空中에 소사 多寶佛이 드렛더시니

釋迦 世尊이 妙法 펴시논 둘 多寶佛이 讚歎ᄒ시니

- **다보불多寶佛** 보살菩薩로 있을 때 자신이 성불하여 멸도한 뒤 시방세계에서 『법화경』을 설하는 곳에는 자신의 보탑이 솟아나 그 설법을 증명할 것이라고 서원한 부처

297

보살로 성불하시어 멸도 뒤의 본증이 다보세존의 발원이시니

꽃향기와 풍류로 보탑에 공양하는 것이 여러 하늘 사람과 귀신의 정성이니

菩薩로 成佛ᄒᆞ샤 滅度 後ㅅ 본증이 多寶世尊ㅅ 發願이시니
花香과 風流로 寶塔애 供養이 諸天人鬼 精誠이ᅀᆞᄫᅵ니

● 제천인귀諸天人鬼 여러 하늘에 있는 사람과 귀신 모두

298

다보여래를 사중이 우러러 보고자 하여 여래께 아뢰니

분신여래를 다보가 기다려 보이실 것을 여래가 말씀하시니

多寶 如來를 四衆이 을워라 보ᅀᆞᆸ고져 如來ㅅ긔 ᄉᆞᆯᄫᅵ니
分身 如來를 多寶ㅣ 기드리샤ᅀᅡ 뵈싫 둘 如來 니ᄅᆞ시니

● 사중四衆 불문佛門의 네 제자인 비구比丘·비구니比丘尼·우바새優婆塞·우바이優婆夷

● 분신分身 부처나 보살이 중생을 교화하기 위하여 그 몸을 나누어 곳곳에 나타내는 일이나 변화하여 나타난 몸

299

시방세계 밝으시어 땅이 파려 빛이요 제불 장엄 못내 아뢰었네

사바세계 밝으시어 땅이 유리 빛이요 제불 보좌를 못내 아뢰었네

十方世界 볼ᄀᆞ샤 따히 玻瓈ㅅ비치오 諸佛 莊嚴을 몯내 ᄉᆞᆲᄉᆞ븨
娑婆世界 볼ᄀᆞ샤 따히 瑠璃ㅅ비치오 諸佛 寶座ᄅᆞᆯ 몯내 ᄉᆞᆲᄉᆞ븨

● 제불장엄諸佛莊嚴 여러 부처의 장엄함

● 제불보좌諸佛寶座 여러 부처의 보배로운 자리

300

본신 여래는 팔방 세계를 고치시어 자기 분신을 앉히려 하시니

분신 여래는 팔방 보좌에 오시어 자신의 본신께 안부 보내시니

本身 如來는 八方 世界 고티샤 ᄌᆞ걋 分身을 안쵸려 ᄒᆞ시니
分身 如來는 八方 寶座애 오샤 ᄌᆞ걋 本身ㅅ긔 安否 보내시니

● 본신여래本身如來 부처가 중생을 교화하기 위하여 여러 곳에 분신으로 나타나실 때 그 본래의 부처

● 분신여래分身如來 본신여래의 분신

301

공중에 솟으시어 보탑을 열으시니 두 부처가 한 곳에 앉으시니

공중에 우러러 보탑을 바라보더니 사중을 다 올리시니

空中에 소ᄉ샤 寶塔ᄋᆞᆯ 여르시니 두 부톄 ᄒᆞᆫ디 안ᄌᆞ시니

空中에 울워라 寶塔ᄋᆞᆯ ᄇᆞ라더니 四衆을 다 올이시니

302

다보여래는 법화경 찬탄하시어 본증으로 왔다 하시더니

석가여래는 법화경 부촉하시어 열반에 들 것이다 하시니

多寶 如來ᄂᆞᆫ 法華經 讚歎ᄒᆞ샤 본증으로 오라 터시니

釋迦 如來ᄂᆞᆫ 法華經 付屬ᄒᆞ샤 涅槃애 드로려 ᄒᆞ시니

● **열반涅槃** 일체의 번뇌에서 해탈한 불생불멸不生不滅의 높은 경지. 생멸生滅 없음, 멸도滅度라고도 한다. 멸도는 열반을 번역한 말. 멸滅은 깨달은 결과, 도度는 깨달은 원인

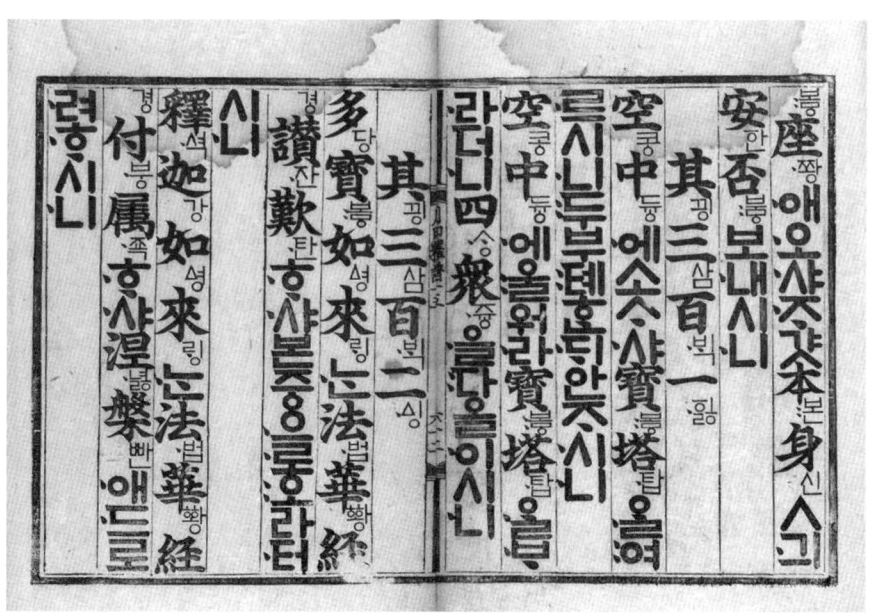

『월인석보』 권15 301, 302곡. ⓒ 국가유산청 국가유산포털

『월인석보』 권16 –전하지 않음. 其303~309(7곡) 결락

『월인석보』 권17 –보물

310
여래의 성불이 오래 되시어 지나간 겁을 못 헤아리거늘 나며 듦이 계시겠습니까.
중생의 선근을 위해 방편을 일부러 내시므로 멸도함을 보이신 것입니다.

如來ㅅ 成佛이 오라샤 過劫을 몯 혜ᅀᆞᆸ거니 나며 드로미 겨시리잇가
衆生 善根을 爲ᄒᆞ샤 方便을 부러 내실씨 □□□□〔滅度함을〕 뵈시니이다

311
자식을 다 못 가르쳐 나를 그려 따르게 하리라 흉문을 들었습니다.【흉문凶聞은 좋지 않은 일의 기별奇別이다.】
중생을 다 못 구하시어 나를 그려 알게 하리라 열반을 보이셨습니다.

子息을 몯 다 ᄀᆞᄅᆞ쳐 날 그려 從킈 호리라 凶聞을 들이니이다【凶聞은 머즌 奇別이라】
衆生을 몯 다 救ᄒᆞ샤 날 그려 알의 호리라 涅槃을 뵈시니이다

312
여래의 목숨에 대해 말씀하실 때 얼마나 많은 보살과 중생이 공덕을 얻으셨으리.
보살의 법리를 말씀하실 때 얼마나 많은 장엄과 공양이 상서를 폈으리.

如來 壽命 니ᄅᆞ싫제 현맛 菩薩와 현맛 衆生이 功德 得ᄒᆞ야시뇨
菩薩 法利 니ᄅᆞ싫제 현맛 莊嚴과 현맛 供養이 祥瑞를 펴아뇨

313

위음왕 여래의 상법이 오래되심이 사천하에 작은 티끌 수와 같더니

상불경 비구가 업신여김 없으실 때 사중에 늘 절이시더니

威音王 如來 像法 오라샤미 四天下앳 微塵數ㅣ러시니
常不輕 比丘ㅣ 업시움 업스실씨 四衆에 長常 절이러시니

● **상불경常不輕** 재가在家한 이나 출가한 이를 가리지 않고 만날 때마다 절하고 "내가 당신을 공경하고 감히 가벼이 여기지 않으니 당신네가 마땅히 보살도를 수행해 반드시 성불하게 하리라."고 했다. 이 말을 듣고 어떤 이가 욕하고 꾸짖으며 해치더라도 굴하지 않고 늘 이 말을 되풀이 했다고 한다.

314

상불경의 말씀은 너희가 보살행 닦아 마땅히 부처가 되리니

모진 놈의 말은 이 비구가 지혜 없어 망량에 수기라고 하더니

常不輕 말쓰몬 너희 菩薩行 닷가 당다이 부톄 ᄃᆞ외리니
모딘 노미 마론 이 比丘ㅣ 智慧 업서 妄量앳 授記라 ᄒᆞ더니

● **수기授記** 부처가 제자에 대하여 미래의 증과證果의 내용을 예언으로 교설하는 것

315

욕을 들으셔도 노함을 모르시어 다시 말씀하시더니

매로 쳐도 멀리 달아나시어 큰 소리로 말씀하시더니

辱ᄋᆞᆯ 드르샤도 怒호ᄆᆞᆯ 모ᄅᆞ샤 다시곰 니ᄅᆞ더시니
매로 티ᅀᆞ바도 머리 ᄃᆞ라가샤 큰 모ᄀᆞ로 니ᄅᆞ더시니

316

상불경을 업신여겨 아비지옥에 들어 천 겁을 헤어나지 못했습니다.

상불경 또 만나 교화를 입어 대회에 모였습니다.

常不輕 업시보ᅀᆞ바 阿鼻地獄애 드러 즈믄 劫을 몯나니이다
常不輕 ᄯᅩ 맞나ᅀᆞ바 敎化를 닙ᅀᆞ바 大會예 모ᄃᆞ니이다

317

상불경 비구가 딴 분이겠습니까 오늘날 세존이시니

위음왕 여래께 법화경 받으셨으므로 오늘날 부처가 되시니

常不輕 比丘ㅣ 녇 分이시리잇가 오ᄂᆞᆯ날애 世尊이시니

威音王 如來ㅅ긔 法華經 受ᄒᆞ실ᄊᆡ 오ᄂᆞᆯ날애 부톄 ᄃᆞ외시니

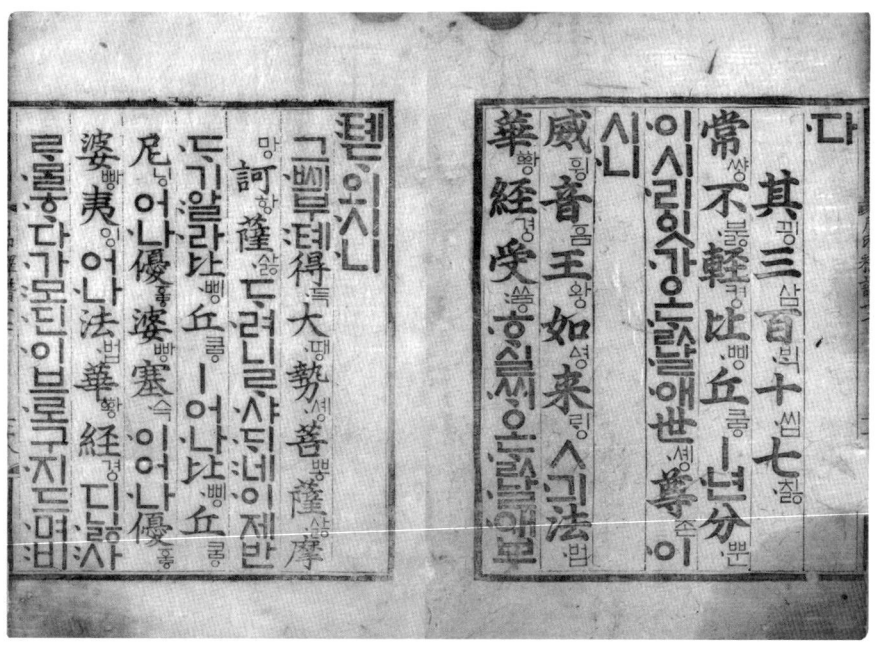

『월인석보』 권17 317곡 ⓒ 국가유산청 국가유산포털

『월인석보』 권18 – 보물

318

미진 보살의 말 들으시어 광장설 내시되 팔방의 분신이 또 내시니

백천년이 찬 다음에야 광장설 거두시되 팔방의 분신이 또 거두시니

微塵 菩薩 말 드르샤 廣長舌 내신대 八方 分身이 쏘 내시니

百千年이 추거사 廣長舌 가두신대 八方 分身이 쏘 가두시니

319

팔방의 여래와 함께 내신 소리 듣고 시방의 여러 나라가 진동하니

다보여래와 한 곳에 앉으신 모습 보고 시방의 여러 나라가 환희하니

八方 如來와 흔쯰 내신 소리 듣줍고 十方諸國이 震動ㅎ수ᄫ니

多寶如來와 ᄒᆞᄃᆡ 안즈신 相 보숩고 十方諸國이 歡喜ㅎ수ᄫ니

● **다보여래多寶如來** 동방 보장 세계의 교주. 보살로 있을 때 내가 멸도한 뒤 시방세계에서 법화경을 설하는 곳에는 나의 보배탑이 솟아나 그 설법을 증명할 것이라고 했다.

320

시방의 여러 하늘이 이 기별을 말하거늘 얼마나 공양이 모여 왔느냐.

여기 있는 대중이 시방 세계를 보니 얼마나 많은 나라가 한 곳에 어울렸는가.

十方 諸天이 이 긔별 닐어늘 현맛 供養이 모다 오나뇨

이엣 大衆이 十方世界ᄅᆞᆯ 보니 현맛 나라히 ᄒᆞᄃᆡ 어울어뇨

321

여래가 손을 내미시어 보살들을 만지시고 팔방의 여래에게 가소서 하시니

보살들이 몸을 굽혀 여래께 말씀 여쭈시므로 보탑 여래에게 계십시오 하시니

如来 손올 내샤 菩薩둘 모니시고 八方 如来를 가쇼셔 ᄒ시니
菩薩둘히 몸구펴 如来ㅅ긔 말 솔바시놀 寶塔 如来를 겨쇼셔 ᄒ시니

322

육계와 백호의 광명이 동방세계에 비추시어 정광 장엄이 밝았습니다.
정화수왕지 여래가 묘음보살을 보내시어 사바국토에 오셨습니다.

肉髻 白毫 光明이 東方世界예 비취샤 淨光莊嚴이 볼ᄀ니이다
淨華宿王智 如来 妙音菩薩올 보내샤 娑婆國土애 오시니이다

323

묘음이 가만히 계시어 천만 꽃을 내시어 법좌의 곁에 돋아 보이시니
다보가 오라 하시므로 천만 보살 데리시고 세존 앞에 안부하시니

妙音이 ᄀ마니 겨샤 千萬 고줄 내샤 法座ㅅ 겨틔 도다 뵈ᅀᆞᄫ시니
多寶ㅣ 오라커시놀 千萬 菩薩 드리샤 世尊 알픠 安否ᄒᅀᆞᄫ시니

324

수없는 상서로 오시어 두 분께 공양하시니 문수보살이 보시니
가없는 공덕 이루시어 중생을 구하시는 걸 화덕보살이 들으시니

數업슨 祥瑞로 오샤 兩分ㅅ긔 供養ᄒ시니 文殊菩薩이 보ᅀᆞᄫ시니
ᄀᆞ업슨 功德 이르샤 衆生 救ᄒ시논 둘 華德 菩薩이 듣ᄌᆞᄫ시니

『월인석보』권19

325
무진의가 물으시되 어떤 인연으로 관세음 이름을 이렇게 갖게 되었습니까.
세존이 대답하시되 어떤 수고라도 관세음 일컬으면 다 벗어나느니라.

無盡意 묻ᄌᆞᄫᆞ샤ᄃᆡ 엇던 因緣으로 觀世音 일훔을 이리 곧ᄂᆞ니잇가
世尊이 對答ᄒᆞ샤ᄃᆡ 아ᄆᆞ란 受苦ㅣ라도 觀世音 일ᄏᆞ라 다 버서나ᄂᆞ니라

● 무진의無盡意 10 항하사 미진세계를 지나 동방에 불현세계不眴世界가 있음. 그 국토에 있는 부처를 보현여래普現如來라 한다. 순일하게 보살만 살고, 2승이란 이름이 없다고 한다. 무진의는 거기에 있는 보살

326
불에 들어도 타지 않으며 물에 들어도 얕은 데에 날 것이니
귀신의 나라에 떨어져도 나쁜 짓 하는 일 없으며 병을 앓게 할 귀신도 눈으로 못 보리니

브레 드러도 ᄉᆞ디 아니ᄒᆞ며 므레 드러도 녀튼 ᄃᆡ 나리니
鬼國에 ᄠᅥ디여도 모딘 樣ᄒᆞ리 업스며 病ᄒᆡᆯ 것도 눈으로 몯 보리니

327
수미산에 올라 남이 밀어도 허공의 가운데에 해와 같이 머물 것이니
모진 놈에게 쫓겨 금강산에 떨어져도 한낱 털도 안 헐어 버릴 것이니

須彌山애 올아 ᄂᆞ미 미러도 虛空ㅅ 가온ᄃᆡ 히 곧 머믈리니
모딘 노ᄆᆞᆯ 조치여 金剛山애 □(디)여도 ᄒᆞ낱 터럭도 아니 헐리니

328

손과 발에 있는 쇠고랑도 즉시 벗어날 것이며 나를 죽일 칼도 꺾어질 것이니

원수를 만나도 적심을 잊을 것이며 뜻 그른 놈도 고쳐 될 것이니

杻械枷鎖ㅣ라도 즉재 버히리어며 날 주긿 갈토 것거디리니
怨讎를 맞나아도 賊心을 니즈리어며 뜯 윈 놈도 고텨 두외리니

● **추계가쇄杻械枷鎖** 추杻는 손에 있는 쇠고랑, 계械는 발에 있는 쇠고랑, 가枷는 칼, 쇄鎖는 쇠사슬

329

저주를 받거나 모진 약을 먹어도 나쁜 몸에 돌아들 것이니

범을 만나거나 뱀을 만나도 스스로 돌아가 멀리 숨으리니

ㄴ올을 굴이거나 모딘 藥을 머거도 모딘 몸애 도라 디리니
범을 맞나거나 ᄇ얌을 맞나아도 제 도라가 머리 숨으리니

330

우레 번개와 우박 큰 비라도 청천백일이 즉시 보일 것이니

전쟁터와 쟁송과 저 생지옥이라도 어떤 재액을 못 벗어날 것이니

울에 즐에와 무뤼 한비라도 靑天白日이 卽時예 뵈리니
戰陣과 諍訟과 뎌 □生地獄이라도 어느 厄을 몯〔뵈〕〔리〕〔니〕

331

아들을 구한다면 반드시 아들이 나되 복덕과 지혜를 갖추고 날 것이니

딸을 구한다면 반드시 딸이 나되 단정한 상을 갖추고 날 것이니

아ᄃᆞᆯ을 求ᄒᆞᆯ딘댄 반ᄃᆞ기 아들이 나디 福德 智慧 ᄀᆞ자 나리니
ᄯᅩᆯ을 求ᄒᆞᆯ딘댄 반ᄃᆞ기 ᄯᅩᆯ이 나디 端正相이 ᄀᆞ자 나리니

332

62억 항하사 같은 보살을 공양한 이익이 천만억 겁에 끝없을 것입니다.

관세음보살의 이름을 수지한 복덕이 끝없음은 또 같을 것입니다.

六十二億 恒河沙 菩薩을 供養 利益이 千萬億劫에 ᄀᆞ 업스리이다
觀世音 菩薩ㅅ 일훔을 受持ᄒᆞᅀᆞ본 福德□(이)□(ᄀᆞ)□(업)수미 ᄯᅩ ᄀᆞᆮᄒᆞ리이다

333

무진의가 물으시되 다니며 설법하는 방편이 어떠합니까.

세존이 대답하시되 나라의 중생들에 맞춰 변화로 가르치느니라.

無盡意 묻ᄌᆞᄫᆞ샤디 ᄂᆞ녀 說法ᄒᆞ야 方便이 엇뎨 ᄒᆞᄂᆞ니잇가
世尊이 對答ᄒᆞ샤디 나랏 衆生ᄋᆞᆯ 조차 變化로 ᄀᆞᄅᆞ치ᄂᆞ니라

334

부처도 현하시며 벽지불도 현하시며 성문도 현하시니

범왕과 제석과 자재천도 현하시며 대자재천도 현하시니

부텨도 現ᄒᆞ시며 辟支佛도 現ᄒᆞ시며 聲問도 現ᄒᆞ시ᄂᆞ니
梵王과 帝釋과 自在天도 現ᄒᆞ시며 大自在天도 現ᄒᆞ시ᄂᆞ니

335

천대장군과 비사문도 현하시며 소왕과 장자도 다 현하시니

거사도 현하시며 재관도 현하시며 바라문도 현하시니

天大將軍과 毗沙門도 現ᄒᆞ시며 小王 長者도 다 現ᄒᆞ시ᄂᆞ니
居士도 現ᄒᆞ시며 宰官도 現ᄒᆞ시며 婆羅門도 現ᄒᆞ시ᄂᆞ니

336

비구와 비구니와 우바새와 우바이도 현하시니

장자와 거사와 재관과 바라문의 부녀도 현하시니

比丘와 比丘尼와 優婆塞도 現ᄒᆞ시며 優婆夷도 現ᄒᆞ시ᄂᆞ니

長者와 居士와 宰官과 婆羅門의 婦女도 現ᄒᆞ시ᄂᆞ니

337

동남과 동녀와 천룡도 다 현하시며 야차도 현하시니

건달바와 아수라와 가루라도 현하시며 긴나라도 현하시니

童男과 童女와 天龍도 다 現ᄒᆞ시며 夜叉도 現ᄒᆞ시ᄂᆞ니

乾達婆와 阿修羅와 迦樓羅도 現ᄒᆞ시며 緊那羅도 現ᄒᆞ시ᄂᆞ니

338

마후라가와 사람인 듯 아닌 듯한 사람 등과 금강신도 현하시니

사바세계의 중생을 위하시어 방편의 힘이 이러하시니

摩睺羅伽 人非人等과 金剛神도 現ᄒᆞ시ᄂᆞ니

娑婆世界예 衆生ᄋᆞᆯ 爲ᄒᆞ샤 方便之力이 이러ᄒᆞ시니

339

무진의가 관세음께 영락을 바치시거늘 세존이 받으라 하시니

관세음이 세존께 영락을 바치시고 다보불께 또 바치시니

無盡意 觀世音ᄭᅴ 瓔珞ᄋᆞᆯ 받ᄌᆞᄫᅡ시ᄂᆞᆯ 世尊이 바ᄃᆞ라 ᄒᆞ시니

觀世音이 世尊ᄭᅴ 瓔珞ᄋᆞᆯ 받ᄌᆞᄫᅡ시고 多寶佛ᄭᅴ ᄯᅩ 받ᄌᆞᄫᅡ시니

340

보위덕상왕 불국에서 보현보살이 거느리신 무량 보살이 상서로 오시니
기사굴 산중에서 보현보살이 청하시어 후 5백세에 묘법을 밝히오리다.

寶威德上王 佛國에 普賢菩薩이 ᄃᆞ리신 無量菩薩이 祥瑞로 오시니
耆闍崛山中에 普賢菩薩이 請ᄒᆞ샤 後五百歲예 妙法 블교리이다

『월인석보』 권20 – 보물

341

열반대회에서 사부 대중에게 보이려고 범천의 꽃을 잡아 드시니

금색 두타가 혼자 웃거늘 정법안장을 맡기려 하시니

涅槃大會예 四衆을 뵈요리라 梵天의 고즐 자바 드르시니

金色頭陁ㅣ ᄒᆞ오ᅀᅡ 우ᅀᅥ늘 正法眼蔵을 맛됴려 ᄒᆞ시니

- **열반대회** 열반경을 설하는 큰 모임
- **범천** 색계의 초선천初禪天
- **정법안장** 부처가 설한 위없는 바른 가르침. 진리를 볼 수 있는 지혜의 눈으로 깨달은 비밀의 법

342

아난이 걸식하거늘 범지가 꾸짖으니 대답할 말을 몰랐습니다.

아난이 묻거늘 세존이 웃으시니 보은경을 이르셨습니다.

阿難이 乞食거늘 梵志 구지ᄃᆞ니 對荅 말ᄋᆞᆯ 모ᄅᆞ니이다

阿難이 묻ᄌᆞᄫᅡᄂᆞᆯ 世尊이 우스시니 報恩経을 니ᄅᆞ시니이다

343

오색 광명이 부처의 나라에 비추시거늘 보살이 모여 오시니

칠보 연화대가 땅에서 솟아나거늘 세존이 올라앉으시니

五色 光明이 佛刹애 비취어시ᄂᆞᆯ 菩薩이 모다 오시니

七寶 花䑓 ᄯᅡ해셔 솟나거늘 世尊이 올아 안ᄌᆞ시니

- **불찰佛刹** 부처의 나라

344

사바세계를 평평하게 하여 산천을 없게 하시어 대중에게 보게 하시니

오취의 중생에게 보이시어 부모의 은혜를 나타내시어 대중에게 알게 하시니

娑婆世界 平ᄒᆞ야 山川을 업게 ᄒᆞ샤 大衆을 보긔 ᄒᆞ시니

- **오취五趣** 다섯 가지 생존 영역. 지옥·아귀·축생·인간·하늘

五趣 衆生을 뵈샤 父母ㅅ 恩을 나토샤 大衆을 알의 ᄒ시니

345

한 몸에 오취를 내시고, 또 내시니 어찌 미진을 견주오리

지난 겁에 고행하시고 또 고행하시니 어찌 큰 것을 아껴하시리

ᄒᆞᆫ 몸애 五趣 내샤 내시곡 내시니 어느 微塵을 가ᄌᆞᆯ비ᅀᆞᄫᆞ리

過劫에 苦行ᄒᆞ샤 苦行코 苦行ᄒᆞ시니 어느 큰 거슬 앗겨 ᄒᆞ시리

346

오취가 여래의 부모이시므로 보리를 이루시니 생생 겁겁에 효심이시니

여래가 오취의 부모이시므로 은혜를 펴시니 겁겁 생생에 자심이시니

五趣ㅣ 如來ㅅ 父母ㅣ 실ᄊᆡ 菩提를 일우시니 生生 劫劫에 孝心이시니

如來 五趣ㅅ 父母ㅣ 실ᄊᆡ 恩惠를 펴시니 劫劫 生生애 慈心이시니

347

여래가 열반하실 줄을 사리불이 알고 허공 중에 불살라 죽으니

사리불의 멸도를 대중이 슬퍼하거늘 자비력으로 이루어 보이시니

如來 涅槃ᄒ시ᇙ ᄃᆞᆯ 舍利弗이 아ᄋᆞᆸ고 虛空 中에 ᄉᆞ라 주그니

舍利弗의 滅度를 大衆이 슬커늘 慈悲力에 일워 뵈시니

348

지나간 겁에 대광명왕이 오늘의 여래이시니 신하를 버리시고 보시하시더니

그 때의 한 대신이 오늘의 사리불이니 임금을 슬퍼하여 먼저 죽으니

過劫에 大光明王이 오ᄂᆞᆳ 如來시니 臣下 ᄇᆞ리샤 布施ᄒ더시니

그 ᄢᅴ ᄒᆞᆫ 大臣이 오ᄂᆞᆳ 舍利弗이니 님금 슬ᄊᆞᄫᅡ 몬저 주그니

349

지나간 겁에 섭파국에 정법이 퍼지어 백성이 편안하더니

당시에 습파왕이 신령께 비시어 태자를 얻으시니

過劫에 葉波國에 正法이 퍼디야 百姓이 便安ᄒ더니
當時예 濕波王이 神靈ㅅ긔 비르샤 太子를 얻ᄌᄫ시니

350

태자가 자라실 제 젖어미 넷이 안아 얼러 기르니

태자가 자라시니 부모님 두 분을 하늘같이 섬기시더니

太子ㅣ ᄌ라싫제 졋어미 네히 안도도아 기르ᅀᄫ니
太子ㅣ ᄌ라시니 父母님 兩分을 ᄒ놀ᄀ티 셤기ᅀᆸ더시니

351

태자비를 들이시어 보배로 단장하시더니 오누이를 낳으시니

아버님께 청하시어 곳간을 여시니 거지를 구하시니【부府는 모으는 것, 부고는 재물을 모아 둔 곳이다.】

妃子를 드리샤 보븨로 비ᅀ더시니 오누의를 나ᄒ시니
아바닚긔 請ᄒ야샤 府庫를 여르시니 것밧ᄉᆞ를 救ᄒ시니【府논 모둘 씨니 쳔량 모든 짜히라】

352

원수의 나라에서 듣고 태자의 인자함을 알고 수단연을 간절히 구하더니

태자의 인자함이 깊으시어 원수의 나라임을 잊고 수단연을 넌지시 주시니

怨讎ㅅ 나라히 듣고 太子ㅅ 仁慈를 아라 須檀延을 모ᄃᆡ 求ᄒ더니
太子ㅅ 仁慈ㅣ 기프샤 怨讎ㅅ 나라흘 니자 須檀延을 넌즈시 주시니

● **수단연須檀延** 흰 코끼리(白象)의 이름

353

원수에게 보시한 일을 모두 여쭙거늘 아버님이 거꾸러져 놀라시니

원수에게 보시한 죄를 모두 청하옵거늘 아드님을 내어 보내시니

怨讎에 布施혼 일을 모다 엳ᄌᆞ바놀 아바님이 디여 놀라시니
怨讎에 布施혼 罪를 모다 請ᄒᆞᅀᆞ바놀 아ᄃᆞᆯ님을 내야 보내시니

354

12년 동안 단특산 속에서 수고가 어떠했는가 태자가 태자비를 두고 가려 하시더니

6천리 단특산의 길에 안부인들 아실까 태자비가 태자를 간절히 따르시니

十二年 檀特山中에 受苦ㅣ 엇더ᄒᆞ고 太子ㅣ 妃子를 두고 가려 터시니
六千里 檀特山ㅅ 길헤 安否ㅣᆫ들 아ᅀᆞᄫᅳ싫가 妃子ㅣ 太子를 모디 조ᄍᆞᄫᅳ시니

● 단특산檀特山 북인도 건타라국에 있는 산

355

두 아기와 더불어 어머님 보여 드리시니 아드님의 뜻이 어떠하시던가.

한 아들을 여의시어 하늘께 비시니 어머님의 뜻이 어떠하시던가.

두 아기를 더브러 어마님 뵈ᅀᆞᄫᆞ시니 아ᄃᆞᆯᆰ 뜯 엇더터신고
ᄒᆞᆫ 아ᄃᆞᆯ 올사 여희샤 하ᄂᆞᆯ긔 비ᅀᆞᄫᆞ시니 어마닚 뜯 엇더터신고

356

대궐에서 나가실 때 2만 명의 부인들이 명주로 보내 드리오니

서울에서 나가실 때 4천 명의 대신들이 보화로 보내 드리오니

大闕에 나싫제 二萬 夫人ᄃᆞᆯ히 明珠로 보내ᅀᆞᄫᆞ니
셔울 나싫제 四千 大臣ᄃᆞᆯ히 寶華로 보내ᅀᆞᄫᆞ니

357

북문으로 나가시어 백성에게 주시니 백성들이 서럽게 말하더니

큰 나무에 앉으시어 백성을 여의시니 백성들이 눈물로 돌아오니

北門을 나샤 百姓을 주시니 百姓들히 셜버 말ᄒ더니

즘게예 안ᄌ샤 百姓을 여희시니 百姓들히 눖믈로 도라오니

358

두 아기를 데리시어 수레를 타시고 말을 메어 끌게 하십니다.

한 바라문을 보시고 말을 청하거늘 즉시 끌러주십니다.

두 아길 ᄃ리샤 술위를 ᄐ시고 ᄆᆞᆯ을 메여 긋이시니이다

ᄒᆞᆫ 婆羅門을 보샤 ᄆᆞᄅᆞᆯ 請커늘 즉재 글어 주시니이다

359

두 아기를 얹으시고 태자비는 미시며 태자는 끄시더니

네 바라문을 보시고 수레를 주시며 보배 옷을 벗어 내시니

두 아길 연ᄌ시고 妃子ᄂᆞᆫ 미르시며 太子ᄂᆞᆫ 그스더시니

네 婆羅門을 보샤 술위를 주시며 寶衣를 바사 내시니

360

태자가 아들 업으시고 태자비가 딸 업으시어 배고파 가시지 못하시더니

제석이 성을 만들며 사람이 맞아 들어가 음식을 받들어 올리니

太子ㅣ 아ᄃᆞᆯ 어브시고 妃子ㅣ ᄯᆞᆯ 어브샤 비골파 몯 녀더시니

帝釋이 城을 밍ᄀᆞᆯ며 사ᄅᆞᆷ이 마ᄍᆞᄫᅡ 드라 차반을 받ᄌᆞᄫᆞ니

361

물을 못 건너시어 효심의 말씀이 있으므로 큰 산이 솟아나니

물을 이미 건너시어 자심의 말씀이 있으므로 큰 산이 사라지니

믈을 몯 걷나샤 孝心엣 말이실씨 큰 뫼히 소사나니
믈을 ᄒᆞ마 걷나샤 慈心엣 말이실씨 큰 뫼히 스러디니

362

산도 높으며 초목도 무성하며 새 울음도 슬프더니

샘도 흐르며 못도 맑으며 냇물도 아름답더니

뫼토 노ᄑᆞ며 草木도 기스며 새 우룸도 늗겁더니
ᄉᆡᆷ도 흐르며 못도 ᄆᆞᆯᄀᆞ며 냇믈도 아ᄅᆞᆷ답더니

363

과일도 많으며 오리도 많으며 기러기도 또 많더니

왜가리도 많으며 물총새도 많으며 원앙새도 또 많더니

果實도 하며 올히도 하며 그려기도 쏘 하더니
오갈도 하며 翡翠도 하며 鴛鴦鳥도 쏘 하더니

● 비취翡翠 물총새

364

산중의 짐승이 태자를 보고 환희하여 맞아들이니

산 위의 도인이 태자를 알고 찬탄하여 가르치니

山中엣 즁ᄉᆡᆼ이 太子ᄅᆞᆯ 보ᅀᆞᆸ고 歡喜ᄒᆞ야 마자 드ᅀᆞᄫᆞ니
山上앳 道人이 太子ᄅᆞᆯ 아ᅀᆞᆸ고 讚歎ᄒᆞ야 ᄀᆞᄅᆞ치ᅀᆞᄫᆞ니

365

과일을 자시고 물을 마시시어 음식을 대신하시더니

섶나무를 세우시고 푸성귀를 이으시어 바람과 비를 가리시니

果實을 좌시고 믈을 마시샤 飮食을 에우더시니

섭나모 셰시고 프서귈 니샤 ᄇᆞᄅᆞᆷ 비를 ᄀᆞ리오시니

366

아들은 풀옷 입고 아버님 따르시더니 그 때의 나이가 일곱이시더니

딸은 사슴 가죽 옷 입고 어머님 따르시더니 그 때의 나이가 여섯이시더니

아ᄃᆞᆯ은 플옷 니버 아바님 조ᄎᆞᆸ더시니 그 ᄢᅳᆺ 나히 닐구비러시니

ᄯᆞᆯ은 鹿皮 옷 니버 어마님 조ᄎᆞᆸ더시니 그 ᄢᅳᆺ 나히 여스시러시니

367

마른 못에 샘이 흐르며 시든 나무에는 새 꽃이 피더니

모진 짐승이 푸성귀를 먹으며 고운 새는 좋은 울음 울더니

여원 모새 심이 흐르며 이운 남긴 새 고지 프더니

모딘 즁싱이 프서귈 머그며 고ᄫᆞᆫ 새는 됴ᄒᆞᆫ 우룸 우더니

368

사자가 성질이 온순하므로 아기가 타고 노시더니 땅에 떨어져 낯을 상하게 하시니

원숭이가 뜻이 좋으므로 아기 상함을 보고 피를 닦아 물로 씻으니 【상傷은 헌 것이다】

獅子ㅣ 性이 술흘씨 아기 타 노더시니 ᄯᅡ해 디여 ᄂᆞ출 허리시니 ● 미후獼猴 원숭이

獼猴ㅣ ᄠᅳ디 됴ᄒᆞᆯ씨 아기 傷호ᄆᆞᆯ 보ᅀᆞᆸ고 피를 스서 믈로 싯ᄉᆞᄫᆞ니 【傷은 헐씨라】

369

모진 여인이 제 남편을 보채어 태자께 가라 하더니

탐탁지 않은 바라문이 제 아내를 못 이겨 태자께 나아 오니

모딘 女人이 제 숔翁 보차아 太子ㅅ긔 가라 ᄒᆞ더니 ●사옹舍翁 남편
탐탁 婆羅門이 제 가ᅀᆞᆯ 계와 太子ㅅ긔 나ᅀᅡ 오ᅀᆞᆸ니

370

사냥꾼이 보고 태자를 낯설어 하여 노한 뜻에 매어 두었더니

바라문이 여기되 나를 죽일까 하여 거짓말을 하여 끌러놓게 하니

山자히 보고 太子ᄅᆞᆯ 셔ᅀᆞ봐 怒호 ᄠᅳ데 미야 뒷더니 ●山자히 사냥꾼
婆羅門이 너교ᄃᆡ 나ᄅᆞᆯ 주긿가 ᄒᆞ야 거즛말로 글어노히니

371

태자가 물으시되 어디에서 오시며 무엇을 구합니까.

바라문이 여쭈되 구류국에서 오니 두 아기를 빌리고 싶습니다.

太子ㅣ 무르샤ᄃᆡ 어듸셔 오시니 므슷 거슬 求ᄒᆞ노니잇가
婆羅門이 ᄉᆞᆯ보ᄃᆡ 鳩留國에셔 오니 두 아기를 비ᅀᆞᆸ노이다

372

두 아기가 나가 계시거늘 태자가 불러 이르시어 보시의 뜻을 간절히 알리시니

두 아기가 들으시고 아버님 곁에 들어 서러운 뜻을 간절히 여쭈시니

두 아기 나갯거시ᄂᆞᆯ 太子ㅣ 블러 니ᄅᆞ샤 布施 ᄠᅳ들 ᄀᆞ장 알외시니
두 아기 듣ᄌᆞᄫᆞ시고 아바닚 겨틔 드라 셜븐 ᄠᅳ들 ᄀᆞ장 ᄉᆞᆲ시니

373
어머님 나가시어 과일을 주우시거늘 우리들은 목숨을 마칠 것입니다.
어머님 돌아오시어 자식을 못 보시면 새끼 잃은 암소 같을 것입니다.

어마님 나가샤 果實 줏거시늘 우리둘흔 命을 무츠려이다
어마님 도라오샤 子息 몯 보시면 삿기 일흔 암쇠 같흐려이다

374
다시 돌아와 말하기를 임금의 손자로서 바라문의 종이 되니
또 다시 말하기를 우리의 서러운 뜻이여 어머님께 아버님이 여쭈소서

다시 도라 술ᄫ샤디 님금 孫子로셔 婆羅門이 죵이 ᄃ외노니
쏘 다시 술ᄫ샤디 우리의 셜본 ᄠᅳ디여 어마닚긔 아바님 술ᄫ쇼셔

375
어머님 못 보아 길이 여의올 것을 전생의 업인가 여깁니다.
우리를 못 보시어 길이 슬퍼하실 이 일을 서럽게 여깁니다.

어마님 몯 보ᅀᆞᄫᅡ 기리 여희ᅀᆞᄫᇙ둘 前生 業인가 너기노이다
우리를 몯 보샤 기리 슬흐싫둘 이 일을 셜비 너겨이다

376
바라문에게 주실 때 두 아기가 슬퍼하시더니 울음소리에 땅이 진동하니
바라문이 치거늘 태자가 슬퍼하시더니 눈물 떨어진 곳에서 땅이 소리내어 끓으니

婆羅門을 주싫 제 두 아기 슬터시니 우룺소리예 ᄯᅡ히 震動ᄒᆞ니
婆羅門이 티거늘 太子ㅣ 슬터시니 눖믈 딘디 ᄯᅡ히 짓글ᄒᆞ니

377

죄업이 다하거든 이런 일 모르고 싶어라 가엾은 아기의 뜻이시니

세간이 무상하니 내세에 제도하리라 대자비 태자의 뜻이시니

罪業이 다ᄋ거든 이런 일 몰라지라 어엿브신 아기 ᄠᅳ디시니
世間이 無常ᄒ니 来世예 濟渡호리라 大慈悲 太子ㅅ ᄠᅳ디시니

378

아기네가 나가시거늘 짐승들이 슬퍼하여 땅에 거꾸러져 불러 우니

아기네가 거스르시거늘 바라문이 치니까 하늘을 우러러 불러 우시니

아기내 나니거시ᄂᆞᆯ 즁ᄉᆡᆼ돌히 슬허 짜해 디야 블러 우니
아기내 거슬어시ᄂᆞᆯ 婆羅門이 티더니 하ᄂᆞᆯ 울워라 블러 우르시니

379

태자비가 눈이 흔들리며 발이 가렵고 두 젖이 흘러나시더니

태자비가 마음을 움직여 과일을 버리시고 두 아기를 보러 오시니

妃子ㅣ 눈이 뮈며 발이 ᄇᆞ렵고 두 져지 흘러 나더시니
妃子ㅣ ᄆᆞᅀᆞᆷ을 뮈워 果實을 ᄇᆞ리시고 두 아기ᄅᆞᆯ 보라 오시니

380

태자의 좋으신 덕을 제석이 이루려고 사자가 되어 길을 막았더니

태자비의 서러운 말을 제석이 들었건만 아기와 멀어져서야 길을 여니

太子 됴ᄒ신 德을 帝釋이 일우오리라 獅子ㅣ ᄃᆞ외야 길흘 마갯더니
妃子 셜ᄫᆞ신 말을 帝釋이 듣ᄌᆞᆸ건마ᄅᆞᆫ 아기 멀어시ᅀᅡ 길흘 여ᅀᆞᄫᆞ니

381

초막에도 없으시며 냇가에도 없으시며 못물도 다 마르더니
노루도 울고 다니며 사슴도 울고 다니며 사자와 원숭이가 다 슬퍼하더니

새 幕애도 업스시며 냇ᄀ새도 업스시며 못믈도 다 여위더니
노로도 우니며 사ᄉᆞᆷ도 우니며 獅子 獼猴ㅣ 다 슬허ᄒᆞ더니

382

옛적에는 돌아올 때 두 아기가 마주 보아 곁에 달라붙어 옷을 털더니
오늘 돌아오니 두 아기가 어디 갔는가 태자의 말을 듣고 목놓아 우시니

녜는 도라옳제 두 아기 마조 보아 겨틔 브릇거 오ᄉᆞᆯ 뻐더니
오늘 도라와 ᄒᆞ니 두 아기 어듸 간고 太子ㅅ 말 드러 목 노하 우르시니

383

기약을 잊으시어 마음을 어지럽게 하므로 옛말을 일러서 울음을 말리시니
이별을 슬퍼하시어 땅에 구르시더니 옛말을 듣고 울음을 그치시니

期約ᄋᆞᆯ 니ᄌᆞ샤 ᄆᆞᅀᆞᆷᄋᆞᆯ 어즈리실ᄊᆡ 녯말 닐어 우룸 말이시니
離別을 슬ᄒᆞ샤 ᄯᅡ해 그우더시니 녯말 듣고 우룸 그치시니

384

제석이 속내를 시험하려고 바라문이 되어 태자비를 주소서 하니
태자가 곧이 들으시고 태자비를 끌어내시어 바라문에게 주어 보내시니

帝釋이 및 바도리라 婆羅門이 ᄃᆞ외야 妃子ᄅᆞᆯ 주쇼셔 ᄒᆞ니
太子ㅣ 고디 드르샤 妃子ᄅᆞᆯ ᄭᅳ어내샤 婆羅門ᄋᆞᆯ 주어 보내시니

385

제천이 보고 찬탄하며 하늘과 땅이 진동하더니

제석이 돌아와 곧은 말을 여쭈거늘 태자비와 태자가 소원을 말씀하시니

諸天이 보ᅀᆞ바 讚歎ᄒᆞᅀᆞᆸ며 하ᄂᆞᆯ 짜히 드러치더니
帝釋이 도라와 고ᄃᆞᆫ 말 ᄉᆞᆲ바ᄂᆞᆯ 妃子 太子ㅣ 願을 니ᄅᆞ시니

386

아기야 서울가거라 배곯지 말거라 우리도 빨리 가고 싶어라.

중생에게 사고가 없어라 보시를 넓히고 싶어라 부모를 나아가 보고 싶어라.

아기 셔울 가고라 ᄇᆡ 골티 말오라 우리도 ᄲᆞᆯ리 니거지
衆生이 四쿰ㅣ 업고라 布施를 너펴지라 父母를 나ᅀᅡ 보ᅀᆞ바지

387

태자비의 발원은 가엾은 뜻이므로 제석이 이루려고 하니

태자의 발원은 높으신 뜻이시므로 제석이 칭찬하니 【칭찬稱讚은 일컬어 찬탄하는 것이다.】

妃子ㅅ 發願은 어엿븐 ᄠᅳ디실ᄊᆡ 帝釋이 일우오려 ᄒᆞ니
太子ㅅ 發願은 노ᄑᆞ신 ᄠᅳ디실ᄊᆡ 帝釋이 稱讚ᄒᆞᅀᆞᆸ니【稱讚ᄋᆞᆫ 일ᄏᆞ라 讚歎ᄒᆞᆯ씨라】

388

모진 여인이 아기를 보고 남편을 미워하여 꾸짖어 팔라고 하니

어진 백성들이 아기를 보고 충심으로 슬퍼하여 눈물 지으니

모딘 女人이 아기를 보ᅀᆞᆸ고 ᅀᅵᆫ翁 믜여 구지저 ᄑᆞ라 ᄒᆞ니
어딘 百姓ᄃᆞᆯ히 아기를 보ᅀᆞᆸ고 忠心ᄋᆞ로 슬허 눈믈 디니

389

배 아니 고프시며 서울 저자에 가심은 천제석의 힘씀이더니

보시의 뜻도 이루어지며 아버님 아심은 장자의 명령이더니

비 아니 골ᄑ시며 셔욿 져재 가샤문 天帝釋의 힘 쑤미러니
布施 뜯도 일며 아바님 아ᄅᆞ샤문 長者ㅣ 긔걸이러니

390

임금도 놀라시며 부인도 놀라시어 목이 메어 못내 우시더니

각시도 슬퍼하며 신하도 슬퍼하며 못내 울어 목이 메더니

님금도 놀라시며 夫人도 놀라샤 모기 몌여 몯내 우더시니
각시도 슬ᄒ며 臣下도 슬허 몯내 우러 모기 몌더니

391

임금이 보시고 안으려 하시거늘 두 아기가 안기지 않으시니

임금이 물으시어 값이 얼마인가 하시거늘 바라문이 대답하지 못하니

님금이 보샤 아노려 커시ᄂᆞᆯ 두 아기 아니 안기시니
님금이 무르샤 갑시 언마고 커시ᄂᆞᆯ 婆羅門이 몯 對答ᄒ니

392

맏아기가 여쭈시되 내 몸값은 은돈 1천과 수소 1백이니

맏아기가 또 여쭈시되 누이의 몸값은 금돈 2천과 암소 2백이니

몯아기 ᄉᆞᆯᄫᆞ샤디 내 몸앳 갑ᄉᆞᆫ 銀돈 一千 수쇼 一百이니
몯아기 ᄯᅩ ᄉᆞᆯᄫᆞ샤디 누의 몸앳 갑ᄉᆞᆫ 金돈 二千 암쇼 二百이니

393

대궐의 각시네는 임금의 남이로되 임금이 사랑스럽게 여기시니

한낱 태자는 임금의 아들이로되 임금이 내보내시니

大闕ㅅ 각시내는 님금 놈이로디 님금이 홓히 너기시ᄂ니
ᄒᆞ낱 太子는 님긊 아ᄃᆞᆯ이로디 님금이 내야 보내시니

394

사랑스럽게 여기시므로 보배로 꾸미니 여자가 귀하나이다.

내보내시므로 깊은 산에 사니 아들을 귀하다 하겠습니까.

홓히 너기실ᄊᆡ 보비로 비ᄉᆞᄂ니 겨지비 貴ᄒᆞ니이다
내야 보내실ᄊᆡ 深山애 사ᄂᆞ니 아ᄃᆞᆯ 을 貴타 ᄒᆞ리잇가

395

나를 꾸짖느냐 바라문을 두려워하느냐 어찌 안기지 않느냐.

예전에는 임금의 손자이더니 이젠 남의 종이므로 이런 까닭에 아니 안기네요.

나ᄅᆞᆯ 過ᄒᆞᄂ다 婆羅門 을 저ᄂᆞᆫ다 엇뎨라 아니 안기ᄂᆞᆫ다
녜ᄂᆞᆫ 님긊 孫子ㅣ 라니 이젠 ᄂᆞᄆᆡ 죵일ᄊᆡ 이럴ᄊᆡ 아니 안기ᅀᆞᆸ뇌

396

금돈·은돈 3천과 수소·암소 3백을 말대로 내어 놓으시니

아들의 값을 주시며 딸의 값을 갚으시거늘 이제야 안기시니

金銀돈 三千과 수암쇼 三百 을 말다히 내야 노ᄒᆞ시니
아ᄃᆞ리 값 주시며 ᄯᆞ리 값 가파시ᄂᆞᆯ 이제ᅀᅡ 안기ᅀᆞᆸ시니

397

가엾으신 부모여 아들을 그리워하시어 안부를 물으시니

애타도록 슬픈 아기네여 할아버님 말씀 듣고서 안부를 대답하시니

어엿브신 父母ㅣ여 아ᄃᆞᆯ올 그리샤 安否를 무르시니

애슬픈 아기내여 한아바님 말 듣ᄌᆞᄫᅡ 安否를 對答ᄒᆞ시니

398

아들이 산에서 어떤 것을 먹으며 무엇을 입고 살더냐.

아버님이 산에서 과일을 먹으며 베옷을 입고 살더이다.

아ᄃᆞ리 뫼해셔 엇던 거슬 머그며 므슷 거슬 니버 사더니야

아바님 뫼해셔 果實을 머그며 뵈오ᄉᆞᆯ 니버 사더이다

399

태자를 부르시거늘 샘물도 마르며 짐승이 거꾸러져 울더니

백성이 기다려 번과 개도 달며 꽃과 향으로 맞아들이니

太子를 블려시ᄂᆞᆯ 심믈도 여위며 즁ᄉᆡᆼ이 디여 우더니

百姓이 기드리ᅀᆞᄫᅡ 幡蓋도 ᄃᆞᅀᆞᄫᅳ며 花香ᄋᆞ로 마자 드ᅀᆞᄫᆞ니

400

태자가 돌아오시어 머리를 조아리시니 그 날의 일이 어떠하신가.

아버님 뉘우치시어 보시를 펴게 하시니 오늘의 일이 이러하시니

太子ㅣ 도라오샤 머리 좃ᄉᆞᄫᆞ시니 그낤 일이 엇더ᄒᆞ시니

아바님 뉘으츠샤 布施 펴긔 ᄒᆞ실ᄊᆡ 오ᄂᆞᆳ 일이 이러ᄒᆞ시니

401

태자의 이름은 수대나, 태자비 이름은 만지이더시니

아들 아기는 이름이 야리, 딸 이름은 계나연이더시니

太子ㅅ 일훔은 須大拏ㅣ시고 妃子ㅅ 일훔은 曼坻러시니

아들 아기는 일훔이 耶利시고 똘 일훔은 罽那延이러시니

402

부왕은 정반, 부인은 마야, 수대나는 세존이시니

만지는 구이, 야리는 나운, 계나연은 나한 말리의 어머니이시니

父王은 淨飯이시고 夫人은 摩耶ㅣ시고 須大拏는 世尊이시니

曼坻는 俱夷시고 耶利는 羅雲이시고 罽那延은 羅漢 末利 母ㅣ시니

403

사냥꾼은 아난, 도인은 목련, 천제석은 사리불이니

구류국 바라문은 제바달다, 그의 아내는 전차마나이니

山자힌 阿難이오 道人은 目連이오 天帝釋은 舍利弗이니

鳩留國 婆羅門은 提婆達多ㅣ오 제 가순 旃遮摩邦ㅣ니

404

나라가 재물을 모음은 백성 위함이니 재물이 없으면 그 누가 아니 분별하리

나라가 군비 닦음은 적국 때문이니 군비가 줄면 그 누가 아니 분별하리

【무武는 호반虎班의 일, 비備는 준비하는 것이다. 호반의 일로 도적에 대하여 준비하는 것이다.】

나라히 쳔 뫼호몬 百姓 爲ᄒᆞᄂᆞ니 쳔이 업스면 뉘 아니 分別ᄒᆞ리

나라히 武備 닷고몬 敵國 爲ᄒᆞᄂᆞ니 武備 늘의면 뉘 아니 分別ᄒᆞ리【武는 虎班이

이리오 備ᄂᆞᆫ 預備ᄒᆞᆯ씨니 虎班이 일로 도즉 預備ᄒᆞᆯ씨라】

405
코끼리가 쓸 데 없어 원수가 저절로 오니 그 날의 말이 얕지 않은가.
보시가 마르지 않으시어 정각을 이루시니 그 날의 말이 내내 우스우리

象이 ᄠᅮᆯ디 업서 怨讎ㅣ 절로 오니 그 낤 말이 긔 아니 녇가ᄫᆞ니
布施 아니 마ᄅᆞ샤 正覺을 일우시니 그 낤 말이 내내 웃ᄫᆞ리

406
지나간 겁에 나사왕이 아드님들을 보내시어 세 나라의 임금을 삼으시니
그 때 나후 대신이 임금을 없애고 두 아들을 아울러 죽이니

過劫에 羅闍王이 아ᄃᆞᆯ님낼 보내샤 세 나라해 님금 사ᄆᆞ시니
그ᄢᅴ 羅睺大臣이 님금 업스시긔 ᄒᆞ야 두 아ᄃᆞᆯ 올 조쳐 주기니

407
소왕이 모르시었거늘 신령이 여쭈니 모진 군마가 벌써 오더니
부인만 따르시거늘 태자를 안으시어 먼 나라에 숨으러 가시더니

小王이 몰랫거시ᄂᆞᆯ 神靈이 ᄉᆞᆯᄫᆞ니 모딘 軍馬ㅣ ᄒᆞ마 오더니
夫人ᄯᆞᆫ 조ᄍᆞᆸ거시ᄂᆞᆯ 太子ᄅᆞᆯ 안ᄋᆞ샤 먼 나라해 숨어 가더시니

408
열나흘 길에 이레의 양식뿐이므로 아버님이 방편이시더니
한 분이 죽으심이 세 분보다 나으므로 아드님이 효도하시니

열나ᄋᆞᆫ 길헤 닐웻 糧食 ᄲᅮ닐씨 아바님이 方便이러시니
ᄒᆞᆫ 分이 주그샤미 三分두고 나ᅀᆞᆯ씨 아ᄃᆞᆯ님이 孝道ᄒᆞ시니

409

모기가 모이거늘 발원이 크시므로 하늘과 땅이 진동하더니

제석이 오거늘 맹세가 크시므로 금색의 몸이 예전과 같으시니

모기 몯거늘 發願이 크실씨 하눌 짜히 드러치더니
帝釋 오나눌 盟誓 크실씨 金色相이 녜 굳ᄒᆞ시니

410

정진이 용맹하시어 도를 이루심이 빠르신 것은 천제석의 찬탄이시니

부모님이 살아서 나라에 돌아오심은 아드님의 복덕이시니

精進이 勇猛ᄒᆞ샤 成道ㅣ ᄲᆞᄅᆞ싈 둔 天帝釋의 讚歎이ᅀᆞᆸ니
父母님 사ᄅᆞᅀᆞ바 나라해 도라오샤ᄆᆞᆫ 아들닚 福德이시니

411

태자의 이름이 수사제이시더니 오늘날에 세존이시니

소왕은 정반, 부인은 마야, 제석이 아야교진여이니

太子ㅅ 일훔이 須闍提러시니 오ᄂᆞᆳ날애 世尊이시니
小王이 淨飯이시고 夫人이 摩耶ㅣ시고 帝釋이 阿若憍陳如ㅣ니

● **아야교진여阿若憍陳如** 세존이 출가하여 이련선하 가에 있는 산중에서 고행할 때 모시던 다섯 비구 중의 한 사람

『월인석보』권21 −보물

412

제석이 세존께 청하기를 도리천에 가서 어머님을 보소서

문수보살이 마야부인께 청하시기를 환희원에 가서 아드님을 보소서

帝釋이 世尊끠 請ᄒᆞᅀᆞᆸ디 忉利天에 가 어마님 보쇼셔

文殊ㅣ 摩耶끠 請ᄒᆞᅀᆞᆸ샤디 歡喜園에 가 아ᄃᆞ님 보쇼셔

● 환희원歡喜園 도리천에 있는 동산東山. 세존世尊이 환희원에 있는 파리질다라수波利質多羅樹 나무 아래에서 석 달 동안 안거安居했다고 한다.

413

광명이 터럭에 나서 세계를 비추시니 꽃이 돋아 부처가 앉으시니

유즙이 입에 드시어 세계가 진동하니 꽃이 피고 열매 열리니【유乳는 젖이다.】

光明이 터러긔 나샤 世界예 비취시니 고지 도다 부톄 안ᄌᆞ시니

乳汁이 이베 드르샤 世界 드러치니 고지 프고 여름 여ᅀᆞᄫᆞ니【乳는 져지라】

414

처음 바라보아 열반을 들으시고 번뇌를 여의시니

다시 설법하시니 수다원을 얻으시고 눈물로 여의시니

처ᅀᅥᆷ ᄇᆞ라ᅀᆞᄫᅡ 涅槃을 듣ᄌᆞᄫᆞ시고 煩惱를 여희시니

다시 說法ᄒᆞ신대 須陁洹을 得ᄒᆞ시고 눈믈로 여희시니

● 수다원須陁洹 성문 사과聲聞四果의 첫째. 무루도無漏道에 처음 참례하여 들어간 증과證果. 사체四諦를 깨달아 욕계欲界의 탐貪·진瞋·치癡의 삼독三毒을 버리고 성자聖者의 반열에 들어가는 성문聲聞의 지위

415

여러 부처와 보살과 천룡이 도리천에 모이시거늘 법왕자가 그 수를 모르시니

오랜 과거·현재·미래에 지장보살이 구하실 것을 세존이 일러 듣게 하시니

● 법왕자法王子 미래에 부처님이 될 자리에 있는 보살. 세간의 국왕에게 왕자가 있듯이, 부처님을 법왕이라 함에 대하여 법왕자라 한다.

諸佛菩薩 天龍이 忉利天에 몯거시늘 法王子ㅣ 數 모르시니
過劫 當世 未來예 地藏이 救ᄒᆞ싫돌 世尊이 닐어 들이시니

416

분신 지장보살이 다 모여 오시거늘 세존이 머리를 만지시니
분신 지장보살이 한 몸에 엉기시어 세존께 눈물지으시니

分身 地藏이 다 모다 오나시늘 世尊이 머리 ᄆᆞ니시니
分身 地藏이 ᄒᆞᆫ 몸애 얼의샤 世尊ㅅ긔 눈믈 디시니

417

여래가 지장보살께 여래의 공덕을 이르시어 후세 중생을 부촉하시니
지장보살이 여래께 자기의 공덕을 아뢰시어 후세 중생을 구하려 하시니

如來 地藏ㅅ긔 如來ㅅ 功德 니ᄅᆞ샤 後世 衆生ᄋᆞᆯ 付屬ᄒᆞ시니
地藏이 如來ㅅ긔 즈갓 功德 ᄉᆞᆯᄇᆞ샤 後世 衆生ᄋᆞᆯ 救호려 ᄒᆞ시니

418

세존이 아니 오시기에 우전왕과 바사닉왕이 단향·자금색의 상을 이루니
세존이 오실 것이기에 제석이 귀신으로 칠보·황금계단을 만드니

世尊이 아니 오실씨 優塡王 波斯匿王이 檀香 紫金像ᄋᆞᆯ 이ᄅᆞᅀᆞᆸᄂᆞ니
世尊이 오시릴씨 帝釋이 鬼神으로 七寶 黃金階ᄅᆞᆯ 밍ᄀᆞᅀᆞᄇᆞ니

● **우전왕優塡王** 교상미국의 왕. 불교의 외호자. 올타연나·오타연나·우타연優陀延으로 음역, 출애出愛·일자日子로 번역. 왕은 부처가 33천에 올라 오랫동안 내려오지 않음을 걱정하다가 병이 나서 부처의 형상을 우두전단에 조각했다. 불상의 시초다.

● **바사닉왕波斯匿王** 중인도 사위국의 왕. 승군勝軍·승광勝光·월광月光으로 번역. 어려서 북인도의 덕차시라국德叉尸羅國에 가서 공부했다. 왕이 된 뒤 정치를 잘해서 가시국도 그의 지배를 받았다. 아들 기타태자는 주장主藏하는 신하 수달다와 함께 힘을 모아 기원정사를 지어 부처께 바쳤다. 왕도 불법을 독실하게 믿어 외호하는 일을 맡았다. 부처와 생일이 같고, 부처가 성도한 해(589 BC)에 왕위에 올랐다.

419

내려 오시는 부처는 보계를 타고 오시거늘 천왕이 좇으니

마중 가시는 부처는 흰 코끼리를 타고 가시거늘 국왕이 좇으니

ㄴ려 오싫 부텨는 寶階를 타오거시놀 天王이 조쯔ᄫ니
마조 가싫 부텨는 白象을 타가거시놀 國王이 조쯔ᄫ니

420

도리천의 사중이 모여 오거늘 부처 위에 꽃비 오더니

염부제의 사중이 모여 있거늘 부처 아래에 또 꽃비 오니

忉利天 四衆이 모다 오ᅀᆞᆸ거늘 부텻 우희 곶비 오더니
閻浮提 四衆이 모다 잇거늘 부텻 아래 또 곶비 오니

421

금상이 예수하시거늘 세존이 합장하시니 백천의 화불이 또 합장하시니

금상이 불사하실 것을 세존이 찬탄하시니 백천의 화불이 또 찬탄하시니

金像이 禮數커시놀 世尊이 合掌ᄒᆞ신대 百千化佛이 쏘 合掌ᄒᆞ시니
金像이 佛事ᄒᆞ싫 돌 世尊이 讚歎ᄒᆞ신대 百千化佛이 쏘 讚歎ᄒᆞ시니

422

건달바의 아들이 노래를 부르고 칠보금을 놀더이다.

세존의 삼매력에 고공무상을 말하여 대천계가 듣습니다.

乾闥婆이 아ᄃᆞ리 놀애를 블라 七寶琴을 노더니이다
世尊ㅅ 三昧力에 苦空無常을 닐아 大千界 드르니이다

● **고공무상苦空無常** 비상非常·고苦·공空·비아非我. 고제苦諦의 경계를 관찰하여 일어나는 4종의 지해智解로 4행상行相이라고 한다. 이 세상의 사물은 중생의 몸과 마음을 핍박하여 괴롭게 하므로 고苦, 만유는 모두 인연의 화합으로 생기는 것이어서 하나도 실체나 모든 성품이 있는 것이 아니므로 공空이다. 고공苦空은 세상이 괴롭고 허망함을 이르는 말. 만유는 인연이 흩어지면 문득 없어지므로 무상無常이라고 한다.

423

성문 벽지불이 즐거워 춤을 추며 시방의 중생이 효양을 알으시니

수미산이 즐거워 잠기며 솟으며 시방의 중생이 대회에 오니

聲聞 辟支佛이 즐겨 춤을 츠며 十方 衆生이 孝養을 아ᅀᆞᆸ니

須彌山이 즐겨 즈므며 소스며 十方 衆生이 大會예 오ᅀᆞᆸ니

● 성문벽지불聲聞辟支佛 부처의 설법을 듣고 사제의 이치를 깨달아 아라한이 된 불제자

424

보탑이 솟으시니 칠보가 갖추어져 있더니 미륵이 물으시니

보탑의 인연을 중생의 마음이 의심하더니 세존이 말씀하시니

寶塔이 소ᄉᆞ시니 七寶ㅣ ᄀᆞᆺ더시니 彌勒이 묻ᄌᆞᆸ시니

寶塔 因緣을 衆心이 疑心터니 世尊이 니ᄅᆞ시니

425

아승기 전겁에 바라내왕이 태자를 구하시더니

열두 해 만에 제일 부인이 태자를 낳으시니

阿僧祇 前劫에 波羅㮈大王이 太子ᄅᆞᆯ 求ᄒᆞ더시니

열 두힛 마내 第一夫人이 太子ᄅᆞᆯ 나ᄊᆞᄫᆞ시니

● 바라내왕波羅㮈王 중인도 마갈타국의 서북쪽에 있던 나라. 바라내의 왕. 바라내波羅㮈는 바라날波羅㮈·바라내사波羅㮈斯라고도 쓴다. 세존이 성도하신 지 삼칠일 뒤에 이 나라의 녹야원에서 처음으로 설법하여 교진여 5비구를 제도하고, 그 뒤 200년 지나서 아육왕이 그 영지靈地를 표시하기 위하여 두 개의 석주石柱를 세웠다. 지금의 비나레스Benares 지역

426

태자가 성품이 고우시어 노함을 모르시어 보시를 즐기시더니

대신이 모질어 덕을 시샘하여 없으시게 꾀를 내더니

太子ㅣ 性 고ᄫᆞ샤 怒호ᄆᆞᆯ 모ᄅᆞ샤 布施ᄅᆞᆯ 즐기더시니

大臣이 모디라 德을 새오ᅀᆞᄫᅡ 업스시긔 꾀ᄅᆞᆯ ᄒᆞ더니

427

아버님 병이 중하시어 약을 못 하거늘 목숨 버려 구하시니
아버님 슬퍼하시어 단향으로 살라 보탑을 이루어 공양하시니

아바님 病重ᄒᆞ샤 藥을 몯ᄒᆞᅀᆞᆸ거늘 목숨 ᄇᆞ려 救ᄒᆞᅀᆞᄫᆞ시니
아바님 슬ᄒᆞ샤 檀香ᄋᆞ로 ᄉᆞᅀᆞ바 寶塔 일어 供養ᄒᆞ시니

428

태자의 이름은 인욕이시더니 오늘날 여래이시니
바라내왕은 열두단이시고 부인이 마야이시니

太子ㅅ 일훔은 忍辱이러시니 오ᄂᆞᆳ날애 如来시니
波羅捺王은 閱頭檀이시고 夫人이 摩耶ㅣ시니

● 열두단閱頭檀: 부처의 아버지. 의역해서 정반

429

전겁에 보시를 즐겨 부모에게 효도하시기에 보리를 이루시니
이 땅에 보탑을 세워 태자의 공양이 있기에 세존께 솟아 뵈니

前劫에 布施 즐겨 父母 孝道ᄒᆞ실ᄊᆡ 菩提를 일우시니
이 ᄯᅡ해 寶塔 셰야 太子 供養이실ᄊᆡ 世尊ㅅ긔 소사 뵈ᅀᆞᄫᆞ니

『월인석보』 권22 – 보물[15]

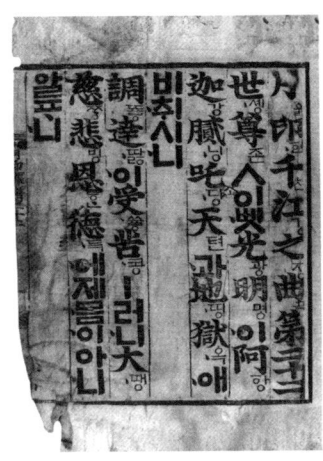

『월인석보』 권22 445곡. ⓒ 국가유산청 국가유산포털

445 〔노래의 차례 빠짐〕

세존의 입의 광명이 아가니타천과 지옥에 비추시니

조달이 수고하더니 대자비 은덕에 자기의 몸이 아니 아프니

世尊ㅅ 이벳 光明이 阿迦膩吒天과 地獄애 비취시니

調達이 受苦ㅣ러니 大慈悲 恩德에 제 몸이 아니 알프니

● 아가니타천阿迦膩吒天 색계 17천天 가운데 가장 위에 있다. 유정천이라고도 한다.

446

평생의 원수를 이리 구하시는 걸 대중이 찬탄하니

전세에 모질거늘 자기가 구하시던 걸 세존이 말씀하시니

平生앳 怨讎를 이리 救ᄒ시논돌 大衆이 讚歎ᄒᅀᆞᆸ니

前世예 모딜어늘 ᄌᆞ걔 救터신돌 世尊이 니ᄅᆞ시니

447

끝없는 세월 전에 바라내왕이 태자를 구하시더니

열두 해가 차거늘 제일·제이 부인이 태자를 낳으시니

● 바라내왕波羅㮈王 바라왕波羅王. 바라내는 석가모니 시대 이전 갠지스강 중류의 성도聖都 바라나시 중심에 있던 나라. 교외에는 녹야원鹿野苑이 있었고 뒤에 고사라국에 병합되었다.

---

15 『월인석보』 권22의 복각본에는 430~444의 15곡이 실려 있지 않다. 첫장의 445곡의 곡차曲次도 빠졌다.

無量 千歲여 波羅㮈王이 太子룰 求ᄒᆞ더시니
열두 히 ᄎᆞ거늘 第一 第二 夫人이 太子룰 나ᄊᆞᄫᆞ시니

448

제일 부인은 본성이 궂으시더니 회임한 뒤로 성격이 고우시니【회임懷妊은 아기 배는 것이다.】

제이 부인은 본성이 곱더니 회임한 뒤로 성격이 궂으니

第一 夫人ᄋᆞᆫ 本性이 궂더시니 懷妊 後로 性이 고ᄫᆞ시니【懷妊은 아기 빌씨라】
第二 夫人ᄋᆞᆫ 本性이 곱더니 懷妊 後로 性이 구즈니

449

본성이 고우시기에 낳으신 태자가 이름이 선우이시더니
본성이 궂으시기에 낳은 태자가 이름이 악우이더니

性이 고ᄫᆞ실씨 나ᄊᆞᄫᆞ신 太子ㅣ 일훔이 善友ㅣ러시니
性이 구즐씨 나흔 太子ㅣ 일훔이 惡友ㅣ러니

450

선우는 인자하시어 보시를 즐기시므로 부모님이 사랑하시더니
악우는 모질어 샘내기를 즐기므로 형님을 해하려 하더니

善友는 仁慈ᄒᆞ샤 布施를 즐기실씨 父母님이 ᄉᆞ랑ᄒᆞ더시니
惡友는 모디러 새오ᄆᆞᆯ 즐길씨 兄님을 害ᄒᆞ려 ᄒᆞ더니

451

선우가 노니시다가 중생의 고통을 보시고 눈물을 흘리시니
아버님이 물으시거늘 중생의 고통을 아뢰고 보시를 청하시니

善友ㅣ 노니샤 衆生苦룰 보시고 눉믈을 흘리시니
아바님 무러시놀 衆生苦 술ᄫ시고 布施룰 請ᄒᆞ시니

452

먹을 것 위하며 입을 것 위하기에 밭을 갈며 베를 짜더니
밭을 갈 때 벌레 나오거늘 까마귀가 찍어 먹더니

머긇 것 爲ᄒᆞ며 니븛 것 爲ᄒᆞᆯ씨 바틀 갈며 뵈를 ᄧᆞ더니
바틀 갏저긔 벌에 나거늘 가마괴 디거 먹더니

453

낙타도 죽이며 말과 소도 죽이며 양과 돼지도 또 죽이며
새와 물고기를 잡아 목숨을 써서 목숨을 봉양하더이다.

약대도 주기며 ᄆᆞᆯ 쇼도 주기며 羊 돝도 쏘 주기며
새와 고기를 자바 목숨을 뼈아 목숨을 치더니이다

454

이런 일 보시거니 대자비의 마음에 눈물을 흘리지 않겠습니까.
이런 일 들으시니 부모님 마음에 보시를 막으시겠습니까.

이런 일 보거시니 大慈悲ㅅ ᄆᆞᅀᆞ매 눉믈을 아니 디시리잇가
이런 일 듣거시니 父母님 ᄆᆞᅀᆞ매 布施를 마ᄀᆞ시리잇가

455

나라 재물의 서 푼에 두 푼을 쓰시되 보시를 나쁘게 여기시니
대신의 세 가지 말 중에 한 말을 들으시어 보주를 얻으려 하시니

나랏 쳔 三分에 두 分을 쓰샤디 布施를 낟비 너기시니

大臣이 세 말애 흔 말을 드르샤 寶珠를 어두려 ㅎ시니

456
5백인을 배에 실어 바다 한가운데 놓아 진보산에 이르시니

많은 보배를 배에 실어 바다 저 가장자리에 놓아 바라내에 돌려보내시니

五百人 비예 시러 바ᄅᆞᆯ 이 ᄀᆞ새 노하 珍寶山애 니르르시니

한 보비 비예 시러 바ᄅᆞᆯ 뎌 ᄀᆞ새 노하 波羅㮏예 돌아 보내시니

457
많은 사람 보내시고 보주를 얻으리라 진보산을 지나가시니

한 도사 데리시고 길을 물으시어 용궁을 향하여 가시니

한 사ᄅᆞᆷ 보내시고 寶珠를 어드리라 珍寶山ᄋᆞᆯ 디나아 가시니

ᄒᆞᆫ 導師 ᄃᆞ리시고 길흘 무르샤 龍宮을 向ᄒᆞ야 가시니

458
한 이레 길 가시어 무릎 칠 물 건너시어 두 이레에 목까지 칠 물을 건너시어

이레 길 또 가시어 물 헤어 건너시어 세 이레에 바다에 가시니

ᄒᆞᆫ 닐웻 길 녀샤 무룹 틸 믈 건나샤 두 닐웨예 목 틸 믈 걷나샤

닐웻 길 ᄯᅩ 녀샤 믈 헤여 걷나샤 세 닐웨예 바ᄅᆞ애 가시니

459
은모래 지나시어 은산에 가시니 그 도사가 목숨을 잃으니

금모래 지나시어 금산에 가시니 이 길에는 홀로 가시니

銀몰애 디나샤 銀山애 가시니 그 導師ㅣ 命을 일흐니

金몰애 디나샤 金山애 가시니 이 길헤논 ᄒᆞ올로 녀시니

460

연꽃을 밟으시어 유리 연못 지나시어 칠보성에 이르시니
바깥문 들으시어 중문 지나시어 용왕궁에 이르시니

蓮ㅅ고즐 볼ᄇ샤 瑠璃 못 디나샤 七寶城에 니르르시니
밧 門 드르샤 中門 디나샤 龍王官에 니르르시니

461

청독사를 보시어 자심에 드시니 청독사가 못 겨루니
독룡을 보시어 자심을 말씀하시니 독룡이 길을 여니

靑毒蛇를 보샤 慈心에 드르시니 靑毒蛇ㅣ 몯 글외ᅀᆞᆸ니
毒龍을 보샤 慈心을 니ᄅᆞ시니 毒龍이 길흘 여ᅀᆞᆸ니

462

옥녀를 보시어 말씀을 드리시되 선우태자가 왔노라 하시니
용왕이 듣고 복덕을 기뻐하니 선우태자는 들어오소서 하니

玉女를 보샤 말ᄊᆞ물 드리샤디 善友 太子ㅣ 왯노라 ᄒ시니
龍王이 듭고 福德을 깃ᄉᆞᆸ니 善友 太子ㅣ 드르쇼셔 ᄒ니

463

칠보상을 놓아 태자를 앉히시고 공양을 청하니
좋은 법을 들어 보주를 바치고 신력으로 보내니

七寶床 노ᄊᆞ바 太子를 안치ᅀᆞᆸ고 供養을 請ᄒᆞᆸ니
됴ᄒᆞᆫ 法 듣ᄌᆞᄫᅡ 寶珠를 받ᄌᆞᆸ고 神力으로 보내ᅀᆞᆸ니

464

바닷가에 돌아오시어 악우를 보시고 제 벗들을 물으시니

그 배가 부서져서 사람이 다 죽고 내 몸만 살았습니다 하니

이 ㄱ새 도라오샤 惡友를 보시고 제 버들 무르시니

그 빈 ᄒᆞ야디여 사ᄅᆞᆷ이 다 죽고 내 몸ᄲᅮᆫ 사로이다 ᄒᆞ니

465

선우는 곧으시어 악우를 믿으시어 보주를 얻으라 하시니【직直은 곧다는 말이다.】

악우는 모질어 선우를 시샘하여 보주를 빼앗으려 하니

善友는 直ᄒᆞ샤 惡友를 미드샤 寶珠를 어두라 ᄒᆞ시니【直ᄋᆞᆫ 고ᄃᆞᆯ씨라】

惡友는 모디러 善友를 새오ᅀᆞᄫᅡ 寶珠를 아ᅀᆞ려 ᄒᆞ니

466

악우가 아뢰되 이런 험한 길에 어울려 지키시지요.

선우가 이르시되 우리가 잠 잘 적에 서로 지키리라.

惡友ㅣ ᄉᆞᆲ오디 이런 險ᄒᆞᆫ 길헤 어우러 딕ᄒᆞ사이다

善友ㅣ 니ᄅᆞ샤디 우리 ᄌᆞᆷ잘 저긔 서르곰 딕ᄒᆞ요리라

467

선우가 자시거늘 도적질을 저질러 형님 눈에 못을 박으니

선우가 깨시어 도적인가 여기시어 아우의 이름을 크게 부르시니

善友ㅣ 자거시ᄂᆞᆯ 도ᄌᆞᄀᆞᆯ 저즈라 묏님 눈에 모ᄃᆞᆯ 바ᄀᆞ니

善友ㅣ ᄀᆞᄫᆞ샤 도ᄌᆞ긴가 너기샤 앗이 일후믈 ᄀᆞ장 브르시니

468

악우가 잠잠하니 목소리 크게 해 부르시어 내 아우가 죽었는가 하시더니

수신이 듣고 소리 내어 이르되 그대의 아우가 모진 도적이니

惡友ㅣ 줌줌훌씨 목 되와 브르샤 내 앗이 주근가 터시니
樹神이 듣줍고 소리내야 닐오디 그딋 앗이 모딘 도ᄌ기니

469

악우가 돌아와 부모를 뵈옵고 거짓말로 속이니

선우가 죽으셨다 부모가 들으시고 거짓말을 옳은가 하시니

惡友ㅣ 도라와 父母 보ᅀᆞᆸ고 거즛말로 소기ᅀᆞᄫᆞ니
善友ㅣ 주그시다 父母ㅣ 드르시고 거즛말ᄋᆞᆯ 올ᄒᆞᆫ가 ᄒᆞ시니

470

부모가 슬퍼하시어 땅에 쓰러져 우시며 악우를 꾸짖으시니

악우가 두려워하여 보주를 묻어버려 부모를 모르시게 하니

父母ㅣ 슬ᄒᆞ샤 ᄯᅡ해 디여 우르샤 惡友를 구지드시니
惡友ㅣ 두리야 寶珠를 무더ᄇᆞ려 父母를 모ᄅᆞ시긔 ᄒᆞ니

471

눈도 머시고 못을 누가 빼려는가 바닷가에서 구르시더니

배도 고프시고 밥을 누가 바치겠는가 어디로 가시겠는가.

눈도 구즈시고 모ᄃᆞᆯ 뉘 ᄲᅢᅘᅧ려뇨 바ᄅᆞᆺ ᄀᆞ새 그우더시니
비도 골ᄑᆞ시고 바ᄇᆞᆯ 뉘 받ᄌᆞᄫᆞ려뇨 어드러로 가시리어뇨

472

살지도 못하시며 죽지도 못하시어 한 나라에 나아가시니

부모도 못 이르시며 아우도 못 이르시어 누구에게 무엇이라 하시리

사도 몯ᄒ시며 죽도 몯ᄒ샤 ᄒᆞ 나라해 나ᅀᅡ가시니

父母도 몯 니ᄅᆞ시며 아ᅀᆞ도 몯 니ᄅᆞ샤 누를 ᄃᆞ려 므스기라 ᄒ시리

473

그 나라의 이름이 이사발이더니 임금의 딸이 크시더니

전에 기약하여 바라내국의 태자와 결혼시키려 하더니

그 나랏 일훔이 利師跋이러니 님금 ᄯᆞ리 기르시더니

아래 期約ᄒᆞ야 波羅㮈國에 太子를 얼이ᅀᆞ보려 터니

474

덕 좋은 유승이 수초를 쫓아 5백 마리 소를 몰아 가더니

가여운 태자가 빌어먹어 가시다가 5백 마리 소를 만나시니

德 됴ᄒᆞᆫ 留承이 水草를 조차 五百 쇼를 모라 가더니

어엿브신 太子ㅣ 빌머거 가시다가 五百 쇼를 맛나시니

475

우왕이 막고 서서 많은 소를 지나가게 하고 혀로 핥아 못을 빼니

유승이 보아 귀한 모습을 알고 집에 들여 공양하니

牛王이 마고 셔어 한 쇼를 디내오 혀로 할하 모돌 ᄲᅡ혀니

留承이 보ᅀᆞ바 貴ᄒᆞᆫ 相ᄋᆞᆯ 아ᅀᆞᆸ고 지븨 드려 供養ᄒᆞᅀᆞᄫᆞ니

476

집사람이 이르되 가난한 집에서 어떻게 오래 공양하리오.【가인家人은 집사람이다.】

태자가 이르시되 나그네 되어 어떻게 오래 있으리오.

家人이 닐오디 艱難훈 지비 어드리 오래 供養ᄒᆞ려뇨【家人은 집사ᄅᆞ미라】
太子ㅣ 니ᄅᆞ샤디 나그내 ᄃᆞ외야 어드리 오래 이시리오

477

큰 성에 들어가시어 아쟁을 연주하시니 아쟁 소리가 우아하더니

대중이 듣고 음식을 바치니 음식이 넉넉하더니

큰 城에 드르샤 鳴箏을 노ᄅᆞ시니 鳴箏이 和雅ᄒᆞ더니
大衆이 듣ᄌᆞ바 飮食을 받ᄌᆞᄫᆞ니 飮食이 有餘ᄒᆞ더니

478

대궐의 동산지기가 과일을 맡아서 새 날리기를 가쁘게 여기더니

태자를 뵈어 음식을 주겠다고 일러 새 날리기를 시키니

大闕ㅅ 東山 디기 果實을 맛다셔 새 ᄂᆞ이길 잇비 너기더니
太子를 보ᅀᆞᄫᅡ 飮食 주리라 닐어 새 ᄂᆞ이길 시기ᅀᆞᄫᆞ니

479

음식을 얻으려 하시어 나무 밑에 앉으시어 줄을 잡아 흔드시더니

시름이 없으시어 아쟁을 연주하시어 소리를 듣고 즐거워하시더니

차반을 어두려 ᄒᆞ샤 나못 미틔 안ᄌᆞ샤 줄을 자바 후ᄂᆞ더시니
시름이 업스샤 鳴箏을 노ᄅᆞ샤 소리 드러 즐겨터시니

480
공주가 노니시다가 동산에 가시어 동산을 구경하시더니

공주가 보시고 태자에게 물으시어 태자를 다행으로 여기시니

公主ㅣ 노니샤 東山애 가샤 東山올 구경터시니

公主ㅣ 보샤 太子를 무르샤 太子를 幸히 너기시니

481
부부 되고자 하시어 어울려 음식 드시고 죽어도 뜻을 이루리

아버님 말 거슬러 떠나지 않으시어 그날에 뜻을 이루시니【즉일卽日은 곧 그 날이다.】

夫妻 드외져 ᄒᆞ샤 어우러 飯 좌샤 주거도 ᄠᅳ들 일우오리

아바닚 말 거스러 ᄠᅥ나디 아니ᄒᆞ샤 卽日에 ᄠᅳ들 일우시니【卽日은 곧 그 나리라】

482
나갔다 오시거늘 태자가 의심하시더니 맹서로 대답하시되

내가 곧 옳다면 한 눈이 밝으시리 즉시에 한 눈이 밝으시니

나녀러 오나시ᄂᆞᆯ 太子ㅣ 疑心터시니 盟誓로 對答ᄒᆞ샤ᄃᆡ

나옷 올흟딘댄 ᄒᆞᆫ 눈이 ᄇᆞᆯᄀᆞ시리 卽時예 ᄒᆞᆫ 눈이 ᄇᆞᆯᄀᆞ시니

483
선우로다 하시니 공주가 의심하시더니 맹서로 말씀하시되

내가 곧 선우면 두 눈이 밝으리 즉시에 두 눈이 밝으시니

善友ㅣ로라 ᄒᆞ신대 公主ㅣ 疑心터시니 盟誓로 니ᄅᆞ샤ᄃᆡ

나옷 善友ㅣ롫딘댄 두 눈이 ᄇᆞᆯ고리 卽時예 두 눈이 ᄇᆞᆯᄀᆞ시니

484

임금이 알아보고 매우 뉘우치거늘 소 치는 아비의 덕을 말씀하시니

유승이를 알아보고 매우 두텁게 상을 주니 대중이 보시의 마음을 내니【후상 厚賞은 두텁게 상을 주는 것이다.】

님금이 아라 ᄀ장 懺謝ㅣ어늘 쇼 칠 아비 德을 니르시니
留承일 아라 ᄀ장 厚賞ᄒ니 大衆이 布施ㅅ ᄆᆞᅀᆞᆷ 내니【厚賞ᄋᆞᆫ 묻비 賞홀씨라】

485

태자가 본국에서 흰 기러기를 치시어 더불어 노니시더니

태자의 어머님이 흰 기러기를 보시어 그리워하심을 말하여 듣게 하시니

太子ㅣ 本國에셔 힌 그려기를 치샤 더브르샤 노니더시니
太子ㅅ 어마님이 힌 그려기를 보샤 그리샤ᄆᆞᆯ 닐어 들이시니

486

기러기가 슬퍼해 빙 돌며 울거늘 어머님이 글을 매시니

기러기가 솟아올라 바다에 다녀와 태자께 내려앉으니

그려기 슬ᄊᆞᆹ바 횟돌며 울어늘 어마님이 글을 ᄆᆡ시니
그려기 소사 올아 바ᄅᆞ래 도녀와 太子ㅅ긔 ᄂᆞ려 안ᄍᆞᄫᆞ니

487

글을 떼시어 어머님 말을 보시어 부모의 뜻을 아시니

글을 또 만드시어 기러기를 돌려보내시어 자기의 일을 알리시니

글을 ᄠᅥ혀샤 어마님 말ᄋᆞᆯ 보샤 父母ㅅ ᄠᅳ들 아ᅀᆞᄫᆞ시니
글을 ᄯᅩ 밍ᄀᆞᄅᆞ샤 그려길 돌아 보내샤 ᄌᆞ갓 일을 알외ᅀᆞᄫᆞ시니

488

부모님이 기뻐하시어 악우를 가두시고 사자를 보내시니

이사발왕이 두려워하여 선우를 꾸미시고 따님을 시집보내니

父母님이 깃그샤 惡友를 가도시고 使者를 보내시니

利師跋王이 두리여 善友를 빙이숩고 ᄯᆞ님을 얼이ᄉᆞᄫᆞ니

489

본국에 돌아오시어 부모 뵙고 대중에게 인사하시니

악우를 볼 수 없으시어 부왕께 청해 옥문을 여시니

本國에 도라오샤 父母 뵈ᅀᆞᄫᆞ시고 大衆을 싣ᄉᆞᄒᆞ시니

惡友를 몯보샤 父王ㅅ긔 請ᄒᆞ샤 獄門을 여르시니

490

악우를 보시니 쇠사슬 칼에 메여 있더니 쇠줄과 칼을 바로 끊으시니

악우를 안으시어 보주를 물으시니 보주를 다시 얻으시니

惡友를 보시니 쇠줄 갈 메옛더니 쇠줄 갈흘 고대 그르시니

惡友를 안ᄋᆞ샤 寶珠를 무르시니 寶珠를 다시 어드시니

491

목욕 감으시어 옷 갈아 입으시고 보주에 맹서하시되

중생을 위하여 수고를 참고 보주를 구했습니다.

沐浴 ᄀᆞᄆᆞ샤 옷 ᄀᆞ라 니브샤 寶珠에 盟誓ᄒᆞ샤디

衆生을 爲ᄒᆞ야 受苦를 ᄎᆞ마 寶珠를 求ᄒᆞ다이다

492

동녘 큰 바람에 허공이 깨끗해 구름이 곧 없으니

염부제 천하에 더러운 것 없거늘 뿌린 쌀이 무릎에 치니

東녁 大風애 虛空이 조ᄒᆞ야 구룸이 곧 업스니
閻浮提 天下애 더러본 것 업거늘 비온 ᄡᆞᆯ이 무루피 티니

● **염부제閻浮提** 수미산 남쪽에 있다는 대륙. 잠부 나무가 많고, 인간들이 사는 곳. 여러 부처가 나타나는 곳은 사주四洲 가운데 이곳뿐이라고 한다. 남섬부주南贍部洲와 같다. 범어 jambu-dvipa의 음사. jambu는 나무 이름, dvipa는 주洲

493

옷과 구슬과 팔찌와 꽃과 금은 칠보가 다 옵니다.

이렇게 나타나 풍류 내려오니 보주의 위덕이 그 어떠합니까.

옷과 구슬와 ᄇᆞᆯ쇠와 곳과 金銀 七寶ㅣ 다 오니이다
이롤ᄉᆞ 나타 風流 니르리 오니 寶珠ㅅ 威德이 긔 엇더ᄒᆞ니

494

아버님 이름이 마하라사이시더니 오늘날에 정반왕이시니

부인이 마야, 선우가 여래, 조달이 악우이더니

아바님 일훔이 摩訶羅闍ㅣ러시니 오ᄂᆞᆳ 날애 淨飯이시니
夫人이 摩耶ㅣ시고 善友ㅣ 如來시고 調達이 惡友ㅣ러니

『월인석보』 권23 – 보물[16]

495

미륵보살과 현겁의 보살이 정법을 맡아라 하시니

16나한과 백억 나한이 불법을 지녀라 하시니

彌勒菩薩와 現劫菩薩이 定法을 맛드라 ᄒ시니

十六羅漢과 百億羅漢이 불법을 디니라 ᄒ시니

496

인생이 10세거든 잠깐 동안 더듬고 백세거든 교화를 행하리

인생이 6만세거든 공중에서 열반하고 8만세거든 미륵이 내려오시리

人生이 十歲어든 暫間ㅅ 더듬습고 百歲어든 교화를 行ᄒ리

人生이 六萬歲어든 空中에 涅槃하고 八萬歲어든 彌勒이 ᄂ리시리

497

열반이 가까우시거늘 대애도가 시름하시어 멸도를 원하시더니

신통으로 아시거늘 대애도가 청하시어 멸도를 허락하시니

涅槃이 갓갑거시늘 大愛道ㅣ 시름ᄒ샤 滅度를 願ᄒ더시니

神通ᄋ로 아라시ᄂᆞᆯ 大愛道ㅣ 請ᄒ신대 滅度를 許ᄒ시니

498

대애도가 신족으로 18가지 변화를 보이시니 5백 비구가 함께 멸도하니

---

16 『월인석보』 권23(보물, 삼성출판박물관)의 초간본에는 495~496곡이 낙장이다. 순창 무량굴사에서 간행한 복각본(1559년, 영광 불갑사)에는 이 두 곡이 실려 있다.

아난이 기별로 사방에 이르니 1천 응진이 함께 모이니

大愛道ㅣ 神足으로 十八變을 뵈신대 五百 除饉이 ᄒᆞᄢᅴ 滅度ᄒᆞ니

阿難이 긔별로 四方애 니르니 一千 應眞이 ᄒᆞᄢᅴ 모ᄃᆞ니

● 제근除饉 비구比丘

● 응진應眞 소승 불교의 수행자 가운데서 가장 높은 경지에 오른 이. 온갖 번뇌를 끊고, 사제四諦의 이치를 바로 깨달아 세상 사람들의 존경을 받을 만한 공덕을 갖춘 성자

499

제석이 말리거늘 은혜를 갚으리라 평상을 들고 날아 가시니

여인이 더럽지만은 수행이 있다 하시어 사리를 받으시고 찬탄하시니

帝釋이 말이숩거늘 恩惠를 가포리라 平床 드르샤 ᄂᆞ라 가시니
겨지비 더럽건마ᄅᆞᆫ 修行이 이다 ᄒᆞ샤 舍利 바ᄃᆞ샤 讚歎ᄒᆞ시니

500

왕사성의 부상장자가 살아 있을 때 재물이 못내 헤아리겠더니

제 아내 청제부인이 혼자 살더니 재물이 날로 적어지더니

王舍城 傅相長者ㅣ 사라이실 제 쳔량이 몯내 혜리러니
제 갓 靑提夫人이 ᄒᆞ오사 사더니 쳔량이 날로 젹더니

501

3천 관의 돈으로 아들 나복이 1천 관으로 장사 나가더니

1천 관의 돈으로 어미 쓰소서 하고 1천 관으로 삼보를 공양하게 하니

三千貫ㅅ 돈으로 아ᄃᆞᆯ 羅卜이 一千貫으로 댱ᄉᆞ 나가더니
一千貫ㅅ 돈으로 어미 쓰쇼셔 ᄒᆞ고 一千貫으로 三寶 供養케 ᄒᆞ니

502

어미가 모질어 짐승을 사서 죽여 귀신을 대접하더니

중이 오거든 매로 쳐서 쫓아 삼보를 업신여기니

어미 모디러 즁싱을 사아 주갸 鬼神을 이받더니
중이 오나둔 매로 텨 조차 三寶를 업시브니

503

금지국에 가서 돈을 팔아 불려 3천 관을 가져오더니

왕사성 밖에 와서 큰 나무 아래 앉아 한 종을 먼저 보내니

金地國에 가 돈을 푸라 불어 三千貫을 가져오더니
王舍城 밧긔 와 즁게 아래 안자 ᄒᆞᆫ 죵을 몬져 보내니

● **금지국金地國** 버마 아라칸 지방의 옛 이름. 그곳 해안에서 황금이 많이 나와 붙여진 이름. BC 3세기 때 아육왕이 울다라와 수나 두 사람을 보내 불교를 전한 곳으로 유명

504

좋은 일 하셨다면 어머님께 들어가 이 돈을 공양하리

모진 일 하셨다면 어머님 위하여 이 돈을 보시하리

됴ᄒᆞᆫ 일 ᄒᆞ시단딘댄 어마닚긔 드러가 이 돈을 供養ᄒᆞᅀᆞᄫᆞ리
모딘 일 ᄒᆞ시단딘댄 어마님 爲ᄒᆞᅀᆞᄫᅡ 이 돈을 布施ᄒᆞ요리

505

종이 오는 걸 알고 당번을 내어 달아 승재를 하던 듯이 하니

종을 돌려보내어 아들을 속여 일러 승재를 하더라고 하니

죵이 오는 둘 알오 幢幡을 내야 ᄃᆞ라 僧齋를 ᄒᆞ단디시 ᄒᆞ니
죵을 돌아 보내야 아ᄃᆞᆯ을 소겨 닐아 僧齋를 ᄒᆞ다라 ᄒᆞ니

506

나복이 듣고 어미의 뜻을 기뻐하여 일어나 절이 천 번이더니

마을의 사람이 보아 어미의 일을 알아 엎어져서 까무러치니

羅ᄂ이 듣고 어믜 ᄠᅳ들 깃가 니러 절이 즈믄 디워러니
ᄆᆞᇫ 사ᄅᆞᆷ 보아 어믜 일을 아라 업더디여 것ᄆᆞᆯ주그니

507

어미가 마중 가서 손을 잡아 일으켜 맹세하며 우깁니다.

내 말이 거짓이라면 이레를 못 지나 아비지옥에 떨어지리라.

어미 마조 가 손 자바 니르혀아 盟誓를 벼기니이다
내 말옷 거츨린댄 닐웨를 몯 디나이 阿鼻地獄애 ᄢᅥ러디리라

508

나복이 일어나 마음에 기뻐 맹서를 믿어 듣더니

집에 돌아와 이레를 지나지 못해 어미가 병으로 목숨을 마치니

羅ᄂ이 니라 ᄆᆞ슴애 깃가 盟誓를 미더 듣더니
지븨 도라와 닐웨를 몯 디나아 어미 病으로 命을 ᄆᆞ츠니

509

어미의 거상을 마치고 출가를 바라시어 영산에 나아가니

세존이 머리 깎기시어 이름을 바꾸시어 대목건련이라 하시니

어미 居喪 뭇고 出家를 ᄇᆞ라ᅀᆞ바 靈山애 나ᅀᅡ 가ᅀᆞᄫᆞ니
世尊이 머리 갓기샤 일훔을 ᄀᆞᄅᆞ샤 大目揵連이라 ᄒᆞ시니

510

부처가 말씀하시되 십대제자 중에 신통이 가장 높으니라

부처가 또 말씀하시되 보탑을 세운 공덕이 출가에 미치지 못하리라

부톄 니ᄅᆞ샤디 十大 第子ㅅ 中에 神通이 못 노ᄑᆞ니라

부톄 쪼 니ᄅᆞ샤디 寶塔 셰욘 功德이 出家를 몯 미츠리라

511

다른 산에 들어가 도리를 닦고 싶습니다 세존이 말라 하시니

필발라암에 가 결가부좌하여 천궁을 다 살펴보니

다른 山애 드러가 通理 닷가지이다 世尊이 말라 ᄒᆞ시니
賓鉢羅庵애 가 結加趺坐ᄒᆞ야 天宮을 다 술펴보니

● **필발라암賓鉢羅庵** 부처가 입멸하신 해에 대가섭을 상좌로 삼아 부처의 유법遺法을 결집한 곳. 암자가 있는 굴 위에 필발라 나무가 무성했으므로 필발라굴이라고도 한다.

● **결가부좌結加趺坐** 부처의 좌법坐法으로 좌선할 때 앉는 방법. 왼쪽 발을 오른쪽 넓적다리 위에 놓고 오른쪽 발을 왼쪽 넓적다리 위에 놓고 앉는 것이 길상좌, 그 반대가 항마좌. 손은 왼 손바닥을 오른 손바닥 위에 겹쳐 배꼽 밑에 편안히 놓는다.

512

아비가 평생에 육바라밀을 하기에 천궁에 쾌락으로 보이니

어미가 평생에 심방굿만 즐기기에 천궁에서 못 찾아보니

아비 平生애 六波羅蜜을 홀씨 天宮에 快樂ᄋᆞ로 뵈니
어미 平生애 심방굿 뿐 즐길씨 天宮에 몯 어더 보니

● **육바라밀六波羅蜜** 보살이 열반에 이르기 위해 실천해야 할 여섯 덕목. 보시·인욕·지계·정진·선정·지혜

513

세존이시어 내 어미가 5백 승재를 했는데 화락천에 어찌 없습니까.

목련아 네 어미가 삼보를 아니 믿기에 지옥에 들어 있느니라.

世尊하 내 어미 五百 僧齋 ᄒᆞ디 化樂天에 엇뎌 업스니잇가
目連아 네 어미 三寶 아니 信홀씨 地獄애 드러 잇ᄂᆞ니라

● **화락천化樂天** 육욕천六欲天의 다섯째 하늘. 이곳에 나면 모든 대상을 마음대로 변하게 하여 즐겁게 할 수 있다.

514

목련이 슬피 울어 여섯 지옥에 가 보아도 어미를 못 얻어하더니

옥이 하도 중하기에 아비지옥을 열지 못해 세존께 돌아오니

目連이 슬허 우러 여슷 地獄애 가 보아 어미를 몯 어더터니
獄이 하 重홀씨 阿鼻地獄올 몯 여라 世尊ㅅ긔 도라오ᄉᆞᆸ니

515

세존의 가사 입고 세존의 바리 받아 가서 세존의 석장을 세 번 흔드니
옥문이 절로 열리고 옥주가 공경해 옥주가 어미를 내어 보이니

世尊ㅅ 袈裟 닙고 世尊ㅅ 바리 바다 가 世尊ㅅ 錫杖올 세 번 후느니
獄門이 절로 열오 獄主ㅣ 恭敬ᄒᆞ야 獄主ㅣ 어밀 내야 뵈니

516

세존이 구하려고 공중에 솟으시어 광명이 지옥을 비추시니
염라왕이 봐서 옥문을 여니 죄인이 하늘에 나니

世尊이 救호리라 空中에 소ᄉᆞ샤 光明이 地獄올 비취시니
閻羅王이 보ᅀᆞ봐 獄門을 여니 罪人이 하ᄂᆞᆯ해 나니

517

남들은 하늘에 가되 죄업이 매우 크기에 흑암지옥에 옮겨가 있더니
대승경을 전하고도 죄업이 매우 크기에 아귀에 옮겨갔더니

ᄂᆞᆷ온 하ᄂᆞᆯ해 가디 罪業이 하 클씨 黑闇 地獄애 올마 갯더니
大乘經을 轉코도 罪業이 하 클씨 餓鬼예 올마 갯더니

● **흑암黑闇 지옥** 부모나 스승의 물건을 훔친 자를 심문하고 벌주는 어둡고, 침침한 지옥
● **대승경大乘經** 대승의 교법이 담긴 불경. 화엄경·법화경·반야경·열반경·대집경 등

518

등을 켜고 방생을 하고도 죄업이 매우 크기에 축생에 옮겨가 있더니 【연등燃
燈은 등을 켜는 것, 방생放生은 산 것을 놓아주는 것이다.】
우난분재 하니 죄업이 매우 크건만 축생에서 벗어나니

● **우란분재盂蘭盆齋** 아귀도에 떨어진 망령을 위한 불사. 목련존자가 아귀도에 떨어진 어머니를 구하기 위해 부처의 가르침을 받아 여러 수행승에게 올린 공양에서 비롯한다.

燃燈 放生ᄒᆞ고도 罪業이 하 클씨 畜生애 올마 갯더니【燃燈은 燈혈씨오 放生은 산 것 노홀씨라】
盂蘭盆齋를 ᄒᆞ니 罪業이 하 크건마ᄅᆞᆫ 畜生애 여희여 나니

519

어미를 데려와 세존께 보이시어 5백계를 듣습니다.
천모가 내려와 맞이하여 도리천에 가서 쾌락을 누립니다.

어미를 ᄃᆞ려와 世尊ㅅ긔 뵈ᅀᆞᄫᅡ 五百戒를 듣ᄌᆞᄫᆞ니이다
天母ㅣ ᄂᆞ려와 마자 忉利天에 가 快樂ᄋᆞᆯ 누리니이다

520

옛날에 파순이 열반을 청하거늘 외도가 항복하지 않았다 하시니
훗날에 파순이 열반을 청하거늘 석 달을 기다리라 하시니

녯날애 波旬이 涅槃ᄋᆞᆯ 請ᄒᆞᅀᆞᄫᅡᄂᆞᆯ 外道ㅣ 몯 降ᄒᆞ얫다 ᄒᆞ시니
後ㅅ 날애 波旬이 涅槃ᄋᆞᆯ 請ᄒᆞᅀᆞᄫᅡᄂᆞᆯ 석돌ᄋᆞᆯ 기드리라 ᄒᆞ시니

521

땅이 흔들려 아난이 놀라니 아난의 청을 아니 들으시니
향탑에 가시어 비구를 모으시니 비구들아 울지 말라 하시니

ᄯᅡ히 드러쳐 阿難이 놀라니 阿難이 請을 아니 드르시니
香塔애 가샤 比丘를 뫼호시니 比丘 우루믈 말라 ᄒᆞ시니

522

정법이 유포하여 북방에 오랠 것이기에 평상좌를 북수하라 하시니
인생이 빠르되 불성은 오랠 것이기에 발제하에서 멸도하려 하시니

● 북수北首 머리를 북쪽으로 두고 자는 일

正法이 流布ᄒᆞ야 北方애 오라릴씨 平床座를 北首ᄒᆞ라 ᄒᆞ시니
人生이 뎔로디 佛性은 오라릴씨 跋提河애 滅度호려 ᄒᆞ시니

523

중생을 위하시어 큰 소리를 내시어 색계천에 이르시니
중생을 좇으시기에 큰 소리를 알고 대열반경을 들으니

衆生을 爲ᄒᆞ샤 큰 소릴 내샤 色界天에 니르시니
衆生을 조ᄎᆞ실씨 큰 소릴 아ᅀᆞᄫᅡ 大涅槃經을 듣ᄌᆞᄫᆞ니

524

사라쌍수에 광명을 펴시어 대천세계가 밝습니다.
육취의 중생이 광명을 만나서 죄와 번뇌가 없습니다.

娑羅雙樹에 光明을 펴샤 大千世界 ᄇᆞᆰᄂᆞ니이다
六趣 衆生이 光明을 맞나ᅀᆞᄫᅡ 罪와 煩惱ㅣ 업스□□□니이다.

● 사라쌍수娑羅雙樹 석가모니가 열반할 때 사방에 한 쌍씩 서 있었던 사라수娑羅樹, 동쪽의 한 쌍은 상주常住와 무상無常, 서쪽의 한 쌍은 진아眞我와 무아無我, 남쪽의 한 쌍은 안락安樂과 무락無樂, 북쪽의 한 쌍은 청정淸淨과 부정不淨을 상징

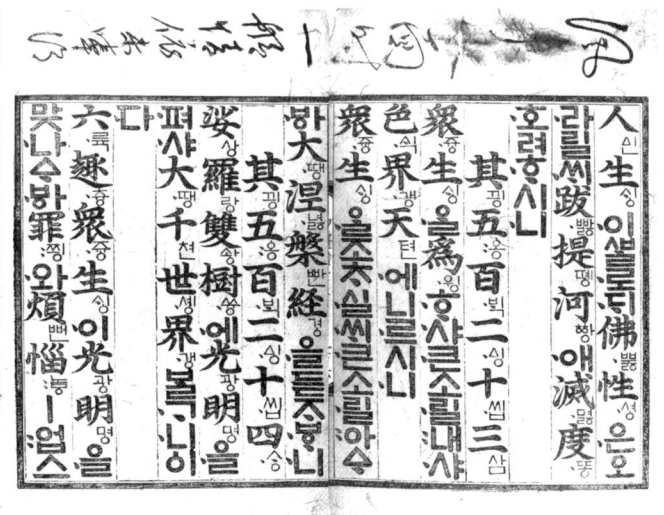

『월인석보』 권23 523~524곡('업스' 다음 쪽은 떨어져 나감) ⓒ 국가유산청 국가유산포털

『월인석보』 권24

아직 찾아지지 않은 결본이다. 『월인석보』 권23에 월인천강지곡이 497수에서 524수까지 28수가 실려 있는 것으로 보아 권24에는 525수에서 576수까지 51곡이 수록된 것으로 추정한다.

『월인석보』 권25 – 보물

577

왕사성 길가에 사야의 정성이 한움큼의 공양이더니

염부제 천하에 아육왕의 공업이 8만 4천의 보탑이더니

王舍城 깊ᄀᅀᅢ 闍耶ㅣ 精誠이 ᄒᆞ 우훔 供養이러니
閻浮提 天下애 阿育王 功業이 八萬四千 寶塔이러니

- **사야闍耶** 세존이 사위성에서 걸식할 때 만난 동자 이름
- **염부제閻浮提** 수미산 남쪽, 7금산金山과 대철위산大鐵衛山 중간에 있는 수미須彌 4주의 하나. 뒤에는 인간세계, 사바세계로 일컫게 되었다.

578

우바국다 존자가 벌레 죽을까 하여 1만 8천 명의 나한과 더불어 오니

빈두로 존자가 기러기같이 날아 무량수의 나한과 더불어 오니

優波毱多 尊者ㅣ 벌에 주그ᇙ가 ᄒᆞ야 萬八千 羅漢ᄋᆞᆯ 더브러 오니
賓頭盧 尊者ㅣ 그려기 ᄀᆞ티 ᄂᆞ라 無量數 羅漢ᄋᆞᆯ 더브러 오니

- **우바국다優波毱多** 제3조 상나화수존자에게서 불법을 전해 받은 제4조로 아육왕의 스승
- **빈두로賓頭盧** 16나한의 한 사람으로 흰 머리와 기다란 눈썹을 가진 것으로 유명하다.

579

모래로 보시하므로 용모가 궂은 것을 우바국다가 이르셨습니다.【용모容兒는 모습이다.】

산을 들고 가니 열반하지 말라 하신 것을 빈두로가 이르셨습니다.

몰애로 布施ᄒᆞᇙ씨 容兒ㅣ 구즌들 優波毱多ㅣ 니ᄅᆞ니이다【容兒ᄂᆞᆫ 양지라】
뫼ᄒᆞᆯ 드러가니 涅槃 말라 ᄒᆞ샨ᄃᆞᆯ 賓頭盧ㅣ 니ᄅᆞ니이다

580

범지가 모질어 네 얼굴이 되거늘 단정이 들어 삼키니

여인이 모질어 두 눈을 뽑거늘 귀신이 도로 밝히니

梵志 모디러 네 ᄂ치 두외어늘 端正이 드러 슔기니
겨지비 모디러 두 눈을 쌔혀아놀 鬼神이 도로 볼 볼기니

581

박구라가 말이 없더니 청백을 나타내어 하나의 돈을 아니 받으니
아육왕의 발원이 커서 염부제를 내어 억백천 금을 족하게 하니

薄拘羅ㅣ 말 업더니 淸白을 나토아 ᄒᆞ낱 돈을 아니 바ᄃᆞ니
阿育王 發願이 커 閻浮提를 내야 億百千金을 ᄌᆞ라게 ᄒᆞ니

● 박구라薄拘羅 부처님 제자의 한 사람. 병을 없게 했으므로 '무병無病 제일', 가장 오래 살아서 '장수長壽 제일'이라고 불린다.

582

색신을 아뢸진대 왕궁에 내려오시어 발제하에서 멸도하시나
법신을 아뢸진대 어디에서 오십니까 어디로 가셨습니까.

色身을 ᄉᆞᆲ건댄 □□(왕궁)에 ᄂ리샤 跋提河이 □□(滅度)ᄒ시나
法身을 ᄉᆞᆲ건댄 □□□(어드러)□(오)시니잇가 어드러로 가시니잇가

583

가셨다고 하겠습니까 눈앞에 가득하거늘 번뇌로 마음 뒤집혀 있는 중생이 보지 못하니

가시다 호리잇가 눈 알ᄑᆡ ᄀᆞᄃᆞᆨ □□(거시)놀 顚倒衆生이 □(몯) □□□□(보ᅀᆞᆸᄂᆞ니)[17]

▨..▨
眞진을 브터 化황를 니▨..▨▨..▨ㅣ 이르시며▨..▨

17　이호권(2011), 「〈월인천강지곡〉 결사結詞의 재구再構 시론試論」, 『국어국문학』 157, 81쪽

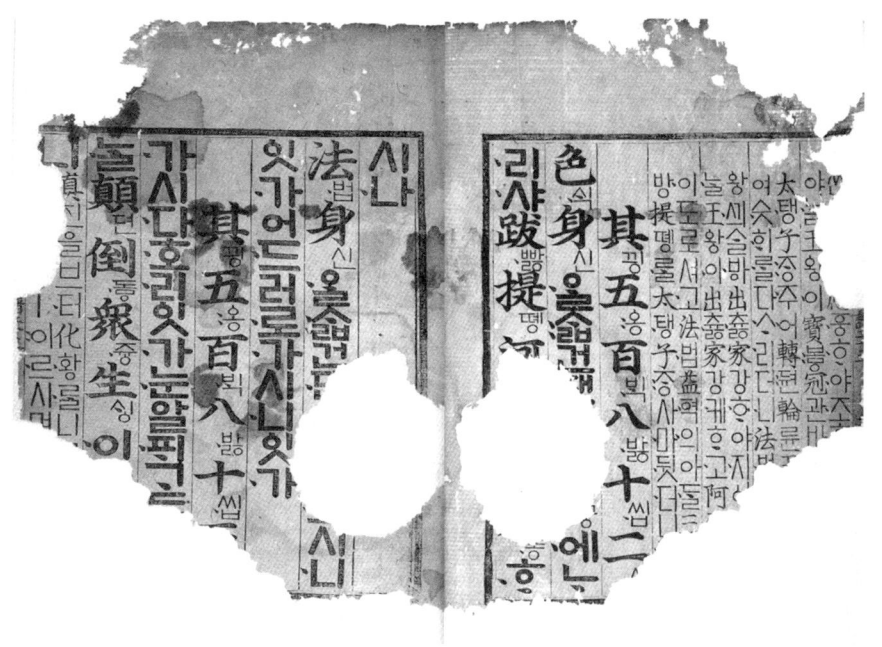

『월인석보』 권25의 582, 583곡. 장흥 보림사 사천왕상의 복장에서 오랜 세월을 견디며 살아남은 흔적이 오롯하게 보인다. ⓒ 국가유산청 국가유산포털

『월인천강지곡』의 582, 583은 노래를 총 정리한 결사結詞다. 첫 노래가 한 줄이듯 마지막 노래도 한 줄이다.

한 줄에서 두 줄을 거쳐서 세 줄로 나아가면 원래의 차원과는 다른 차원이 되지만 한 줄에서 두 줄을 거쳐서 다시 한 줄로 돌아오면 원래의 차원으로 돌아오고 만다. 망자를 그리워하는 처음의 상황을 재확인할 뿐이다. 『용비어천가』는 삶과 발전을 담고 있으니 세 줄로 나아가고 있다. 『월인천강지곡』은 죽음과 소멸을 담고 있으니 두 줄에서 한 줄로 돌아온 것이다.[18]

18 이종석(2001), 「『월인천강지곡』과 선행 불교서사시 비교 연구」, 서울대학교 석사학위 논문, 154쪽

583곡이 끝나고 세조와 신미, 김수온은 세종이 『석보상절』에 넣으려고 했던 『금강경오가해설의』의 '월인천강' 부분을 새겨넣었다.

참됨을 의지하여 교화를 일으켜 그 도가 갓 이루어지거늘 감응을 마치면 곧 숨으나 참됨은 늘 머문다. 세간에서 이르되, "부처님이 가비라에서 나서 마갈타에서 도를 이루고, 바라나에서 설법하고, 구시라에서 적멸에 들었다."고 한다. 부처께서 정반 왕궁에서 나타나 태어남을 보이고, 열아홉에 출가해서 서른에 도를 이루고, 마흔아홉 해를 세상에 머물며 3백여 회를 설법하고, 목숨이 여든에 올라 적멸에 드심을 보이니【부처님 연세 일흔아홉이건만 여든이라고 함은 큰 수를 잡아서 이른 것이다.】그 적멸을 보이시어 옴으로부터 지금 2천여 년이다. 이를 딛고 보면 세상에서 이르되, "부처님이 가며 옴이 계시다."함이 옳다. 실체를 붙여 보면 '오셔도 오신 바 없음은 달이 즈믄 가람에 비취옴이오[月印千江], 가셔도 가신 바 없음은 허공이 여러 나라에 나뉨'이다. 〔○ 眞을 브터 敎化를 니르와드샤 敎化ㅅ 道ㅣ 굿 일어늘 感을 ᄆᆞ츠면 곧 수므시나 眞은 샹녜 住ᄒᆞ시니라 ○ 世間애셔 닐오디 부톄 迦毗羅애 나샤 摩竭陀애 成道ᄒᆞ시고 波羅奈예 說法ᄒᆞ시며 拘尸羅애 寂滅에 드르시다 ᄒᆞᄂᆞ니 ○ 釋迦老子ㅣ 淨飯王宮에 現ᄒᆞ야 나샤ᄆᆞᆯ 뵈샤 열아호배 出家ᄒᆞ샤 셜흐네 道 일우샤 ○ 마ᅀᆞᆫ야홉 히를 世間애 住ᄒᆞ샤 三百 나ᄆᆞᆫ 會를 說法ᄒᆞ시고 목수미 여드네 오ᄅᆞ샤 滅에 드르샤ᄆᆞᆯ 뵈시니【부텻 나히 닐흔 아호비어신마른 여드니라 호ᄆᆞᆫ 큰 數를 자바 니르니라】○ 그 滅 뵈샤 오ᄆᆞ로 이제 二千 나ᄆᆞᆫ ᄒᆡ니 이를 드듸여 보건댄 世間애셔 닐오디 부톄 가시며 오샤미 겨시다 호미 올커니와 ○ 實을 브터 보건댄 오샤도 오산 바 업스샤미 ᄃᆞ리 즈믄 ᄀᆞᄅᆞ매 비취요미오 가샤도 가샨 바 업스샤미 虛空이 여러 나라해 ᄂᆞ호오미로다.〕[19]

---

19 학조, 『금강경삼가해 언해』 제1분, 「금강경이 생긴 동기[法會因由分]」의 함허당 설의說誼. 〔○ 依眞起化ᄒᆞ샤 化道ㅣ 方成ᄒᆞ거늘 感畢遂隱ᄒᆞ시나 而眞은 常住ᄒᆞ시니라 世云호디 佛生迦毗羅ᄒᆞ샤 成道摩竭陀ᄒᆞ시고 說法波羅奈ᄒᆞ시며 入滅拘尸羅ㅣ 라ᄒᆞᄂᆞ니 蓋釋迦老子ㅣ 於淨飯王宮에 示現出生ᄒᆞ샤 十九에 出家ᄒᆞ샤 三十에 成道ᄒᆞ샤 住世四十九年ᄒᆞ샤 說法三百餘會ᄒᆞ시고 壽登

『월인천강지곡』과 『석보상절』은 '훈민정음 대장경'의 출발을 알리는 북소리였다. 세종의 기획으로 추진한 언해 불사는 둘째 아들 수양대군(세조)에게로 이어졌고, 간경도감의 『능엄경 언해』·『묘법연화경 언해』·『원각경 언해』·『금강경 언해』·『반야바라밀다심경 언해』·『아미타경 언해』·『선종영가집 언해』·『몽산화상법어약록 언해』·『목우자수심결 언해』·『사법어 언해』·『금강경삼가해 언해』 등을 통해 꽃을 피웠고, 훈민정음의 확산과 정착의 바탕이 됐다.

부처를 '스랑(思量)ᄒ라'   '달'은 '부처'의 상징이다. 세종은 『월인천강지곡』과 『석보상절』을 읽으며 거듭 '스랑ᄒ라'고 일렀다. 세조와 신미는 1459년(세조 5) 완전한 불전 『월인석보』(전 25)를 완간하며 '훈민정음 대장경'의 틀을 구축했다. 이때 『석보상절』 권9에 언해해서 넣은 『약사경藥師經』을 수정하고, 설명을 보강했다. 『월인천강지곡』에 관련 노래 10곡(251~260)을 넣었다. 법신·보신·응신·화신이 둥글게 솟아올라 훈민정음의 반듯한 글자꼴을 밝게 비추고 있었다.

부처의 이름은 약사유리광여래藥師瑠璃光如來 응공應供 정변지正遍知 명행족明行足 선서善逝 세간해世間解 무상사無上士 조어장부調御丈夫 천인사天人師 불세존佛世尊이다.【부처는 어디로부터 온 바도 없으며 또 어디로 간 바도 없으므로 이름을 '여래如來'라고 한다. 법신法身으로 새긴 것이다. 제일의체第一義諦를 '여如', 정각을 '래來'라고 한다. 보신報身으로 새긴 것이다. 실체와 같은 도를 타고 와서 정각을 이루므로 '여래'라고 한다. 응신應身으로 새긴 것이다. '응應'은 '대답'하는 것이다. 근기根機에 따라 서로 다르지 않아서 시절과

_{八十ᄒ샤 而示入滅ᄒ시니 其示滅以來로 于今二千餘載니 迹此觀之컨댄 世云호ᄃ 佛有去來라 호미 可矣어니와 據實而觀컨댄 來無所來ᄒ샤미 月印千江이오 去無所去ᄒ샤미 空分諸剎이로다.】}

『월인석보』 권9. 부처의 이름 설명 뒤에 '어디로부터 온 바도 없으며 또 어디로 간 바도 없으므로 이름을 여래如來'라고 한다는 협주를 달았다. 『약사경』이 바탕 경전이다. ⓒ 국가유산청 국가유산포털

곳, 취취趣를 따라 나타나는 것이다. 이것이 화신化身이다.]²⁰

세조와 신미, 김수온은 바닷물이 밀고 끌며 가득차듯 『월인석보』의 행간 속에 달빛을 뿌려두었다.

1천 개 연꽃 위에 1천 분 석가가 계신다. 꽃마다 1백억 나라가 있고, 나라마다 한 분의 석가가 나시므로 천백억의 화신이라고 한다. 꽃 위의 석가는 노사나盧舍那의 화신이다. 성性의 근원을 말하면 법신, 지혜를 말하면 보신, 지혜를

20 『월인석보』권9, 9:ㄴ~10:ㄱ

쓰시는 것으로 말하면 화신이다. 지혜, 근원, 성체와 맞아 있어 큰 씀을 일으킨다. 진실의 법신이 허공과 같아서 본래 형체가 없지만 세간의 중생을 위하여 깨끗한 나라나 더러운 나라나 제가끔 기질을 따라 화신을 보여 교화함으로써 물에 비친 달과 같았다. 화신을 보이셔도 근원은 없으심이 달의 그림자가 진실의 달이 아님과 같다. 연꽃은 더러운 데에 있어도 더럽지 않음이 진실의 법계가 세간의 법에 더럽히지 않음을 비유한 것이다.[21]

새로 만든 문자의 바른 교정 사례 『월인천강지곡』의 교정은 단순히 오자를 바로잡는 것에 머물지 않았다. 15세기 국어의 표기법과 관련된 글자의 교정은 다음과 같다.(괄호 안은 원래 인쇄된 글자다.)[22]

▲ 7곡 : 다숫 곶(곳) ▲ 16곡 : 낮(낫)과 ▲ 26곡 : 궂(굿) ▲ 40곡 : 세낱(낟), 붚(붑) ▲ 42곡 : 곶(곳) 이슬 ▲ 49곡 : 녖(녓) 고비 빛(빗)여 ▲ 62곡 : 훈낱(낟) ▲ 65곡 : 빛(빗)이고 ▲ 70곡 : 앒(앏)뒤 ▲ 81곡 : 곶(곳)비 ▲ 90곡 : 높(놉)고 ▲ 91곡 : 훈낱(낟) ▲ 92곡 : 훈낱(낟) ▲ 92곡 : 궂(굿) ▲ 114곡 : 첨(첫) 2 ▲ 117곡 : 빛(빗)이샤 ▲ 121곡 : 빛(빗)오몰 ▲ 124곡 : 궂(굿) ▲ 135곡 : 곶(곳)머거, 곶(곳)먹고 ▲ 136곡 : 곶(곳)머근 2 ▲ 158곡 : 곶(곳)니피 ▲ 159곡 : 곶(곳) ▲ 160곡 : 곶(곳)과 ▲ 178곡 : 맞(맛)나ᅀᆞ ▲ 176곡 : 웃브니 ▲ 179곡 : 욿(웃)븨

붓으로 다시 써서 고치지 않고 획을 새겨서 찍었다. 종이의 뒷면을 보면 수정한 획은 거의 먹빛이 나타나지 않는다. 원래의 글자는 먹빛이

---

21 『월인석보』권2, 2:54ㄴ
22 안병희(1992), 『국어사 자료 연구』, 문학과 지성사, 57・63쪽

뚜렷한 사실과 대조된다. 보통 찍힌 면이 판 위에 종이를 얹고 눌러서 찍은 데 비하여, 수정된 획은 도장 찍듯이 활자를 들고서 찍었다. 원래 인쇄된 글자를 물로 씻어 내고 찍었다. 고친 받침을 가진 글자인 '붚' 등의 찍힌 자리에 물이 스민 자국이 남아 있다. 씻겨낸 자리나 그 밖의 수정된 곳이 다른 찍힌 종이의 면과 같이 반듯하다. 교정은 찍어내기는 했으나 책을 매기 전인 낱장에서 이루어졌다.

받침에 획을 더한 것과는 달리 원래 인쇄된 글자가 남아 있지 않다. 똑같은 조건에서 한 노래에 '높고'와 '놉다'가 나타난다. '높다'로 수정해야 하는데 빠뜨렸다. '웃비'는 '웃브니'에 수정한 것이다. 원래 인쇄된 대로 두었다. 면밀한 교정이 이루어지지 않은 보기로 180곡의 '잔歎 탄讚'이 있다. 한자의 자리가 아래위로 뒤바뀌었다. 7곡의 '잔讚탄嘆'과 84·96곡의 '잔讚탄歎' 등으로 올바르게 인쇄되어 있는 것으로 보아 잘못임을 알 수 있다.『월인석보』권7에는 '讚歎'으로 바로잡았다.

『월인천강지곡』·『석보상절』은 세종의 명으로 최고의 활자장이 훈민정음 금속활자를 만들어 찍고, 묶은 최초의 책이다. 방점은 활자와 분리해 조판했고, 찍은 다음에도 마지막으로 한 번 더 교정했다.

가획의 원리를 교정에도 쓰고 있다.

ㅅ → ㅈ : 곶〔花〕, 낮〔晝〕, 맞나〔逢〕

ㅅ → ㅊ : 늧〔顏面〕

ㅅ → ㅿ : ᄀᆞᅀᆞ〔邊〕, 빗〔飾〕, 첫〔初〕

ㄷ → ㅌ : 낱〔箇〕

ㅂ → ㅍ : 높〔高〕, 붚〔鼓〕, 앒〔前〕

7곡	16곡	26곡	40곡
곳	·낮	·곶	:낱
곳(곳)	낮(낮)	곶(곶)	낱(낟)
40곡	49곡	62곡	65곡
·붊	놋	:낱	빙
붊(붐)	놋(놋)	낱(낟)	빙(빗)
70곡	90곡	114곡	178곡
앒	높	·쳣	맞
앒(앒)	높(놉)	쳣(첫)	맞(맏)
176곡	179곡	84곡	180곡
:옷봏	:웅빙	·잔讚 ·탄歎	·잔歎 ·탄讚
옷브	웅비	찬탄	찬탄

참고문헌

고전 문헌

『과거현재인과경』

『금강경삼가해언해』

『금강경오가해설의』

『매월당속집』

『목우자수심결』

『동문선』

『불씨잡변』

『사리영응기』

『속동문선』

『식우집』

『연려실기술』

『용비어천가』

『용재총화』

『월인천강지곡』(상권)

『조선왕조실록』

『청권집유』

『필원잡기』

『현정론』

참고 문헌(단행본)

김기종, 『역주 월인천강지곡』, 보고사, 2018.

김월운 역, 『석가여래행적송』, 동문선, 2004.

남광우·성환갑, 『월인천강지곡(상)』, 형설출판사, 1978.

박병동,『불경 전래설화의 소설적 변모 양상』, 역락, 2003.

박병채,『(논주) 월인천강지곡(상)』, 정음사, 1977.

박을수,『한국시조대사전』, 아세아문화사, 1992.

박해진,『훈민정음의 길 - 혜각존자 신미 평전』, 나녹, 2014.

사재동,『훈민정음의 창제와 실용』, 역락, 2014.

안병희,『국어사 자료 연구』, 문학과 지성사, 1992.

『훈민정음 연구』, 서울대학교출판부, 2007.

이호권,『석보상절의 서지와 언어』, 태학사, 2001.

세종대왕기념사업회, 역주『석보상절』(제6, 제9, 제11, 제13, 제19, 제20, 제21),

역주『월인석보』(제1, 제2, 제4, 제7·8, 제9·10, 제11·12, 제13, 제17·18, 제19, 제20, 제21, 제22, 제23, 제25)

조동일,『한국문학통사』2, 지식산업사, 1995.

천혜봉,『한국금속활자본』, 범우사, 2003.

허웅·이강로,『(주해) 월인천강지곡 상』, 신구문화사, 1999.

참고 논문

강순애,「새로 발견된 초참본『월인석보』권25에 관한 연구 : 그 구성과 底經을 중심으로」,『서지학연구』16, 서지학회, 1998.

권정은,「'월인석보'와 '팔상도' 공존의 문화사적 의의」,『배달말』54, 2014.

김기종,「〈월인천강지곡〉의 배경과 구성방식 연구」,『불교어문논집』4집, 한국불교어문학회, 1999.

「〈월인천강지곡〉의 저경과 문학적 성격 연구」, 동국대학교 박사학위 논문, 2006.

「〈석가여래행적송〉의 구조와 주제의식」,『어문연구』62, 2009.

김승우,「〈월인천강지곡〉의 주제와 형상화 방식」, 고려대학교 석사학위 논문, 2005.

「『용비어천가』의 성립과 수용·변전 양상」, 고려대학교 박사학위 논문, 2009.

「〈용비어천가〉 제작 경위에 관한 연구」, 한국어문학 국제학술포럼, 2009.

박금자,「15세기 불경언해의 협주에 관한 연구」, 서울대학교 박사학위 논문, 1994.

박범훈,「불교음악의 전래와 전개에 관한 연구」, 동국대학교 박사학위 논문, 1998.

「세종대왕이 창제한 불교음악 연구」, 『한국음악사학보』 제23집, 1999.

박소영, 「고려 후기 뇌묵의 석가여래행적송 연구」, 동국대학교 박사학위 논문, 2011.

심경호, 「조선전기 문헌편찬 방법의 발달과 『월인천강지곡』」, 한국학중앙연구원 장서각, 2017.

안승준·유학영, 「『월인천강지곡』의 실상사 봉안과 그 전래 과정」, 장서각, 2014.

옥영정, 「『월인천강지곡』의 인쇄사적 가치에 대한 재고찰」, 『국어사연구』 26, 2018.

윤소희, 「세종·세조 악보와 불전佛典·범문梵文의 관계」, 『기호학 연구』 제61집, 2020.

윤순일, 박원기, 한운진, 「『석가여래십지수행기』의 역주(1)」, 『중국어문 논역 총간』, 2019.

이종석, 「『월인천강지곡』과 선행 불교서사시 비교 연구」, 서울대학교 석사학위 논문, 2001.

이호권, 「〈월인천강지곡〉 결사의 재구 시론」, 『국어국문학』 157, 2011.

전재강, 「불교 관련 시조의 사적 전개와 유형적 특성」, 『한국시가연구』 제9집, 2001.

정다함, 「"뿌리 깊은 나무"와 "샘이 깊은 물"이라는 계보」, 『한국사학보』 제69호, 2017.

정우영, 「안락국태자경 변상도의 화기와 한글자료 판독」, 『구결연구』 제34집, 2015.

정우택, 「조선왕조시대 석가탄생도상 연구」, 『미술사학 연구』, 미술사학회, 2006.

조흥욱, 「월인천강지곡 연구」, 서울대학교 박사학위 논문, 1994.

천명희, 「『월인천강지곡』 텍스트 복원」, 『어문논총』 제79호, 2019.

최종민, 「듣고 싶은 세종대왕의 용비어천가」, 『나라사랑』 111, 2006.